Schöningh

W0400638

EinFach
Deutsch
Unterrichtsmodell

Birgit Vanderbeke

Das Muschelessen

Von
Christine Mersiowsky

Herausgegeben von
Johannes Diekhans

Baustein 4: Erzähltheoretische Besonderheiten (S. 76–102 im Modell)

4.1	Die Erzähltechnik	ges. Erzählung	Textarbeit Tafelskizzen Arbeitsblatt 10
4.2	Die Muschel als Symbol	ges. Erzählung	Textarbeit Tafelskizzen Arbeitsblatt 11
4.3	Sprache und Schreibstil	ges. Erzählung	Textarbeit Tafelskizzen Arbeitsblatt 12
4.4	Postmodernes Erzählen: Intertextuelle Bezüge in der Erzählung	ges. Erzählung	Textarbeit Tafelskizze Arbeitsblätter 13–15

Baustein 5: Rezeption und Wirkung (S. 103–118 im Modell)

5.1	Zeitgenössische Kritik	ges. Erzählung	Textarbeit Tafelskizzen Arbeitsblätter 16–17
5.2	*Exkurs:* Autobiografische Bezüge in der Erzählung	ges. Erzählung	Kreatives Schreiben Tafelskizze Arbeitsblatt 18
5.3	Eigene Rezeption	ges. Erzählung	Kreatives Schreiben Arbeitsblätter 19–20

Das Muschelessen

Baustein 1: Einstieg in die Erzählung (S. 16–22 im Modell)

1.1	Antizipation: Titel und Buchdeckel	S. 0	Textarbeit Tafelskizze
1.2	Die Funktion des Anfangs der Erzählung	S. 5–13	Textarbeit Tafelskizze
1.3	Lektürephase: Erstellen eines Lesetagebuches	ges. Erzählung	Schreibauftrag
1.4	Reflexion der Lektüre-phase	ges. Erzählung	div. Schreibaufträge Arbeitsblatt 1

Baustein 2: Handlung und Figuren (S. 23–54 im Modell)

2.1	Die Handlungsstruktur	ges. Erzählung	Textarbeit Arbeitsblatt 2
2.2	Die Figuren-konstellation	ges. Erzählung	Textarbeit Tafelskizzen Arbeitsblätter 3–4
2.3	Eine „richtige" Familie als Lebenskonzept des Vaters	ges. Erzählung	Textarbeit Tafelskizze
2.4	Der Vaterkomplex als Identitätsproblem	ges. Erzählung	Textarbeit Tafelskizze Arbeitsblatt 5
2.5	Der Umgang mit Konflikten in der Familie	ges. Erzählung	Textarbeit Tafelskizzen

Baustein 3: Zeiten des Wandels: Deutschland in den 50er- und 60er-Jahren (S. 55–75 im Modell)

3.1	Strukturwandel in der modernen Familie in Deutschland	ges. Erzählung	Referat Textarbeit Arbeitsblatt 6
3.2	Das Leben in der DDR	ges. Erzählung	Referat Textarbeit Tafelskizze Arbeitsblätter 7–8
3.3	Integration der Flücht-linge und Vertriebenen in der Bundesrepublik	ges. Erzählung	Referat Textarbeit Arbeitsblatt 9

Bildnachweis:

S. 9, 119, 141: bpk – **S. 74:** © picture-alliance/Zettler – **S. 97:** © Secunda-Vista – Fotolia.com – **S. 117, 153:** © Duwentaester/teamwork – **S. 123:** © dpa-Bildarchiv – **S. 127:** © picture-alliance/dpa – **S. 130:** Verlagsarchiv – **S. 133:** Isolde Ohlbaum – **S. 151:** © picture-alliance

www.schoeningh-schulbuch.de
Schöningh Verlag, Jühenplatz 1–3, 33098 Paderborn

Druck 5 4 3 2 1 / Jahr 2015 14 13 12 11
Die letzte Zahl bezeichnet das Jahr dieses Druckes.

Umschlaggestaltung: Jennifer Kirchhof
Druck und Bindung: westermann druck GmbH, Braunschweig

ISBN 978-3-14-022507-6

Vorwort

Der vorliegende Band ist Teil einer Reihe, die Lehrerinnen und Lehrern erprobte und an den Bedürfnissen der Schulpraxis orientierte Unterrichtsmodelle zu ausgewählten Ganzschriften und weiteren relevanten Themen des Faches Deutsch bietet.
Im Mittelpunkt der Modelle stehen Bausteine, die jeweils thematische Schwerpunkte mit entsprechenden Untergliederungen beinhalten.
In übersichtlich gestalteter Form erhält der Benutzer/die Benutzerin zunächst einen Überblick zu den im Modell ausführlich behandelten Bausteinen.

Es folgen:

- Hinweise zu den Handlungsträgern
- Zusammenfassung des Inhalts und der Handlungsstruktur
- Vorüberlegungen zum Einsatz der Erzählung im Unterricht
- Hinweise zur Konzeption des Modells
- Ausführliche Darstellung der einzelnen Bausteine
- Zusatzmaterialien

Ein besonderes Merkmal der Unterrichtsmodelle ist die Praxisorientierung. Enthalten sind kopierfähige Arbeitsblätter, Vorschläge für Klassen- und Kursarbeiten, Tafelbilder, konkrete Arbeitsaufträge, Projektvorschläge. Handlungsorientierte Methoden sind in gleicher Weise berücksichtigt wie eher traditionelle Verfahren der Texterschließung und -bearbeitung.
Das Bausteinprinzip ermöglicht es dabei den Benutzern, Unterrichtsreihen in unterschiedlicher Weise und mit unterschiedlichen thematischen Akzentuierungen zu konzipieren. Auf diese Weise erleichtern die Modelle die Unterrichtsvorbereitung und tragen zu einer Entlastung der Benutzer bei.

Das vorliegende Modell bezieht sich auf folgende Textausgabe:
Birgit Vanderbeke: Das Muschelessen. Frankfurt am Main: Fischer Taschenbuch Verlag, 17. Auflage 2009. ISBN: 978-3-596-13783-1

Arbeitsfrage
Einzelarbeit
Partnerarbeit
Gruppenarbei
Unterrichts-
gespräch
Schreibauftra
szenisches
Spiel,
Rollenspiel
Mal- und
Zeichenauftra
Bastelauftrag
Projekt, offene
Aufgabe

Inhaltsverzeichnis

Das Muschelessen

Sandro Botticelli: Die Geburt der Venus (um 1485)

„Dass es an diesem Abend zum Essen Muscheln geben sollte, war weder ein Zeichen noch ein Zufall, ein wenig ungewöhnlich war es, aber es ist natürlich kein Zeichen gewesen, wie wir hinterher manchmal gesagt haben, es ist ein ungutes Omen gewesen, haben wir uns hinterher manchmal gesagt, aber das ist es sicherlich nicht gewesen, und auch kein Zufall."

Aus: Birgit Vanderbeke: Das Muschelessen. © Rotbuch Verlag, Berlin 1990

Hauptfiguren der Erzählung „Das Muschelessen"

Vater:

Der aus einem kleinen Dorf der DDR stammende Vater wurde etwa 1945 unehelich geboren und wuchs in sehr ärmlichen Verhältnissen auf. Den beruflichen und sozialen Aufstieg nach seiner Flucht in den Westen hat er sich somit hart erkämpfen müssen. Diesen Erfolg führt er zum einen auf seine besondere Begabung bzw. Intelligenz und zum anderen auf seinen außergewöhnlichen Fleiß zurück. Als echter Gewinnertyp verabscheut er folglich alles, was Armut und Schwäche nach außen demonstriert. Da ihm das Ansehen in der Gesellschaft äußerst wichtig ist, sind auch seine Ansprüche an die Seinen entsprechend groß, welche – trotz strengster autoritärer Erziehungsmaßnahmen – zwangsläufig versagen müssen, sodass seine Familie für ihn eine einzige Enttäuschung ist.

Mutter:

Im Gegensatz zum Vater kommt die Mutter aus gutem Hause und hat in ihrem Leben keineswegs weniger geleistet als er. Aufopferungsvoll gibt sie den Brüdern zuliebe ihren eigenen sehnlichsten Berufswunsch, Musikerin zu werden, auf, um deren Studium finanzieren zu können. Um dieses später auch ihrem Ehemann ermöglichen zu können, wird sie in der DDR Lehrerin und kümmert sich zudem um die Kinder, den Haushalt und die Finanzen. Ihre Bemühungen, es ihrem deutlich jüngeren Mann in jeder Hinsicht recht zu machen, werden von ihm jedoch in keiner Weise gewürdigt, vielmehr hält er sie gerade deshalb für hoffnungslos kleinlich, provinziell und dumm, weil sie stets preiswerte Kleidung trägt, um Geld zu sparen.

Tochter (Ich-Erzählerin):

Die Erstgeborene ist der Grund, weshalb ihr Vater seine damalige Freundin, welche in demselben Dorf lebte, heiraten „musste". Obwohl sie eine gute Schülerin und noch dazu sportlich ist, lehnt ihr Vater sie ab, da sie aus seiner Sicht von Geburt an hässlich gewesen sei und auch heute noch krumme Beine und Pickel habe. Erschwerend komme außerdem ihre unliebenswürdige und uncharmante, störrische Art hinzu. Selbstironisch stellt sie fest, dass sie die Gunst ihres Vaters schon vor langer Zeit endgültig verspielt hatte, als sie im Kleinkindalter häufig laut schrie, weshalb ihr Vater den vermeintlichen Satansbraten irgendwann entnervt an die Wand warf, was wiederum einen bleibenden Hüftschaden zur Folge hatte. Trotz der zahlreichen körperlichen und seelischen Verletzungen durch den Vater gelingt es der Tochter jedoch, sich ihre Empfindsamkeit im Inneren zu bewahren und sich Freiräume zu verschaffen, indem sie ihren Interessen bzw. Bedürfnissen wie etwa Lesen, Klavier spielen, Rauchen usw. heimlich nachgeht.

Sohn:

Als Stammhalter und noch dazu ehelich Geborener sollte der Sohn eigentlich der Stolz des Vaters sein. Allerdings entspricht dieser überhaupt nicht seinem Bild eines „richtigen" Sohnes: Zwar war er im Gegensatz zur Tochter ein niedliches Baby, sanft, blond und rosig, jedoch immer lächelnd. Gerade dies kam dem Vater jedoch von Anfang an verdächtig vor, weshalb er die dauernde Niedlichkeit des Sohnes als jämmerlich empfand. Als der Sohn als kleiner Junge darüber hinaus Kleider tragen wollte, war die Enttäuschung des Vaters umso größer. Wie die Mutter versucht auch der Sohn, dem Vater zu imponieren und sich seinen Respekt zu verschaffen, indem er fleißig trainiert und ein guter Volleyballspieler ist. Doch leider hat der Vater diesen Sport selbst nie ausgeübt und lehnt ihn deshalb ab, wohingegen sich der Sohn beim Fußball linkisch und ungeschickt anstellt. Da er zudem in der Schule schlecht, faul, feige und somit insgesamt verweichlicht ist, kann der Sohn seinem Vater nicht genügen. Dass er unter der Ablehnung seines Vaters sehr leidet, wird daran deutlich, dass er stark suizidgefährdet und offenkundig psychisch viel labiler als seine größere Schwester ist.

Inhalt der Erzählung

Die Erzählung „Das Muschelessen" handelt von einer scheinbar beliebigen ostdeutschen Familie,[1] welche vor einiger Zeit aus der DDR geflüchtet ist und seitdem in Westdeutschland lebt. Die inzwischen längst volljährige **Tochter** (bzw. Ich-Erzählerin) erzählt rückblickend von einer denkwürdigen Begebenheit aus ihrer Jugendzeit etwa Mitte der 60er-Jahre:

Es ist kurz vor 18.00 Uhr und die Familie erwartet gespannt die Rückkehr des **Vaters** von einer wichtigen Dienstreise, welche für die Beförderung des Familienoberhauptes zu einem höheren Angestellten richtungweisend ist. Am Erfolg des Vaters bestehen keinerlei Zweifel, weshalb es zur Feier des Tages dessen Leibgericht und dazu einen edlen Wein geben soll.
Nachdem die **Mutter** die letzten Vorbereitungen für das geplante Muschelessen getroffen hat, sitzen die drei Familienmitglieder vor einem riesigen Berg Muscheln, die sich aus Sicht der Tochter eklig schmatzend öffnen. Während die übrigen drei Familienmitglieder auf den sich verspätenden Vater warten, was nicht nur angesichts der Bedeutung des fraglichen Abends außergewöhnlich ist, kommen diese miteinander ins Gespräch.
Überrascht müssen sie erkennen, dass bis auf den Vater keiner von ihnen wirklich gern Muscheln isst. Dass diese Offenbarung nur die Spitze des Eisberges ist, wird im weiteren Verlauf des Abends schnell deutlich, denn die wenigen Stunden genügen, nicht nur die vom Vater sorgfältig inszenierte, bürgerliche Familienidylle als Scheinwelt zu entlarven, sondern auch das tyrannische Familienoberhaupt selbst zu demontieren.
Durch die Abwesenheit des Vaters und den Alkoholkonsum noch zusätzlich ermutigt, öffnen sich Mutter, Tochter und **Sohn** einander allmählich und geben ihre bislang unterdrückten Wünsche und geheimen Gedanken entgegen ihrer sonstigen Gewohnheit nunmehr preis, was wiederum die drei erst zu einer richtigen Familie zusammenwachsen lässt.
Gemeinschaftlich gelingt es ihnen schließlich, sich gegen die äußerst fragwürdige väterliche Autoritätsperson zu verbünden und von der Unterdrückung zu befreien, indem sie das um 21.45 Uhr klingelnde Telefon einvernehmlich ignorieren und die Mutter die mittlerweile verdorbenen Muscheln in einem symbolischen Akt entsorgt.

[1] Dieser Deutungsansatz wird unter anderem dadurch nahegelegt, dass die Familienmitglieder durchweg keine Namen tragen.

Vorüberlegungen zum Einsatz der Erzählung im Unterricht

Mit ihrer bis dahin unveröffentlichten Erzählung „Das Muschelessen"[1], welche sie ein Jahr zuvor verfasst hatte, nimmt die aus der ehemaligen DDR stammende Birgit Vanderbeke 1990 am Ingeborg-Bachmann-Preis in Klagenfurt teil und trägt hieraus Auszüge[2] vor. Die junge Autorin überzeugt die Jury auf Anhieb mit ihrem ganz eigenen Schreibstil und dem mehrfach codierten Symbol der Muschel.[3] Nach der Veröffentlichung in demselben Jahr avanciert das Erstlingswerk Vanderbekes schnell zum Bestseller, dessen Taschenbuchausgabe 2009 bereits die 17. Auflage erreicht.

Die Erzählung hat längst Eingang in den Literatur-Kanon an Schulen gefunden. So wird etwa „Das Muschelessen" im neuen Kerncurriculum für die gymnasiale Oberstufe des Landes Niedersachsen gleich mehrmals als geeignete Lektüre empfohlen[4], da sich hier auf der inhaltlichen Ebene sehr verschiedene Unterrichtsaspekte anbieten:

Zum einen werden hier die individuellen Adoleszenzerfahrungen zweier Jugendlicher in ihrer Familie thematisiert, wobei insbesondere das problematische Verhältnis zum Vater und der damit einhergehende Generationenkonflikt in den Blick gerückt werden. Birgit Vanderbekes Erzählung „Das Muschelessen" bietet somit eine gute Möglichkeit, sich dem Thema Konfliktbewältigung zu nähern. Vor diesem Hintergrund ist das Werk nicht nur für den Deutschunterricht in der gymnasialen Oberstufe, sondern insbesondere auch in Klassen mit schwierigen Schülerinnen und Schülern nahezu unverzichtbar. Zum anderen wird das normativ-bürgerliche Leitbild einer (Klein-)Familie im Verlauf der Erzählung als überholtes und nicht mehr tragfähiges Lebenskonzept entlarvt, indem exemplarisch der Verfall einer Familie aufgezeigt und hierdurch alles bisher Gültige infrage gestellt wird. Die Erzählung regt somit zum Nachdenken über grundlegende Wert- und Orientierungsfragen (Identität, Emanzipation, Geschlechterrollen usw.) in einer postmodernen Gesellschaft an.

Neben der inhaltlich-thematischen Lesart der dargestellten Auseinandersetzung mit der Vaterfigur einschließlich der sozialpolitischen Implikationen erlaubt der Text auch eine historisch-politische Lesart aufgrund des Umstandes, dass eine Familie gezeichnet wird, welche noch kurz vor dem Errichten der Berliner Mauer im Jahre 1961 in die Bundesrepublik flüchtet, um sich hier eine neue Existenz aufzubauen. Nicht zuletzt hat die Autorin mit ihrer modernen Erzähltechnik insgesamt einen wertvollen literarischen Beitrag geleistet, sodass die Erzählung „Das Muschelessen" zudem vielfältige Anlässe für sprachanalytisch bzw. ästhetisch ausgerichtete Betrachtungen bietet (Sprache, Erzähltechnik, Intertextualität usw.).

Der Leseprozess sollte so organisiert werden, dass zunächst der Buchdeckel eingehend studiert und der Anfang der Erzählung gemeinsam gelesen wird, um die Schülerinnen und Schüler auf die Thematik sowie das grundlegende Bauprinzip der Erzählung einzustimmen und sie zur weiteren Lektüre zu motivieren (vgl. Baustein 1).

Anschließend sollte die Erzählung jedoch vollständig gelesen werden, da die Werkkenntnis die Grundlage für das weitere Vorgehen bildet. Um den Leseprozess zu begleiten, sollten die Kursteilnehmer angehalten werden, ein Lesetagebuch zu führen.

Zur eigenen Vorbereitung ist die Interpretation aus dem Stark-Verlag von Bertold Heizmann zu Vanderbekes Erzählung „Das Muschelessen" aus dem Jahre 2008 empfehlenswert. Der

1 Das vorliegende Modell bezieht sich auf die folgende Taschenbuch-Textausgabe: Vanderbeke, Birgit: Das Muschelessen. 17. Auflage. Fischer Taschenbuch Verlag. Frankfurt am Main 2009. ISBN: 978-3-596-**13783**-1

2 Auszug I: S. 10–17; Auszug II: S. 40–47; Auszug III: S. 52–63

3 Vgl. Felsbach/Metelko (1990), S. 165 ff.

4 Vgl. Niedersächsisches Kultusministerium (2009), S. 41 ff.

Verfasser handelt hier die wesentlichen Aspekte ab, liefert erste Informationen zum historischen Hintergrund der Erzählung und hält zudem wertvolle Interpretationsvorschläge bereit. Der von Richard Wagner herausgegebene Sammelband „Ich hatte ein bißchen Kraft drüber" zum Gesamtwerk Birgit Vanderbekes, der 2006 im Fischer Taschenbuch Verlag in Frankfurt am Main erschienen ist, enthält neben weiteren Texten der Autorin unter anderem Rezensionen und Laudationes, welche wiederum das Bild abrunden.
Da die Handlung in den 60er-Jahren spielt und somit in eine Zeit des Wandels (in wirtschaftlicher, politischer, gesellschaftlicher und kultureller Hinsicht) fällt, was sich zum Teil auch in Vanderbekes Werk niederschlägt, bietet sich eine fächerverbindende Kooperation mit der Lehrkraft für das Unterrichtsfach Politik bzw. Geschichte an. Hier kann die Teilung Deutschlands unter dem Schwerpunkt der in Ostdeutschland vorherrschenden SED-Diktatur und deren Auswirkungen auf das Leben des einzelnen DDR-Staatsbürgers aufgearbeitet werden. Alternativ werden entsprechende Hintergrundinformationen (vgl. Baustein 3) bereitgestellt, die z. B. in Form von Referaten in den Unterricht eingebracht werden können.
Eine weitere Schnittstelle für eine Vernetzung der Unterrichtsfächer ist der Aktualitätsbezug der Erzählung. Hier kann in den Unterrichtsfächern Ethik (Werte und Normen), Religion bzw. Politik das heutige Gesellschaftsproblem patriarchalischer Strukturen und die Ausübung von Gewalt in Familien angesprochen und mit dieser fiktiven Familie verglichen werden. Hierzu eignet sich u. a. der Beitrag aus dem Schulfernsehen des SWR „Ehrenmord – Verfolgte Töchter, verlorene Söhne". Dieser wird in unregelmäßigen Abständen gesendet. Die entsprechenden Sendetermine können mithilfe des kostenlosen Services unter www.tvinfo.de im Vorwege abgerufen werden. Gleichzeitig ist der Beitrag aber auch über den Mitschnittservice des Senders erhältlich:

SWR Media Services GmbH
Mitschnittdienst
76522 Baden-Baden
Telefon: 07221 929-500
Telefax: 07221 929-4511
Email: www.swr.de/unternehmen/mitschnittdienst/-/id=241648/nid=241648/did=230926/9bi159/index.html

Unter Umständen befindet sich auch ein Mitschnitt in der Ausleihe des jeweils zuständigen (Landes-) Medienzentrums.

Verschiedene Vorschläge für eine abschließende Lernerfolgskontrolle befinden sich in den Zusatzmaterialien (vgl. **Zusatzmaterial 1**, S. 121). Generell können jedoch auch viele der in diesem Unterrichtsmodell gestellten Arbeitsaufträge zu geeigneten Klausurthemen ausgeweitet werden.

Konzeption des Unterrichtsmodells

Das vorliegende Unterrichtsmodell ist in fünf Bausteine unterteilt. Dabei finden sowohl text–analytische als auch produktionsorientierte Methoden Anwendung, um hoffentlich allen Schülerinnen und Schülern eine Möglichkeit des Zugangs zu dieser Erzählung zu bieten. Zudem wurde darauf geachtet, dass die im Fach Deutsch gängigen Aufsatzarten (Erörterung, Textanalyse usw.) weiter geübt werden.

Baustein 1 ist ausschließlich dem Einstieg in die Erzählung gewidmet und bietet demzufolge alternative Vorschläge, um einerseits die Leseerfahrungen der Schülerinnen und Schüler abzurufen und sie andererseits für das weitere Vorgehen zu motivieren.

Baustein 2 widmet sich der Handlung und den handelnden Figuren. Auf diese Weise wird nicht nur der Inhalt gesichert, sondern gleich zu einem frühen Zeitpunkt der Unterrichtsreihe das Kernproblem der Erzählung, die patriarchalische Struktur in der Familie und deren Auswirkungen auf die betroffenen Familienmitglieder, erfasst. Hierauf bauen die anschließenden Bausteine auf.

Baustein 3 hat den historisch-gesellschaftspolitischen Hintergrund der Erzählung zum Gegenstand, um zu einem tieferen Verständnis der Handlung zu gelangen. In diesem Zusammenhang wird zum einen das Leben in der DDR in den 60er-Jahren näher beleuchtet. Ziel ist es, die Motivation zahlreicher Staatsbürger der ehemaligen DDR für die Flucht aus dem Osten zu ergründen. Zum anderen wird der Blick auf den allgemeinen Strukturwandel in der modernen Familie vom Patriarchat zur Partnerschaft gerichtet. Anhand der hier zu entwickelnden Kriterien soll das Familiengefüge in dieser Erzählung beurteilt werden.

Baustein 4 beschäftigt sich mit der Erzähltechnik des Werkes. Gegenstand sind hier zum einen die gängigen Begriffe der Erzähltheorie (Zeitstruktur, Erzählverhalten, Darbietungsformen usw.), die eingeführt werden und auf den Primärtext anzuwenden sind. Zum anderen bilden Vanderbekes sprachliche und stilistische Besonderheiten sowie deren Symbolik einen wesentlichen Bestandteil dieses Bausteins. Den Abschluss dieses Abschnittes bildet ein kurzer Einblick in die Theorie postmodernen Erzählens im Rahmen der übergeordneten Fragestellung, inwiefern Vanderbekes Erzählung als typisch postmoderne Literatur zu bezeichnen ist.

Baustein 5 hat die Rezeption bzw. Wirkung der Erzählung zum Gegenstand. Dabei soll nicht nur die zeitgenössische Kritik (einschließlich der Jury des Ingeborg-Bachmann-Wettbewerbes im Jahre 1990) genauer analysiert werden, vielmehr sollen die Lernenden die Erzählung selbst rezensieren. Auf diese Weise erfolgt gleichzeitig eine kurze Einführung in den Bereich der Literaturkritik.

Thematische Bausteine des Unterrichtsmodells

Baustein 1

Einstieg in die Erzählung

1.1 Antizipation: Titel und Buchdeckel

Als Einstieg in diese Unterrichtsreihe bietet es sich an, den Titel und den Buchdeckel der Erzählung näher zu betrachten, bevor die Schülerinnen und Schüler das Werk zu Hause lesen. Anhand der gegebenen Informationen sollen Vermutungen, insbesondere über die Handlung und die symbolische Bedeutung der Muschel, angestellt werden. Zugleich soll auf diese Weise die Lesemotivation gefördert werden.

Auffällig ist auf den ersten Blick der restlos überfüllte (Ess-)Tisch mit Muscheln. Für Gläser, Teller und dergleichen, welche für das gemäß Titel offenbar geplante Muschelessen benötigt werden, ist somit kein Platz. Durch eine kurze Diskussion über die Wirkung einer derartig gedeckten Tafel auf den Betrachter können unter Umständen bereits hier die Meinungen der jeweiligen Protagonisten zu diesem Gericht (z. B. Ekel der Tochter) und/oder die symbolische Bedeutung der Muschel (vgl. Abschnitt 4.2, S. 79) herausgearbeitet werden.

Die folgenden Impulse für das Unterrichtsgespräch lenken die Schülerinnen und Schüler in die gewünschte Richtung:

- *Was ist auf dem Buchdeckel zu sehen?*
  Wie wirkt dieses Bild auf Sie?
  Was verbinden Sie mit dem Bild einer Muschel?
  Worauf deuten die Muscheln möglicherweise hin?
  Wovon könnte die Erzählung handeln? Welche Erwartungen haben Sie?

Die geäußerten Vermutungen über die bevorstehende Handlung der Erzählung sowie die Symbolik der Muschel werden auf einem Wandplakat zusammengefasst und im Klassenraum aufgehängt, um nach der Lektürephase darauf zurückgreifen zu können. In diesem Zusammenhang könnte etwa in einer Feedback-Runde abgeglichen werden, inwiefern die Erwartungen des Einzelnen erfüllt wurden.

1.2 Die Funktion des Anfangs der Erzählung

Es ist anzunehmen, dass einigen Schülerinnen und Schülern der Zugang zur Erzählung „Das Muschelessen" schwerfallen wird, da die sehr langen Satzkonstruktionen in Verbindung mit den mehrfachen Wiederholungen unter Umständen ermüdend für sie sind. Dieser scheinbar gleichgültige Schreibstil verleitet demzufolge schnell dazu, wichtige Details der Ich-Erzählerin (hier: die Tochter) zu übersehen, die später erst an Bedeutung gewinnen.
Aus diesem Grund erscheint es sinnvoll, den Anfang der Erzählung (S. 5–13 Mitte) im Unterricht gemeinsam zu lesen, um den Schülerinnen und Schülern nicht nur Gelegenheit zur Orientierung zu geben und die expositorische Funktion (Überblick über Ort, Zeit sowie Figuren der Handlung) herauszuarbeiten, sondern insbesondere deren Blick für eben diese Details zu schärfen.
Die Handlung erstreckt sich über wenige Stunden an einem einzigen Abend (vgl. S. 5). Da diese offenkundig eine Erinnerung aus der Jugend der Ich-Erzählerin darstellt, wird diese als Rückblende erzählt, worauf die mehrfach verwendeten Temporaladverbien wie etwa „hinterher" und „nachträglich" (S. 5) verweisen. Dass sich „an diesem Abend" (S. 5) etwas Außergewöhnliches „von solcher Ungeheuerlichkeit" (S. 5) zugetragen haben muss, wovon „sich am Ende keiner [...] mehr erholt hat" (S. 5) und derentwegen die Familie in der Nachbetrachtung von einem „historische[n] Tag [...] in der Familiengeschichte" (S. 8) spricht, soll den Leser in Spannung versetzen und ihm das Gefühl vermitteln, Zeuge einer Handlung zu werden, die kein gutes Ende nehmen wird („ungutes Omen", S. 5). Diese Wirkung wird zusätzlich noch dadurch verstärkt, dass die Muscheln plötzlich unheilvoll zu Klappern beginnen (vgl. S. 12), wodurch sich der Ich-Erzählerin „sofort die Haare an [den] Armen" (S. 13) sträuben. Gleichzeitig ist hieran zu erkennen, dass die Muscheln in dieser Erzählung vornehmlich eine symbolische Bedeutung innehaben, indem sie die Gefühlswelt der Figuren widerspiegeln. Wie bei einem Enthüllungsroman wird der Leser im Folgenden sukzessive mit den näheren Umständen für das geplante Muschelessen vertraut gemacht: Er erfährt etwa den Grund der Familie für die „Flucht aus dem Osten" (S. 11). So verspricht sich der in Meilensteinen denkende **Vater** (S. 8) und vermeintlich begnadete Naturwissenschaftler (vgl. S. 8f.) hiervon deutlich bessere Aufstiegsmöglichkeiten in seinem Beruf (vgl. S. 8f.). Da die Beförderung bereits in Aussicht gestellt worden ist, bereitet die **Mutter** zur Feier des Tages Muscheln, „die Lieblingsspeise" (S. 6) des Vaters, zu. Hierbei dürfen allerdings weder die **Tochter** (Ich-Erzählerin) noch der **Sohn** helfen, damit sie das Essen nicht verderben (vgl. S. 9). Bereits zu diesem frühen Zeitpunkt klingt der Grundkonflikt der Erzählung in Gestalt des dominanten Vaters, vor dem die übrigen Familienmitglieder (zu Recht) Angst haben, an.

Um die Schülerinnen und Schüler für die expositorische Funktion des Anfanges zu sensibilisieren, sollen sie diesen lesen und die folgenden Arbeitsaufträge mit ihrem Sitznachbarn bearbeiten:

- *Lesen Sie den Anfang der Erzählung (S. 5–13 Mitte) und notieren Sie stichwortartig, was der Leser über den Ort, die Zeit sowie die Figuren der Handlung erfährt.*
- *Erläutern Sie die Funktion, die dieser Anfang demzufolge hat.*

Die Ergebnisse dieser ersten Textanalyse können zu folgendem Tafelbild zusammengefasst werden:

„Das Muschelessen": Der Anfang der Erzählung (S. 5–13 Mitte)

Ort: beliebige Stadt in Westdeutschland nach der „Flucht [der Familie] aus dem Osten" (S. 11)

Zeit: „an diesem Abend" (S. 5), ein „historischer Tag [...] in der Familiengeschichte" (S. 8)

Figuren: Dem **Vater** ist eine Beförderung in Aussicht gestellt worden (vgl. S. 8). Zur Feier des Tages bereitet die **Mutter** Muscheln, „die Lieblingsspeise" (S. 6) des Vaters, zu.
Tochter (Ich-Erzählerin) und **Sohn** dürfen nicht bei der Zubereitung der Muscheln helfen, damit sie das Essen nicht verderben (vgl. S. 9).

↓

unheilvolles Klappern der Muscheln als Spiegel der Situation der Figuren: „ungutes Omen", „Ungeheuerlichkeit" usw. (S. 6 ff.)
➔ Funktion des Anfanges: Einführung in die Handlung **(Exposition)**

In einem abschließenden Unterrichtsgespräch sollte zudem der Grundkonflikt (s. o.), welcher sich allein schon durch den mehrfachen Gebrauch von Schlüsselwörtern wie etwa „ungutes Omen", „Ungeheuerlichkeit" usw. (vgl. Resümee des Tafelbildes) zwischen den beteiligten Figuren anbahnt, identifiziert werden. Auf diese Weise erfolgt hier der Transfer des in diesem Lernabschnitt bisher Erarbeiteten auf eine allgemeine Ebene, zudem müssen die Lernenden auf vorangegangene Ergebnisse zurückgreifen und diese mit dem Lerngegenstand vernetzen.

- *Welcher (Grund-)Konflikt bahnt sich hier bereits an?*
  Woran wird dies zudem durch den Gebrauch der Sprache deutlich?

1.3 Lektürephase: Erstellen eines Lesetagebuches

Im Anschluss an die Einführungsphase sollen die Schülerinnen und Schüler die Erzählung zu Hause lesen. Begleitend zur Lektüre soll ein Lesetagebuch zu ausgewählten Aspekten geführt werden, auf das im Verlauf der weiteren Unterrichtsreihe zu gegebener Zeit immer wieder zurückgegriffen wird.[1]

- *Lesen Sie die Erzählung „Das Muschelessen" von Birgit Vanderbeke. Führen Sie während der Lektüre ein Lesetagebuch, indem Sie Ihre Gedanken zu folgenden Aspekten notieren:*
  - *Leseeindrücke (z. B. Fragen, Anregungen)*
  - *Figurenkonstellation*
  - *Konflikte und deren Bewältigung*
  - *Symbolik der Muschel*
  - *Erzähltechnik*

[1] Da die häusliche Lektüre ein wenig Zeit beanspruchen wird, könnten in der Zwischenzeit entweder die Muschel als Symbol (vgl. Abschnitt 4.2, S. 79 ff.) oder der historische Hintergrund der Erzählung (vgl. Baustein 3, S. 55) im Unterricht thematisiert werden.

1.4 Reflexion der Lektürephase

Bevor die einzelnen Aspekte der Erzählung im Detail aufgearbeitet werden (vgl. Bausteine 2 ff.), sollten die Kursteilnehmer zunächst die Gelegenheit bekommen, ihre Eindrücke – insbesondere ihre Fragen und Anregungen – zu artikulieren. Zu diesem Zweck werden im Folgenden alternative Möglichkeiten aufgezeigt.

Literaturgespräch

Im Rahmen eines lockeren Unterrichtsgespräches im Sitzkreis erhalten die Schülerinnen und Schüler die Gelegenheit, neben ihren ersten Eindrücken auch sonstige Beobachtungen, Interpretationsansätze usw. auszutauschen und eventuelle Fragen zu klären. Mithilfe der folgenden Leitfragen kann diese Diskussion initiiert werden:

- *Was kommt Ihnen als Erstes in den Sinn, wenn Sie an die Erzählung zurückdenken?*
  Welche Textstelle hat Sie am meisten beeindruckt? Was haben Sie dabei empfunden?
  Welche Figuren waren Ihnen sympathisch bzw. unsympathisch? Warum?
  Welche Figur wären Sie am liebsten selbst, wenn Sie wählen könnten?
  Was ist an dieser Erzählung aus Ihrer Sicht gut gemacht, was nicht?

Zum Abschluss dieses Literaturgespräches sollte zudem mithilfe des bereits erstellten Wandplakates (vgl. Abschnitt 1.2, S. 16) abgeglichen werden, ob die hinsichtlich der Handlung und der Figurenkonstellation geäußerten Vermutungen der Schülerinnen und Schüler richtig waren bzw. inwiefern ihre Erwartungen erfüllt wurden.

Stummes Schreibgespräch

Bei dieser Variante erfolgt die Reflexion der Schülerrezeption in Kleingruppen. Jede Gruppe erhält ein Plakat, in dessen Mitte „Birgit Vanderbeke: Das Muschelessen" stehen sollte, sowie Stifte in unterschiedlichen Farben.
Das stumme Schreibgespräch verläuft in folgenden drei Schritten: Zunächst notieren alle Teilnehmer die aus ihrer Sicht bedeutsamen Eindrücke während der Erstrezeption auf dem Plakat und formulieren gegebenenfalls ihre Fragen an Erzählung. In der zweiten Phase erhalten die Schülerinnen und Schüler Gelegenheit, die Beiträge der anderen Gruppenmitglieder zu kommentieren und die aufgeworfenen Fragen zu beantworten, sodass ein gemeinsamer „Text" entsteht.
Während die bisherigen Phasen still verlaufen sollen, sprechen die Gruppenmitglieder im letzten Schritt über ihre Ergebnisse und bereiten eine kurze Präsentation vor.
Zur Orientierung der Schülerinnen und Schüler kann die Vorgehensweise wie folgt mithilfe einer Folie visualisiert werden:

- *Phase 1: Schreiben Sie die aus Ihrer Sicht wichtigsten Gedanken, Einschätzungen und Fragen zu der Erzählung „Das Muschelessen" auf das Plakat. Vermeiden Sie es, dabei zu sprechen.*

- *Phase 2: Treten Sie in einen stummen (!) Dialog mit Ihren Gruppenmitgliedern, indem Sie deren Niederschrift auf dem Plakat kommentieren oder befragen.*

- *Phase 3: Diskutieren Sie über Ihre Ergebnisse und bereiten Sie diese für einen Kurzvortrag auf, indem Sie die wesentlichen Beiträge des Schreibgespräches markieren.*

Zitate aus der Erzählung

Die Schülerinnen und Schüler erhalten das **Arbeitsblatt 1** (S. 21), welches mehrere bezeichnende Textstellen aus der Erzählung enthält, von denen sie diejenige auswählen sollen,

- die ihnen am besten gefällt,
- zu der sich Ihnen noch (Verständnis-) Fragen stellen,
- die in sprachlicher und/oder erzähltechnischer Hinsicht besonders auffällig ist.

Im Sitzkreis stellen die Kursteilnehmer die Textstelle vor und begründen kurz ihre Auswahl, wodurch sich verschiedene Gesprächsanlässe über den Inhalt, die Sprache sowie die Erzähltechnik der Erzählung ergeben. Sofern bereits zu diesem frühen Zeitpunkt bestimmte Aspekte angesprochen werden sollen, kann die Lehrkraft die Zitatensammlung entsprechend ergänzen bzw. modifizieren oder selbst eine eigene Textstelle aus der Erzählung auswählen, um diese in die Gesprächsrunde einzubringen.
In jedem Fall können die angeführten Begründungen der Schülerinnen und Schüler stichwortartig auf einem Wandplakat gesammelt werden, um im Verlauf der weiteren Unterrichtsreihe zu gegebener Zeit darauf zurückgreifen zu können.

Die Feedback-Runde findet daher unter folgender Leitfrage statt:

- *Warum haben Sie sich ausgerechnet für diese Textstelle entschieden?*

Notizen

Zitate aus Vanderbekes Erzählung „Das Muschelessen"

1. „ich habe gesagt, ist das nicht unanständig, dass sie sich öffnen und dieses Geräusch dabei machen, unanständig und indiskret, [...] das ist ja Massenmord, habe ich gesagt, alle auf einmal, zur gleichen Zeit, [...] durch die Muscheln war eine Todesstimmung im Raum, es ist einfach nicht auszuhalten, habe ich auch gesagt" (S. 14 f.)

2. „Meine Mutter hat sich oft an einem Tag gleich mehrmals umgestellt, und zu jeder Umstellung hat ein neues Gesicht gehört." (S. 18)

3. „Wenn mein Vater um sechs Uhr gekommen wäre, wäre es uns auch nicht aufgefallen, dass das Umstellen auf meinen Vater nutzlos und lächerlich war." (S. 21)

4. „wir haben die ganze Zeit mit gedämpfter Stimme gesprochen, weil wir noch immer denken mussten, jeden Moment kann die Tür aufgehen, und er steht da und hat uns erwischt, wie wir über ihn reden" (S. 23)

5. „wenn er am Ende doch noch kommt, petzt die Mutter alles, und auch mein Bruder hat gedacht, sie petzt, und ich habe auch gedacht, mein Bruder petzt, weil er sich bei meinem Vater lieb Kind machen will, und mein Bruder hat von mir auch gedacht, ich petze" (S. 24)

6. „wogegen das Musische, hat mein Vater gesagt, reiner Überfluss wäre und keinen Motor zum Laufen bringt, das hat er deshalb gesagt, weil meine Mutter seit der Flucht ihre Geige im Schlafzimmerschrank stehen hatte [...]. Später ist die Geige auf einmal zerbrochen gewesen" (S. 27)

7. „Ich finde Ergebenheit widerlich. [...] warum muss es eigentlich immer weitergehen in der Welt, kann das nicht aufhören, das Weitergehen, ich finde, dass es aufhören soll, und mein Bruder hat noch dazugefügt, besonders das Quälen, das Menschenquälen" (S. 29 f.)

8. „Ich bin nicht für solche Arbeit gemacht, hat er gesagt, er hat auch alle niedrige Arbeit verabscheut und tief verachtet, und da war es schon gut, dass sie zusammengehalten haben, weil meine Mutter Geld verdiente und niedrige Arbeit machte, [...] und wir wären glatt erfroren damals, wenn meine Mutter nicht Kohlen geschleppt hätte." (S. 30 f.)

9. „aber wir konnten ja nicht den ganzen Abend lang auf die ekligen Muscheln starren, [...] und als meine Mutter den Wein aufgemacht hat, sind wir uns alle drei ungemein aufsässig vorgekommen, wir haben um die toten Muscheln rumgehockt wie verschworen und Vaters zweitbesten Wein ohne ihn ausgetrunken" (S. 41 f.)

10. „Bei seinen logischen Schlussfolgerungen hat er immer Cognac getrunken, das haben wir an dem Abend zufällig herausgefunden, weil mein Bruder, als er die Gläser geholt hatte, gesagt hat, der Wohnzimmerschrank ist mir ganz verhasst, immer holt er sich erst einen Cognac aus der Bar im Wohnzimmerschrank heraus, bevor es losgeht; und das hat er bei mir genauso gemacht." (S. 42)

11. „wir wollten nur eine kurze Antwort, während es kurze Antworten gar nicht gibt und nicht geben kann, sondern nur Breiten- und Tiefenantworten, und wenn ich durchgekommen bin in der Schule mit meinem Punkt- und Flächenwissen, dann hat das daran gelegen, hat mein Vater gesagt, dass für Dünnbrettbohren und Trittbrettfahren heute schon Einsen verteilt werden, statt wie früher nur Vieren, wo es auf anderes angekommen ist." (S. 50)

12. „er hat auch gesagt, das hilft gar nichts, wenn man den Unterschied zwischen notwendig und hinreichend nicht begreift, [...] obwohl er in unserer Familie sehr wichtig gewesen ist, so wichtig wie in der Logik, denn eine Eins war eine notwendige Bedingung, um meinem Vater die Stimmung nicht zu verderben, aber doch keine hinreichende" (S. 51)

13. „meine Mutter hat diesen ewigen Verdi, wie sie gesagt hat, nicht ausstehen können, diesen Musikersatz, hat sie gesagt, dieses banale Schrumschrumschrum in den Bässen, sie hat die Küchentür zugemacht und ist erst wieder rausgekommen, wenn dieser Verdi im Wohnzimmer alle war, und dann hat sie gleich gelüftet, um die Reste vom Troubadour rauszulassen, aber sie hat es sehr unauffällig gemacht" (S. 54)

14. „ihr müsst auch das Gute sehen, er hat doch so viele gute Seiten, und dann hat sie gesagt, man muss doch auch Verständnis haben; uns ist aber an dem Abend das Verständnis ausgegangen und weggeblieben und nicht mehr wiedergekommen" (S. 64)

15. „man muss sich ja schämen für so einen Affenbalg, soll mein Vater gesagt haben und untröstlich gewesen sein, dass einem so schönen Menschen ein derartig hässliches Kind widerfahren muss" (S. 70)

16. „er hat es nicht leicht gehabt mit seiner Mutter, weil es immer so duster und schmuddelig war, wo sie wohnte, sie hat nur ein einziges Zimmer gehabt und die Küche, es hat wie bei armen Leuten darin gerochen“ (S. 75)

17. „Nichts machen hat es bei uns nicht gegeben, es ist unbedingt notwendig gewesen bei uns, dass jeder immer etwas gemacht hat“ (S. 79)

18. „mit meiner Volljährigkeit sind meine Verstocktheit und Gefühlskälte erst richtig zutage getreten, hat mein Vater gesagt“ (S. 81)

19. „mein Bruder hat auch immer überlegt, was man sich bricht, wenn man vom ersten Stock aus dem Fenster springt, [...] er hat gesagt, wenn ich in einem geschlossenen Raum bin, zieht es mich immer zum Fenster, unwiderstehlich ziehen mich Fenster an in geschlossenen Räumen“ (S. 85 f.)

20. „In richtigen Familien hat man Verbote nicht nötig, hat mein Vater gesagt, und sie sind wirklich überflüssig gewesen, weil wir uns immer verstanden haben, und wenn ich manchmal trotzig gewesen bin und gesagt habe, keineswegs, hat es von vorn angefangen“ (S. 103)

Textstellen aus: Birgit Vanderbeke: Das Muschelessen. © Rotbuch Verlag, Berlin 1990

■ *Wählen Sie ein Zitat nach einem selbst festgelegten Kriterium (Gefallen/Nicht-Gefallen, Verständlichkeit/Unverständlichkeit, sprachlich-stilistische Besonderheiten usw.) aus und begründen Sie Ihre Entscheidung.*

Baustein 2

Handlung und Figuren

2.1 Die Handlungsstruktur

Erzählt werden die Ereignisse „an diesem [besonderen] Abend“ (S. 5), welche sich zwischen kurz vor 18.00 Uhr (vgl. S. 10) und 21.45 Uhr (vgl. S. 106) rund um das titelgebende Muschelessen zugetragen und diese Familie in dramatischer Weise verändert haben. Verschiedene Hinweise der Erzählung wie etwa die Erwähnung des Fußballspielers Uwe Seeler[1] (vgl. S. 62) und der Fernsehserie „Raumschiff Orion“[2] (vgl. S. 58) deuten dabei darauf hin, dass die Handlung in den 60er-Jahren spielt.
Letztere findet im engeren Sinne jedoch kaum statt, da das geplante Muschelessen am Ende ausfällt und die Familie den ganzen Abend ausschließlich mit Warten auf den Vater verbringt, während die Muscheln allmählich verderben (vgl. S. 10f., S. 22, S. 41 und S. 109f.) (**äußere Handlung**). Bedeutsam ist somit vielmehr die **innere Handlung** der Erzählung, denn mit Fortschreiten des Abends verändert sich die anfänglich „unruhige Erwartungsstimmung“ (S. 10) der übrigen Familienmitglieder und kippt „ins Ungute, ja, ins geradezu Unheimliche“ (S. 10), was deren inneren Ablösungsprozess von dem dominanten, herrschsüchtigen Vater (vgl. Abschnitte 2.2–2.4, S. 24ff.) verdeutlichen und für den Leser erfahrbar machen soll.
Um die besondere Bedeutung dieses Aktes des Widerstandes bzw. der Demontage des Familientyrannen hervorzuheben, werden sowohl die äußere als auch die innere Handlung, „entsprechend der Atemlosigkeit des Geschehens, in einem Zug erzählt“, weshalb sich zudem „eine Unterteilung in Kapitel erübrigt“.[3] Dennoch ist der Text insgesamt sehr wohl strukturiert. Anhand der Chronologie der Ereignisse sowie der exakten Zeitangaben der Ich-Erzählerin lassen sich verschiedene Stadien auf dem Weg zur Emanzipation feststellen (vgl. **Arbeitsblatt 2**, S. 46). Die damit einhergehende Spannung steigert sich dabei „unaufhörlich bis zum Höhepunkt, der Entscheidung der Mutter, das Telefon zu ignorieren (Spannungskurve)“[4], weshalb die Handlungsstruktur dieser Erzählung dem Aufbau eines traditionellen Dramas ähnelt.
Die exakte zeitliche Gliederung der Erzählung in Verbindung mit der auf den ersten Blick eher sachlichen, genauen und nüchternen Sprache der Ich-Erzählerin (vgl. Abschnitt 4.3, S. 84) erinnert darüber hinaus insgesamt an den Stil eines Protokolls.

Auch für die Schülerinnen und Schüler stellt der Arbeitsauftrag, ein Protokoll über die Ereignisse dieses Abends zu erstellen, eine gute Möglichkeit dar, sich einen Überblick über den Verlauf der Handlung zu verschaffen. Zugleich dient dieses als Orientierungshilfe für die weitere Erschließung des Textes.

---

1 Der gebürtige Hamburger **Uwe Seeler** spielte von 1953 bis 1972 Fußball für den Hamburger SV in der Ober- bzw. Bundesliga und bestritt zwischen 1954 und 1970 insgesamt 72 Länderspiele mit der deutschen Nationalmannschaft.

2 Die siebenteilige Fernsehserie **Raumpatrouille. Die phantastischen Abenteuer des Raumschiffes Orion** wurde ab dem 17. September 1966 vierzehntäglich immer samstagabends nach der Tagesschau von der ARD ausgestrahlt.

3 Heizmann (2008), S. 15f.

4 Heizmann (2008), S. 18

Im Sinne der besseren Übersichtlichkeit sollte das zu diesem Zweck zu bearbeitende **Arbeitsblatt 2**, S. 46, als DIN-A3-Kopie an die Kursteilnehmer ausgegeben werden.

- *Erstellen Sie mithilfe der vorliegenden Tabelle ein Protokoll zu den knapp vier Stunden, innerhalb derer die erzählte Handlung stattfindet.*

2.2 Die Figurenkonstellation

Im Mittelpunkt der Handlung steht zweifelsohne der **Vater**, wenngleich er nicht persönlich in Erscheinung tritt und dem Leser nur mittels der Reflexionen der Ich-Erzählerin vor Augen geführt wird: Demzufolge wurde der uneheliche Sohn (vgl. S. 75) einer „Ausländerin" (S. 76) etwa Mitte der 40er-Jahre in einem kleinen Dorf im Osten geboren (vgl. S. 80). Da er „aus armen Verhältnissen" kam, hat er „sich nach oben [...] kämpfen müssen" (S. 74f.). Er ist überzeugt, dass er den Erfolg „allein kraft seiner großen Begabung und Intelligenz geschafft hat" (S. 74f.), wobei er allerdings vergisst, dass seine Mutter Zeit ihres Lebens hart arbeiten musste (vgl. S. 78), um zum einen den Lebensunterhalt bestreiten und zum anderen ihrem Sohn das Studium der Mathematik ermöglichen zu können. Dass sie die Grundlage für seinen Erfolg erst geschaffen hat, dankt er ihr nicht, vielmehr schämt er sich für seine Mutter, „weil es immer so duster und schmuddelig war, wo sie wohnte" und es „wie bei armen Leuten darin gerochen" (S. 75) hat. Welchen Beruf der Vater im Einzelnen ausübt, bleibt unklar, jedoch wird deutlich, dass sich das Familienoberhaupt nicht zu „niedriger Arbeit" (S. 31) wie etwa „auf dem Bau" (S. 30) berufen fühlt und die Arbeit in einem eigenen Büro mit persönlicher Sekretärin (vgl. S. 36 und S. 107) in jedem Fall bevorzugt. Er fährt mittlerweile häufig zu Tagungen, um dort Vorträge über eines „der schwierigsten und heikelsten Gebiete der Naturwissenschaften" (S. 9) zu halten. Dabei entwickelt er „außergewöhnliche didaktische Fähigkeiten" (S. 8), weshalb „die Leute regelmäßig begeistert von seinen Vorträgen" (S. 9) sind angesichts der unbestrittenen Fachkompetenz und des Charmes des Vaters (vgl. S. 9). Der Vater ist außerordentlich ehrgeizig, denn sein Ziel ist es, ein höchster Angestellter zu werden (vgl. S. 94). Seine Chancen diesbezüglich stehen offenbar sehr gut, denn auch diese Dienstreise gilt als „letzte[r] Meilenstein auf dem Weg zur Beförderung" (S. 8 und S. 95). Aus diesem Grund bereitet er seine Vorträge, deren Erfolg über seinen weiteren beruflichen Aufstieg entscheiden (vgl. S. 8f.), wochenlang akribisch vor, währenddessen die Familie „mucksmäuschenstill" (S. 8) zu sein und ihn für die eigenhändig erstellten Präsentationsfolien zu loben hat (vgl. S. 8). Um seine Karriere voranzutreiben, geht er mit Kalkül vor und ist selbst zu persönlichen Opfern bereit, weshalb er die ungeliebten Konzerte über sich ergehen lässt, für welche die Eheleute ein Abonnement besitzen, das er jedoch unmittelbar nach der Beförderung zu kündigen gedenkt – sehr zum Leidwesen seiner Frau (vgl. S. 93ff.).

Im Gegensatz dazu kommt er anderen gesellschaftlichen Verpflichtungen, die ihm für das eigene Vorankommen nötig erscheinen, bereitwillig nach. Hierzu gehören etwa der Kauf von „immer teureren Autos" (S. 95), das Tragen maßgeschneiderter Anzüge (vgl. S. 88), das (unangemessen) großzügige Einladen von Kollegen während seiner Dienstreisen (vgl. S. 86 f.) oder aber das Zahlen „gigantische[r] Trinkgelder" (S. 32) im Lokal. Immer darauf bedacht, das soziale Ansehen zu wahren, vermeidet er alles, was Armut oder Schwäche gegenüber Dritten andeuten könnte (vgl. S. 32). Infolgedessen geht er auch nur ungern mit seiner Frau aus (vgl. S. 88), da diese nur „Sonderangebote und Ladenhüter" (S. 89) trägt, um zumindest hierdurch ein wenig Geld zu sparen. Demzufolge ist er in seiner Firma auch der Einzige, der bei Betriebsfesten ohne seine Ehefrau erscheint (vgl. S. 89), zumal sie, anders als ihr „weltgewandter Mann" (S. 90), nicht mit den erforderlichen Umgangsformen vertraut ist (vgl. S. 89).

Allerdings verpuffen die Bemühungen seiner Frau, mit den knappen Mitteln zu haushalten, angesichts seiner Verschwendungssucht (vgl. S. 89), wie etwa die Aufnahme mehrerer Kredite (vgl. S. 88) sowie die äußerst riskanten und letztlich erfolglosen Spekulationsgeschäfte (vgl. S. 87) zeigen; vielmehr hält er seine Frau gerade wegen ihrer Sparsamkeit für hoffnungslos kleinlich und provinziell (vgl. S. 45 sowie S. 33) und wirft ihr vor, eine „Krämerseele" (S. 87) zu sein.
Darüber hinaus erfährt der Leser, dass der Vater „um etliches jünger" (S. 88) ist als seine Frau. Bereits während seines Studiums in Ost-Berlin musste er seine heutige Frau heiraten, da diese schwanger war und eine Abtreibung aufgrund seiner „Verantwortungsgefühle [...] und Moral" (S. 30) nicht zur Debatte stand. Diese Hochzeit löste einen „fürchterlich dörfliche[n] Skandal" (S. 30) aufgrund des sozialen Unterschiedes aus, da die Mutter der Ich-Erzählerin aus „gutem Hause" kam.
Die Fragwürdigkeit des Verständnisses von väterlicher Verantwortung und Moral wird jedoch schnell entlarvt, wofür im Text gleich mehrere Beispiele zu finden sind: Als das Kleinkind einmal mehr „unzumutbar" (S. 73) laut brüllt, wirft der aufgebrachte Vater seine wehrlose Tochter „gegen die Wand" (S. 72), wovon diese einen bleibenden Hüftschaden davonträgt (vgl. S. 12 und S. 73). Auch im Zusammenhang mit der Flucht in den Westen vermittelt der Vater nicht das Bild eines souveränen Familienoberhauptes. So lässt er seine Frau mit der Planung der Flucht völlig im Stich und versucht sein Verhalten damit zu rechtfertigen, dass er beim Schmuggeln von Bananen aus West-Berlin „einmal fast an der Grenze verhaftet worden wäre" und daher „für solche Geschichten nicht zu gebrauchen sei" (S. 11). Selbst nach gelungener Flucht entzieht er sich gänzlich seiner Verantwortung, indem er seine Frau weder bei den „ewigen Ämtergeschichten [...], de[m] Papierkrieg, [der] Bürokratie um Wohnung und Essensmarken und Arbeitsgenehmigung" (S. 31) entlastet noch irgendetwas unternimmt, um seine Familie durchzubringen (vgl. S. 31). Vielmehr lässt er es zu, dass seine Frau „Geld verdiente und niedrige Arbeit machte" (S. 30) wie etwa schwere Kohlen zu tragen (vgl. S. 31) und wirft ihr stattdessen Schwäche und Drückebergerei vor, als sie aufgrund von Komplikationen nach einer Schwangerschaftsunterbrechung lebensbedrohlich erkrankt (vgl. S. 31).
Im Gegensatz zu dieser irrationalen und zudem verdrehten Sichtweise des Vaters weist die Ich-Erzählerin mehrfach auf dessen Neigung „fürs Sachliche und Vernünftige" (S. 16) hin; denn als Naturwissenschaftler und Anhänger der „abstrakte[n] Logik" (S. 28) begreift er sich selbst als „Verstandesmenschen" (S. 28), weshalb er „Überspanntheiten kindisch" (S. 16) findet und folglich jegliche Schöngeisterei (vgl. S. 26f. und S. 61f.) und „geblümte Existenzen" (S. 37) wie seine Frau und seinen Sohn ablehnt.
Dementsprechend „systematisch" geht der Vater auch am Abend vor, um in seiner Familie aufzuräumen (vgl. S. 25) bzw. zu kontrollieren, ob alle Familienmitglieder seine Anweisungen befolgen. Zu diesem Zweck stellt er ihnen unabhängig voneinander gezielte „Fragen [...], weil er hat herausfinden müssen, was vorgefallen war" (S. 25), wobei letztlich „jeder [...] jeden verpetzt" (S. 24), um die Gunst des Familienoberhauptes zu erwerben. Nachdem er aus den verschiedenen Aussagen „logische Schlüsse gezogen hat" (S. 25), legt der Vater dann die aus seiner Sicht angemessene Strafe fest (vgl. S. 39).
Insgesamt lässt sich der Vater folglich als selbstsüchtiger, tyrannischer Patriarch charakterisieren (vgl. S. 64), der in jeder Hinsicht seinen Willen durchsetzt (Musik, Urlaub, Sonntagsausflug, Briefmarkensammlung usw.) und Moralität predigt. Allerdings wird er diesen Ansprüchen selbst überhaupt nicht gerecht, da er die übrigen Familienmitglieder demütigt bzw. abwertet (vgl. S. 37) und zudem körperliche Gewalt anwendet, um ihnen seine Meinung aufzuzwingen (vgl. S. 83).

Die **Mutter** ist in dem gleichen ländlichen Dorf aufgewachsen wie ihr Mann, im Gegensatz zu ihm kommt sie jedoch aus (bildungs-) bürgerlichem Hause (vgl. S. 75), was insbesondere daran deutlich wird, dass kulturelle Werte wie etwa Literatur und Musik in ihrem Leben

fest verankert sind (vgl. S. 75, S. 96f. und S. 103ff.). Auch in materieller Hinsicht wurde ihr etwas mit auf den Weg gegeben: Zwar war das Haus, welches sie geerbt hat, anfänglich noch mit einer Hypothek belastet, allerdings ist es ihr gelungen, nicht nur die Restschuld abzubezahlen, sondern gleichzeitig auch das Musikstudium beider Brüder zu finanzieren (vgl. S. 75).
Sie selbst hätte ebenfalls gerne Musik studiert (vgl. S. 75), allerdings ist sie aufgrund der offensichtlich unbeabsichtigten Schwangerschaft „dann doch schnell Lehrerin geworden" (S. 75), um mit ihren Einkünften letztlich auch noch ihrem Mann das Mathematikstudium ermöglichen zu können.
Nach erfolgreicher Flucht in den Westen beginnt für sie eine erniedrigende Zeit, welche durch viele Entbehrungen geprägt ist. Da ihr Mann „nicht für solchen Kleinkram" (S. 31) wie „niedrige Arbeit" (S. 30), Amtsgänge, Kohlen tragen, Windeln kochen usw. gemacht zu sein scheint, nimmt sie alle Lasten tapfer auf sich und opfert sich bis zur Erschöpfung und Selbstaufgabe auf, um ihre Familie durchzubringen und den Alltag im Flüchtlingslager so erträglich wie möglich zu gestalten (vgl. S. 30ff.). Zusätzlich zu dieser ohnehin unmenschlich hohen Belastung muss sie zu allem Überfluss auch noch „die Lehrerprüfung [...] wiederholen" (S. 31), um ihren erlernten Beruf künftig wieder ausüben zu können.
Ihre persönlichen Interessen, wie etwa ihre Liebe zur Musik, kommen bei alledem viel zu kurz, weshalb sie nur noch selten die mittlerweile hoffnungslos verstimmte Geige, welche „später [...] auf einmal zerbrochen gewesen" (S. 27) ist, oder das Klavier spielt. Als ausgesprochener „Gefühlsmensch" (S. 28), der alles Natürliche wie „Blumen und Zweige" (S. 28) liebt und oftmals eine große „Sehnsucht nach Dörflichem" (S. 59) verspürt, spiegeln insbesondere die romantischen und bisweilen auch traurigen Lieder von Franz Schubert ihre innere Verfassung wider. Beim Musizieren in Abwesenheit ihres Mannes, der gerade „das Verweinte und Sentimentale" (S. 28) an ihr ablehnt, kann sie ihre verwundete Seele in den wenigen kostbaren Momenten baumeln und ihren „Schuberttränen" (S. 97) freien Lauf lassen.
Während die selbstlose Aufopferung der Mutter für ihre Familie bei dem Leser Mitleid erweckt, lösen ihr „Rackern und Schuften" (S. 19), ihr fehlendes Durchsetzungsvermögen gegenüber ihrem Mann und ihr Bestreben, ihm alles recht machen zu wollen („alles ist meine Schuld", S. 89), bei der Tochter eher Verachtung aus, denn sie findet deren ewige „Ergebenheit widerlich" (S. 29). Charakteristisch hierfür ist, dass sich die Mutter „oft an einem Tag gleich mehrmals umgestellt" hat, wobei „zu jeder Umstellung [...] ein neues Gesicht gehört" (S. 18): Dementsprechend setzt sie als Lehrerin vormittags ihr „Schulgesicht" auf, welches zwar auf die Schüler „wirklich furchteinflößend" wirkt, worüber sich ihre beiden Kinder allerdings „totlachen können" (S. 18), wohingegen am Mittag nach der Schule immer „das abgespannte, erschöpfte [...] Haushaltsgesicht" (S. 19) zum Vorschein kommt. Bevor ihr Mann von der Arbeit nach Hause kommt, muss sie dieses allerdings ablegen und sich auf „ihr Feierabendgesicht [umstellen], was sie sich abends im Bad um halb sechs schnell [anmalt]" (S. 19), um ihm zu gefallen. Zudem lackiert sie dann auch noch ihre Fingernägel, jedoch nicht in „ochsenblutrot" wie die Sekretärin ihres Mannes, welche seinem Schönheitsideal offenbar eher entspricht (vgl. S. 36), sondern in „perlmutterfarben rosé, weil die Hände [durch die über Jahre verrichtete harte Arbeit] auch etwas verarbeitet waren" (S. 107).
Das eigentlich schon zwanghafte Harmoniebedürfnis der Mutter bewirkt, dass sie sich selbst längst aufgegeben hat und nur noch ein Produkt der Wunschvorstellungen ihres Mannes ist. Und obwohl „das Umstellen für sie wahrscheinlich das Anstrengendste war" (S. 20), passt sie sich auch weiterhin an und fügt sich nach wie vor klaglos dem Willen ihres Mannes, während der Tochter „das Umstellen [...] unangenehm gewesen und peinlich [ist]", denn bei Anwesenheit des Vaters „mussten sich ja alle umstellen, [...] damit das Ganze eine richtige Familie war" (S. 20).

Dass auch der Sohn ganz offensichtlich unter dieser Ich-Schwäche der Mutter leidet, die eigene Meinung zu vertreten und insbesondere die Kinder vor den Misshandlungen des

tyrannischen Familienoberhauptes zu schützen (vgl. S. 39), wird vor allem daran deutlich, dass es dem Vater bislang nicht gelungen ist, den Kindern „Respekt vor der Mutter einzuflößen" (S. 19). Diesen erwirbt sich die Mutter erst in dem Augenblick, als sie ihre geheimen Fantasien, nach dem Vorbild der Medea einfach „alle vergiften [zu wollen], und dann ist Ruhe" (S. 104) von sich preisgibt und somit inneren Widerstand gegen den Patriarchen leistet; denn obwohl es die Kinder „erwischt hätte, wenn [die] Mutter es ernst gemeint hätte" (S. 104), haben sich beide „nur gefreut, dass das Versöhnliche, worunter [sie] sehr gelitten hatten, endlich einmal verschwunden war" (S. 105).
Insgesamt ist in der Figur der Mutter eine in ihrem Selbstwertgefühl verletzte Frau zu erkennen, die sich selbst für eine alte, hässliche und unscheinbare graue Maus hält (vgl. S. 89), weshalb sie sich nicht nur ihrem deutlich jüngeren und offenbar attraktiven Mann in allen relevanten Lebensbereichen (Beruf, Kindererziehung, Geld, Essen, Musik usw.) unterordnet, bei Streitgesprächen immer nachgibt (vgl. S. 87) und dessen Demütigungen widerspruchlos erträgt (vgl. S. 45), sondern auch noch Verständnis für seine Launen zeigt und dies auch bei den Kindern einwirbt (vgl. S. 64 und S. 74).

Abgesehen von der Dominanz und der Allgegenwärtigkeit des Vaters ist die **Tochter** (Ich-Erzählerin) die eigentliche Hauptfigur dieser Erzählung, da sie nicht nur das Geschehen dokumentiert und kommentiert, sondern es ihr im Verlauf dieses Abends zudem gelingt, ihre Angst vor dem Vater zu überwinden und sich somit weiter von ihm zu emanzipieren. Dieser Ablösungsprozess hat mit dem Erreichen der Volljährigkeit bereits begonnen, und obwohl dieser Tag mit dem Tod ihrer geliebten „andere[n] Großmutter" (S. 76) zusammenfiel, war dieses Ereignis für sie ein Triumph, da der Vater sie nicht länger „windelweich schlagen" (S. 81) durfte und sie sich ihm nun offen widersetzen konnte.
Die Leidensgeschichte der Tochter beginnt schon vor ihrer Geburt, denn sie ist der Grund, weshalb ihre Eltern heiraten und fortan zusammenhalten mussten (vgl. S. 30). Die erste vermeintlich harte Bewährungsprobe war dann auch gleich der Anblick der Neugeborenen, welche überall am Körper, auch im Gesicht, „affenartig behaart gewesen" (S. 69) ist, weswegen der Vater von Geburt an „einen sehr ungünstigen Eindruck von [seiner Tochter] gehabt hat", welcher auch später offenbar „nicht mehr zu retten gewesen" (S. 70) ist, denn seine Ablehnung lässt er sie fortan immer wieder spüren (vgl. S. 46f., S. 51ff., S. 68ff. und S. 72f.).
Aufgrund ihrer Erfahrungen als Kind und Jugendliche und zusätzlich geschärft durch das Kontrastbild ihres Bruders bildet sich bei der Tochter ein Charakterzug heraus, welchen sie zunächst zögerlich äußert, im weiteren Verlauf der Handlung jedoch geradezu stolz und offensiv vertritt (vgl. S. 81), nämlich ihre „Unliebenswürdigkeit und [...] uncharmant störrische Art" (S. 20), welche der Vater als „Verstocktheit und Gefühlskälte" (S. 81) auslegt und immer wieder „mit Gewalt versucht hat, [ihr] auszutreiben" (S. 83). So, wie sie sich bereits als Kleinkind nicht in das stereotype Bild des lieben, braven Mädchens fügen wollte, indem dieser „Satansbraten" angeblich ständig „infernalisch" (S. 72) gebrüllt und sich schmutzig gemacht hat, widersetzt sie sich auch später zunehmend dem vom Vater diktierten Willen: Um sich persönliche Freiräume zu verschaffen, geht sie ihren Interessen und Neigungen wie etwa Lesen, ins Kino bzw. Kaffeehaus gehen, Rauchen usw. heimlich nach und nutzt dabei ihre Intelligenz, um die Eltern zu täuschen und zu belügen (vgl. S. 38 f.), wobei sie geradezu einen sportlichen „Ehrgeiz [entwickelt], damit es nicht auffällt" (S. 38).
Innerhalb der Familie gilt die Tochter ohnehin als intelligent, eine generell positive Charaktereigenschaft, welche der Vater folglich auch auf seinen Erbteil zurückführt, allerdings kritisiert er des Öfteren, dass die Tochter diese Begabung mit Lesen oder Klavierspielen „verplemper[e]" (S. 52). Von diesem vermeintlichen Erbe will sie jedoch nichts wissen. Zwar wird sie sich zunehmend ihrer intellektuellen Fähigkeiten und den sich hieraus ergebenden Möglichkeiten bewusst, sich eine für sie erträgliche Gegenwelt zu errichten, jedoch sträubt sie sich dagegen, wie ihr Vater als Logikerin zu gelten, weil sie dessen Begriff von Logik nicht verstehen kann und will (vgl. S. 24ff.).

In der Schule ist die Tochter hingegen ehrgeizig und fleißig, weshalb sie überwiegend Einsen schreibt, womit der Vater angesichts der heutigen „Husch-husch-Bildung" (S. 49) dennoch nicht zufrieden ist. Im Übrigen wäre es ihrem Vater ohnehin „natürlich andersherum lieber gewesen" (S. 25), nämlich dass anstelle der Tochter sein Sohn den Ruf des Logikers innehätte, wohingegen die vorherrschende Rollenverteilung nicht in sein nicht vorurteilsfreies Bild einer „richtigen" Familie passt und er diese daher als „Vergeudung" (S. 5) geistigen Potenzials erachtet. Letzteres gilt ebenfalls für die Sportlichkeit seiner Tochter (vgl. S. 37 f.), die, anders als ihr Bruder, immer mutig „auf die höchsten Bäume geklettert" und deshalb von der Familie „als Kletteraffe bezeichnet worden" (S. 65) ist. Auch dies verschafft ihr allerdings keine Anerkennung des Vaters, vielmehr unterstellt er ihr Charakterlosigkeit, als sie sich weigert, eine vom Vater angeordnete Mutprobe zu wiederholen (vgl. S. 68).
Doch wie sehr der Vater auch versucht, seiner Tochter „die Verstocktheit [mit harten Bestrafungen bis hin zu grausamen Züchtigungen] auszutreiben" (S. 83), erreicht er lediglich, dass sie ihre Gefühle nach außen hin kontrolliert und sich diese im Inneren bewahrt, wofür sie sich die Erkenntnisse, welche sie aus der Literatur und der Musiktheorie gewinnt (vgl. S. 28, S. 63 und S. 96), zunutze macht. Darüber hinaus lernt sie die positiven Seiten ihrer vermeintlichen „Verstocktheit" (S. 83) kennen und entwickelt zunehmend Strategien, sich dem Zugriff des Vaters zu entziehen, um stattdessen mehrere Monate ungestört in ihrem Zimmer mit Lesen und Nichts-Machen verbringen zu können (vgl. S. 85), zumal sie, anders als ihre Mutter, Konfliktsituationen in der Familie „gut aushalten" kann, da sie „dann abends lesen konnte und nicht mit Skat spielen musste" (S. 84).
Ihre Intelligenz und ihr logisches Denkvermögen ermöglichen es der Tochter, ihre eigene Situation kritisch zu reflektieren, weshalb sie kausale Zusammenhänge wie Ursache und Wirkung treffend feststellt: So habe der Vater ihre „Schlechtigkeit immer gewusst und abgelehnt, wo ich sie noch gar nicht gewusst habe, er hat mir die Schlechtigkeit, die an mir gewesen ist, erst beigebracht und deutlich gemacht" (S. 85). Diese Fähigkeiten wiederum befähigen sie dazu, die Familie aus der Tyrannei des Vaters zu befreien.
Auf diese Weise wird sie paradoxerweise gerade durch die autoritäre Erziehung des Vaters und die Sozialisation in dieser Familie zu seinem hartnäckigsten Widersacher, der seine Anweisungen nicht befolgt und letztlich die übrigen Familienmitglieder gegen ihn aufwiegelt, was er wiederum mit aller Macht unterbinden wollte.

Im Gegensatz zur Tochter war der **Sohn** ein „unverwüstlich lächelndes" (S. 74), „niedliches Baby" (S. 73), weshalb er für die Mutter „das Goldkind" (S. 74), dem Vater hingegen von Anfang an verdächtig war (vgl. S. 73), gerade „weil er blond war und immer gelächelt hat" (S. 73 f.). Als der Sohn später „als Kind manchmal Kleidchen hat tragen wollen" (S. 73), lehnt der Vater den Jungen endgültig ab und betrachtet ihn – ebenso wie die Tochter – als „reinste Enttäuschung" (S. 37).
Als Stammhalter, zudem ehelich geboren, sollte der Sohn eigentlich der ganze Stolz des Vaters sein (vgl. S. 40). Allerdings entspricht er nicht dessen Bild von einem vermeintlich richtigen Sohn, denn er hält ihn insgesamt für zu verweichlicht (vgl. S. 40) und in schulischer Hinsicht für „stinkend faul" (S. 39). Für beide Charakterschwächen macht er die Mutter verantwortlich; denn Letztere führt der Vater auf deren Versagen bei der Erziehung des Jungen zurück, welcher zwar seine Intelligenz geerbt habe (vgl. S. 39 f.), aber leider „fortwährend aufs verantwortungsloseste verhätschelt" (S. 69) wurde, wobei „diese Verweichlichung von seinem einzigen Sohn" (S. 40) eindeutig erblich bedingt sein müsse („geblümte Existenzen", S. 37).
Dabei ist der Sohn durchaus bemüht, es seinem Vater recht zu machen und ihm zu imponieren: So überwindet er seine Ängste und erhält nach dem Bestehen einer sehr fragwürdigen Mutprobe des Vaters zur Belohnung „fünf Mark" (S. 66). Außerdem spielt er „gut Volleyball" (S. 37), wofür er äußerst fleißig trainiert (vgl. S. 37). Da der Vater jedoch diesen Sport nie selbst ausgeübt hat, lehnt er diesen ab, vielmehr zählt für ihn ausschließlich das,

was er selbst angeblich „sehr gut gemacht" (S. 37) habe, nämlich Fußball. Fatalerweise stellt sich der Sohn hierbei „nur linkisch und ungeschickt" (S. 37) an.
Dies sowie die musischen Neigungen des Sohnes (vgl. S. 40 und S. 83f.), welche ebenfalls als unwichtig abgetan und somit im Keime erstickt werden (vgl. S. 84), stellen lediglich weitere Indizien seiner Verweichlichung dar, die es ihm, notfalls mit Gewalt, auszutreiben gilt (vgl. S. 83). Da innerhalb der Familie „jeder [...] jeden verpetzt" (S. 24) und er im Gegensatz zu seiner Schwester auch nicht lügen kann (vgl. S. 38), ist es ihm unmöglich, sich persönliche Freiräume (Schule, Sport, Freunde usw.) zu verschaffen, weshalb sich der Junge regelmäßig den grausamen Bestrafungen des tyrannischen Vaters ausgesetzt sieht (vgl. S. 83f.) und somit vielleicht in noch stärkerem Maße ein Opfer des Vaters ist als die Schwester.
Die unangemessen harte und zudem ungerechte Behandlung des Vaters über viele Jahre hinweg hat schwerwiegende Folgen für die Entwicklung des Jungen, denn er hat nicht nur längst resigniert („ich kann ja doch machen, was ich will", S. 40), vielmehr ist er psychisch äußerst labil und zudem suizidgefährdet, was insbesondere daran deutlich wird, dass er in geschlossenen Räumen „immer [...] Lust [verspürt], aus dem Fenster zu springen" und geradezu „süchtig danach" (S. 86) zu sein scheint.
Das hierbei indirekt zum Ausdruck kommende Bedürfnis nach Freiheit macht gleichzeitig jedoch auch deutlich, dass sich der Sohn, der zu Beginn der Erzählung eher teilnahmslos und gleichgültig wirkt (vgl. S. 10 und S. 22), offenbar wenigstens einen letzten Rest Kampfgeist bzw. Widerstandswillen hat bewahren können. Dieser Deutungsansatz wird zudem zum einen dadurch nahegelegt, dass es dem Vater trotz allem nicht gelungen ist, dem Sohn das Singen auszutreiben, wenn er nach dem Bestrafungsritual „in sein Zimmer gesperrt" wird und hier „immer dasselbe Lied, nämlich Hänschenklein"[1] (S. 83f.) singt. Zum anderen hält der Vater seinen Sohn aufgrund seiner Ticks für einen Sonderling (vgl. S. 98f.), weshalb er ihn mit „Christian Buddenbrook" (S. 99) vergleicht, woran der Leser zaghafte Versuche der Rebellion ausmachen kann.

Um sich der Figurenkonstellation anzunähern, sollen die Schülerinnen und Schüler in einem ersten Schritt eine Rollenbiografie zu jeweils einer der vier zentralen Figuren verfassen. Hierfür erhalten sie das **Arbeitsblatt 3**, S. 50, welches als vorbereitende Hausaufgabe erteilt werden kann. Um sicherzustellen, dass alle Figuren in etwa gleich verteilt sind, sollte der Kurs hierfür in vier Gruppen eingeteilt werden.

- *Gestalten Sie für die Figur ________________ eine sogenannte Rollenbiografie, indem Sie ...*
  1. *geeignete Textstellen notieren, die Ihnen Auskunft zu der Frage „Was erfahre ich über diese Figur?" geben,*
  2. *den vorliegenden Informationstext zur Methode der Rollenbiografie lesen,*
  3. *sich mithilfe der Einfühlungsfragen in die Figur hineinversetzen,*
  4. *sich in Form eines (inneren) Monologes selbst charakterisieren.*

Alternativ bietet sich an dieser Stelle auch die **Fotolangage-Methode** an: Aus einem möglichst großen und vielfältigen Angebot an Bildern (z. B. Fotos, Zeitungsausschnitte, Postkarten) wählt die Arbeitsgruppe dasjenige aus, welches ihrer Vorstellung von der jeweiligen Figur am ehesten entspricht. Mithilfe dieses Bildes soll die Figur beschrieben und charakterisiert werden, indem es auf ein Wandplakat geklebt und mit entsprechenden Textstellen versehen wird.
Der entsprechende Arbeitsauftrag für die Gruppenarbeit kann mündlich erteilt und mithilfe einer Folie visualisiert werden:

---

[1] Nähere Ausführungen zu diesem intertextuellen Bezug sind dem Abschnitt 4.4, S. 89, sowie dem Klausurvorschlag 4 im **Zusatzmaterial 1**, S. 132, zu entnehmen.

- *Gestalten Sie für die Figur ______________ eine Collage, indem Sie …*
  1. *aus dem Angebot der Bilder dasjenige auswählen und auf Ihr Plakat kleben, welches Ihrer Vorstellung von dieser Figur am ehesten entspricht,*
  2. *Ihr Plakat zudem mit geeigneten Textstellen aus der Erzählung versehen, um Ihre Figur zu charakterisieren,*
  3. *Ihr Plakat gegebenenfalls um Zeichnungen, Symbole, Kommentare usw. ergänzen, um Ihren Gesamteindruck von der Figur abzurunden,*
  4. *Ihre Ergebnisse für einen Kurzvortrag aufbereiten.*

Unabhängig von der gewählten Unterrichtsmethode ist die Aufteilung in vier gleich starke Teams für die weitere Vorgehensweise sinnvoll, denn im zweiten Schritt soll nunmehr die Figurenkonstellation in Form einer Familienskulptur[1] szenisch dargestellt werden, was wiederum in jedem Falle in arbeitsteiliger Gruppenarbeit erfolgen sollte. Bei der Betrachtung der Figurenkonstellation soll das Thema dieser Erzählung, die Unterdrückung schwächerer Familienmitglieder in patriarchalischen Strukturen und die damit einhergehenden Konflikte innerhalb der Familie, verdeutlicht werden. Ausgangspunkt für das Stellen einer Familienskulptur sind demzufolge konkrete Konfliktsituationen aus dem Alltag der therapeutisch zu begleitenden Familie, wofür sich in der Erzählung unter anderem folgende Textstellen anbieten:[2]

1. Der Sohn schreibt in den Klassenarbeiten Vieren (vgl. S. 39 f.).
2. Der Vater bringt seinen Kindern das Briefmarken-Sammeln nahe (vgl. S. 45 ff.).
3. Die Familie hört am Sonntagvormittag Verdis Oper „Nabucco“ (vgl. S. 53 ff.).
4. Die Familie unternimmt einen Sonntagsausflug (S. 55 ff.).
5. Der Vater plant einen Urlaub im sonnigen Süden (vgl. S. 60 ff.).
6. Die Tochter weigert sich, zum Begräbnis ihrer Großmutter zu fahren (vgl. S. 81 ff.).
7. Die Mutter benötigt die Rechnungen ihres Mannes für die Steuererklärung (vgl. S. 86 f.).
8. Der Sohn muss beim Konzertbesuch den obersten Hemdknopf schließen (vgl. S. 97 ff.).

Um exemplarisch Konfliktsituationen dieser Familie zu analysieren und geeignete Vorschläge zur Konfliktbewältigung zu entwickeln, bearbeiten die Schülerinnen und Schüler in ihrer Arbeitsgruppe das **Arbeitsblatt 4**, S. 51, welches folgende Arbeitsanweisungen enthält:

- *In der heutigen Stunde wollen wir eine fiktive Therapiesitzung abhalten, in welcher eine Familienskulptur gestellt werden soll.*
  Bereiten Sie sich in der Gruppe auf Ihre Rolle als ______________ vor, indem Sie…
  1. *die von Ihnen verfassten Rollenbiografien miteinander vergleichen, um sich in die Figur einzufühlen,*
  2. *eine typische Konfliktsituation aus dem Alltag dieser Familie auswählen, in welcher sich Ihre Figur sehr unwohl gefühlt hat und die daher aufgearbeitet werden soll,*
  3. *überlegen, in welcher Nähe bzw. Distanz Ihre Figur in dieser Situation zu den anderen stehen und welche Körperhaltung sie einnehmen soll,*

[1] Beim **Stellen einer Familienskulptur** handelt es sich um eine von der US-amerikanischen Psychiaterin Virginia Satir in den 70er-Jahren entwickelte und mittlerweile anerkannte Methode in der Familientherapie.

[2] Bei der Auswahl der Konfliktsituation innerhalb der Arbeitsgruppen könnte es eventuell zu Überschneidungen kommen. In diesem Falle muss die Lehrkraft selbst entscheiden, ob diesbezüglich interveniert werden sollte oder nicht. Im Hinblick auf letztere Variante ist sicherlich interessant festzustellen, ob dieselbe Ausgangssituation von einem zweiten Steller unter Umständen ganz anders wahrgenommen bzw. erlebt wird, sodass sich hierdurch eine neue Facette in der Figurenkonstellation insgesamt offenbart.

4. *sowohl für Ihre Figur als auch für die anderen jeweils einen aus Ihrer Sicht charakteristischen Aussagesatz formulieren,*
5. *festlegen, wer diese Rolle in der Therapiesitzung übernehmen wird.*

Während das **Zusatzmaterial 2**, S. 139, konkrete Tipps bzw. Handlungsanweisungen zum Stellen einer Familienskulptur und zu dem Ablauf dieser Methode bereithält, dienen die folgenden Lehrer-Impulse dazu, die anschließende Reflexion im Plenum zu initiieren:[1]

- *Welche Konflikte sind innerhalb der Familie zu erkennen?*
  Sieht so das Beziehungsgefüge einer idealen Familie aus? Warum (nicht)?
  Welche Rollen nehmen die einzelnen Familienmitglieder ein?
  Welches Adjektiv (stark/schwach, über-/unterlegen usw.) kann den Figuren jeweils zugeordnet werden?
  Wodurch entstehen die Konflikte bzw. Probleme in dieser Familie?
  Warum gelingt dieser Familie die Auseinandersetzung mit ihren Konflikten nicht?
  Wie könnten Lösungsmöglichkeiten aussehen?

Das Ziel dieser Reflexion ist es folglich, die Konfliktsituation nicht nur im Text zu verorten, sondern letztlich das bisher gezeigte und offenkundig festgefahrene Rollenverhalten der einzelnen Figuren aufzudecken. Diese Erkenntnis wiederum bildet die Voraussetzung für eine bewusste Verhaltensänderung jedes Einzelnen und ebnet somit den Weg für einen Neuanfang dieser Familie (vgl. S. 106ff.).
Die Kursteilnehmer sollen demzufolge die moralische Minderwertigkeit des Vaters durchschauen und ihn als **Unterdrücker** der Familie erkennen, während die Mutter aufgrund ihres ausgeprägten Harmoniebedürfnisses längst resigniert und sich in die ihre vermeintlich zugedachte Rolle der **Umstellerin** bzw. Angepassten gefügt hat. Da zudem der Sohn noch der Eingeschüchterte bzw. **Schwache** und somit nicht in der Lage ist, die notwendigen Impulse für ein künftig gleichberechtigtes und friedliches Familienleben zu geben, ist letztlich die Tochter, welcher die Rolle der versteckten **Rebellin** zukommt, gefordert, den tyrannischen Patriarchen gewissermaßen zu entmachten.
Die Reflexion der Familienskulpturen könnte in folgendes Tafelbild münden:

[1] Alternativ zum Stellen einer Familienskulptur kann das nachstehend abgedruckte Tafelbild (vgl. S. 32) auch auf textanalytischem Weg erarbeitet werden. Hierfür sind die angegebenen Lehrer-Impulse ggf. zu modifizieren und/oder zu ergänzen.

Figurenkonstellation

Vater: Der Unterdrücker

- respektiert die Wünsche und Meinungen der übrigen Familienmitglieder nicht (vgl. S. 54 ff.)
- übt verbale und körperliche Gewalt aus, um seinen Willen durchzusetzen (vgl. S. 20 und S. 102 f.)
- sanktioniert aus seiner Sicht gezeigtes Fehlverhalten erbarmungslos (vgl. S. 25)

Mutter: Die Umstellerin

- „Rackern und Schuften" (S. 19) bis zur Selbstaufgabe
  - ➡ Doppelbelastung: Haushalt und Beruf
- stellt sich mehrmals am Tag um (vgl. S. 18)
- nimmt alle Schuld auf sich (vgl. S. 89)
- will Harmonie, gibt daher bei Streit immer nach (vgl. S. 87)

Tochter: Die Rebellin

- findet „Ergebenheit widerlich" (S. 29)
- kontrolliert ihre Gefühle nach außen (vgl. S. 20)
- verschafft sich durch Heimlichkeiten persönliche Freiräume (vgl. S. 38 f. und S. 84 f.)
- sträubt sich, wie ihr Vater als Logikerin zu gelten (vgl. S. 24 ff.)

Sohn: Der Schwache

- versucht, seinem Vater mit Volleyball und Mutproben zu imponieren (vgl. S. 37 und S. 66)
- resigniert jedoch: „ich kann ja doch machen, was ich will" (S. 40)
- ist psychisch labil und suizidgefährdet (vgl. S. 85 f.)
- singt nach Bestrafungen immer „Hänschenklein" (S. 83 f.)

Macht und Unterdrückung (Vater) vs. „Ergebenheit" (Mutter, Sohn)

Zur Vertiefung dieses Lerngegenstandes können die Schülerinnen und Schüler die Hausaufgabe erhalten, eine der bearbeiteten Konfliktsituation auszuwählen und so umzuschreiben, dass der Konflikt dieses Mal konstruktiv gelöst wird. Auf diese Weise wird das intentions-, adressatengerechte und situationsbezogene Entwerfen linearer Texte weiter geübt.

Alternativ kann der Lernprozess der Familienmitglieder auch im Rahmen der fiktiven Therapie fortgesetzt werden, indem die Rückkehr des Vaters um 22.30 Uhr in Form eines Rollenspiels simuliert wird, wobei Mutter, Tochter und Sohn eine nunmehr veränderte Rolle einnehmen (vgl. Abschnitt 2.5, S. 40).
Zudem können im Unterrichtsgespräch bereits an dieser Stelle weitere Ursachen für das bisher unbefriedigende Familienleben aller Beteiligten aufgespürt werden: In diesem Zusammenhang ist zum einen die Unvereinbarkeit des Lebensentwurfes des Vaters mit dem der übrigen Familienmitglieder zu nennen. Hier muss deshalb eine Kompromisslösung beider Konfliktparteien gefunden werden (vgl. Abschnitt 2.3, S. 33). Zum anderen wird den Kindern die Identitätsfindung aufgrund des sehr dominanten Vaters erschwert, weshalb ihnen Hilfen an die Hand gegeben werden müssen, um den Vaterkomplex, an welchem sie ganz offensichtlich leiden, überwinden zu können (vgl. Abschnitt 2.4, S. 37).

2.3 Eine „richtige" Familie als Lebenskonzept des Vaters

Aus den vorangegangenen Ausführungen ergibt sich für diese Erzählung folgender Grundkonflikt: Der Vater, der während seiner Kindheit selbst „keine Familie gehabt" bzw. kennengelernt hat, entwickelt nun als Erwachsener „dafür [...] die genauesten Vorstellungen davon [...], was eine richtige Familie ist" (S. 20). Da er diesbezüglich offenbar Nachholbedarf zu haben scheint, will er sein Idealbild von einer „richtigen" Familie um jeden Preis verwirklichen, weshalb er die aus seiner Sicht hierfür erforderlichen Normen festlegt und erwartet, dass alle Familienmitglieder dementsprechend handeln.
Diese Wunschvorstellung von einer „richtigen" Familie beruht im Wesentlichen auf den traditionell-bürgerlichen Ansichten des Vaters. Hierzu zählen zum einen die grundsätzlich als positiv zu bewertenden Tugenden wie Moral, Verantwortungsbewusstsein, Pünktlichkeit, Fleiß und Leistungsbereitschaft, welche der Vater allerdings instrumentalisiert, um Macht auszuüben und seinen Willen durchzusetzen (vgl. S. 27, S. 30, S. 51, S. 65f. und S. 79).
Zum anderen prägen Rituale das Bild des Vaters von einer „richtigen" Familie. Auch diese sind zunächst einmal sinnvoll, dienen sie doch generell dazu, die Gemeinschaft und den Zusammenhalt innerhalb der Familie zu fördern und zugleich den aufwachsenden Kindern eine für deren Entwicklung notwendige Orientierungshilfe zu geben. Ähnlich wie bei den Tugenden wird jedoch auch das Ritual als solches zweckentfremdet, indem der Vater das tägliche (Abend-) Programm einer vermeintlich „richtigen" Familie ausschließlich nach den eigenen Interessen und Neigungen (vgl. S. 54 und S. 62) zusammenstellt, welches die übrigen Familienmitglieder immer wieder aufs Neue über sich ergehen lassen.
Hierzu gehört zunächst das Abendessen, was pünktlich um 18.00 Uhr stattfinden muss (vgl. S. 17) und welches den gemütlichen Familienabend einläutet, denn in einer „richtigen" Familie herrsche „Familiensinn fürs Gemeinsame" (S. 58). Demzufolge wird im weiteren Verlauf gemeinsam die Tagesschau angeschaut, ferngesehen und anschließend Skat gespielt wird (vgl. S. 84 und S. 92). Samstags kommen zudem das „Verdi-Geschrammel" (S. 53f.) am Vormittag sowie die Sportschau, mit der dann der Abend ausklingt (vgl. S. 62), als weitere Rituale hinzu, während der Sonntag allein Familienausflügen vorbehalten ist (vgl. S. 55ff.).
Zu dem Selbstverständnis des Vaters von einer „richtigen" Familie gehört ebenfalls, dass die Frau den Haushalt führen (vgl. S. 32) und die Kinder erziehen soll – allerdings nach seinen Maßstäben – und bei festlichen Anlässen an der Seite ihres (erfolgreichen) Mannes zu glänzen hat (vgl. S. 18, S. 32, S. 36 und S. 88f.). Auch die Rolle, die seinem Sohn zugedacht ist, ist im Grunde klar umrissen: So soll dieser einmal seinem Vater nacheifern und ebenfalls Naturwissenschaftler werden (vgl. S. 40), während die Tochter eher eine künstlerische Erziehung genießen und deshalb das Klavierspielen erlernen soll (vgl. S. 52).
Sehr zum Leidwesen des Vaters sind jedoch beide Kinder nicht zu dessen Zufriedenheit geraten, da der Sohn eher musisch veranlagt ist und daher als verweichlicht angesehen wird (vgl. S. 40), wohingegen die Tochter aufgrund ihrer hohen Intelligenz als zu kalt und gefühllos für eine Frau gilt (vgl. S. 25 und S. 81 ff). Hinzu kommen zudem die äußerlichen Mängel der Tochter wie etwa ihre „krumme[n] Beine", die „bei einem Mädchen unverantwortlich katastrophal aussehen", und „außerdem Pickel" (S. 38).
Insgesamt zeigt sich, dass der Vater als selbsternannter „Verstandesmensch" (S. 28) und Logiker lediglich eine „abstrakte" (vgl. S. 28) Vorstellung von einer vermeintlich „richtigen" Familie hat, während die Mutter stets die Pragmatikerin von beiden gewesen ist; denn einerseits will der Vater letztlich eine intakte, harmonische Familie, in der „Verbote nicht nötig" sind und „ein Missverständnis [...] so gut wie ausgeschlossen" (S. 103) ist, andererseits bestimmt er jedoch die hierfür vermeintlich erforderlichen Regeln bzw. Richtlinien allein und zwingt sie den übrigen Familienmitgliedern undemokratisch und unter Anwendung von Gewalt auf (vgl. Abschnitt 2.5, S. 40). Da weder seine Frau noch die Kinder die hiermit verbundenen hohen Erwartungen erfüllen können oder, wie im Fall der Tochter, wollen, hält

er seine Familie für eine einzige Enttäuschung (vgl. S. 36) und wirft ihr Schlamperei (vgl. S. 46), Unbildung und fehlende Leistungsbereitschaft (vgl. S. 51) vor.
In einer modernen Gesellschaft (vgl. Abschnitt 3.1, S. 55) erweist sich das väterliche Lebenskonzept als nicht mehr zeitgemäß und wenig alltagstauglich. Dies erkennt auch die Tochter, denn sie ist überzeugt, dass lediglich kleine Veränderungen ausreichen würden, um „diese richtige Familie, die wir von Tag zu Tag immer [bloß] spielten" (S. 33), endgültig „kaputtzukriegen" (S. 34). Dies würde allerdings bedeuten, dass sich die Familienmitglieder dem Willen des Vaters gemeinschaftlich widersetzen und folglich mit diesem brechen, was für sie bislang absolut unvorstellbar gewesen ist (vgl. S. 103) und wofür ihnen auch der nötige Mut gefehlt hat (vgl. S. 64).
Zur Kontrastierung des väterlichen Lebensentwurfes wird daher sukzessive ein für die übrigen Familienmitglieder tragbares Gegenkonzept, nämlich das der „Verwilderung", entwickelt: So wird ihnen im Verlauf dieses Abends bewusst, dass die bisherige ewige „Umstellerei auf unseren Vater [...] albern [...] und sinnlos" (S. 18) gewesen ist, zumal auch das Familienoberhaupt selbst gegen die von ihm festgesetzten Regeln wie etwa Pünktlichkeit verstößt (vgl. S. 20).
Zudem herrscht in Abwesenheit des Vaters eine deutlich entspanntere Atmosphäre ohne Streit (vgl. S. 17); denn „dann kippte der ganze Tagesplan um, und alles war anders als sonst" (S. 17), sodass die Familie zu flexiblen Zeiten und nicht zwingend gemeinsam und ohne Besteck essen kann (vgl. S. 17). Dieser geradezu anarchische Ausnahmezustand wiederum bedeutet für die Mutter zugleich „viel weniger Arbeit" (S. 17), denn „das Umstellen [ist] für sie wahrscheinlich das Anstrengendste" (S. 20) gewesen, weshalb sie wehmütig feststellt, dass es eigentlich „ganz schön [sei], auch einmal zu verwildern" (S. 17).
Dieser Ansicht sind auch die Kinder, denn auch sie „wären [...] gern verwildert, statt eine richtige Familie zu sein" (S. 24). Der Tochter ist das ewige Umstellen auf den Vater ohnehin geradezu „unangenehm [...] und peinlich" (S. 20), weshalb sie „aus reiner Bosheit" (S. 21) ihren bis dahin heimlichen Wunsch preisgibt, dass der Vater überhaupt nicht mehr zurückkommen möge (vgl. S. 21). Die Mutter scheint den gleichen Gedanken zu hegen, denn sie reagiert bei weitem „nicht so entsetzt, wie ich erwartet hatte", sondern antwortet lächelnd mit „nun, wir werden sehen" (S. 21), nachdem sie kurz zuvor bereits „Kinder, ist das nicht schön, nur wir drei" (S. 20) ausgerufen hat.
Je länger der Vater ausbleibt, umso konkreter werden die Vorstellungen von einem für die übrigen Familienmitglieder tragfähigen Lebenskonzept: Zu verwildern beinhaltet somit vornehmlich die Freiheit des Einzelnen, sich selbst entfalten oder einfach einmal gehen lassen zu können, indem etwa die Haare unfrisiert bleiben (vgl. S. 32) bzw. lang wachsen dürfen (vgl. S. 91), auf eine weiße Tischdecke verzichtet wird (vgl. S. 32) und nach Belieben Softeis gegessen werden kann (vgl. S. 91). Ein derartiges Lebenskonzept ist demzufolge von Selbstbestimmung und Individualität sowie gegenseitiger Achtung und Unterstützung innerhalb einer angstfreien Familiengemeinschaft geprägt.
Dieses innere Grundbedürfnis der Gepeinigten spiegelt sich in dem ironisch geäußerten Wunsch der Tochter nach mehr „Gleichgültigkeit statt Familiensinn" (S. 58) wider, um wie die anderen Kinder auch „an einem Sonntagnachmittag [...] Raumschiff Orion spielen" (S. 58) zu können. So wird gerade die vom Vater eingeforderte Gemeinsamkeit für sie zu einer unzumutbaren Last (vgl. S. 59) und dessen Lebensentwurf von einer „richtigen" Familie immer mehr zum Unwort.
Der einzige Grund, weshalb sich die Familie dem Willen des Vaters immer wieder unterwirft, ist das System „der Petzerei" (S. 24), wodurch dessen Herrschaft gesichert wird. Indem es den Beteiligten gelingt, ihre Angst zu überwinden, offen miteinander zu sprechen und sich zu ihren Wünschen zu bekennen, sodass „keiner [mehr] petzen" (S. 64) kann, eröffnen sich ihnen erst neue Perspektiven (vgl. Abschnitt 2.5, S. 50). Mit ihrer geradezu aufsässigen Grundsatzfrage (vgl. S. 26), weshalb die Abonnementkonzerte eigentlich aufhören müssen, stößt die Tochter schließlich die Familienrevolution gegen den anmaßenden Tyrannen an

(vgl. S. 103), wodurch dessen fixe Idee von der „richtigen" Familie zusammen mit den Muscheln endgültig begraben wird (vgl. S. 108ff.).

Mithilfe der folgenden Arbeitsaufträge können die Schülerinnen und Schüler dazu angehalten werden, die beiden gegensätzlichen Lebenskonzepte innerhalb dieser Familie in Partnerarbeit zu analysieren:

- *Stellen Sie die Vorstellungen des Vaters von einer „richtigen" Familie mithilfe der S. 8f., S. 17, S. 32, S. 40, S. 52, S. 54f., S. 58, S. 62, S. 65f., S. 79, S. 84, S. 88f. und S. 92 dar.*
- *Bewerten Sie zudem das Lebenskonzept des Vaters.*
- *Fassen Sie in einem Satz zusammen, wie die übrigen Familienmitglieder diesem Lebenskonzept gegenüberstehen.*

Die Ergebnisse dieser Textanalyse können in sprachlich reduzierter Form an der Tafel oder auf einer Folie festgehalten werden:

Das Lebenskonzept des Vaters: Eine „richtige" Familie

Der Vater hat „die genauesten Vorstellungen davon [...], was eine richtige Familie ist" (S. 20) und legt demnach äußersten Wert auf die Einhaltung ...

- traditionell-bürgerlicher **Tugenden** wie Moral, Verantwortungsbewusstsein, Pünktlichkeit, Fleiß und Leistungsbereitschaft.
  → aber: diese dienen lediglich als Machtmittel, um den eigenen Willen durchzusetzen (vgl. S. 27, S. 30, S. 51, S. 65f., S. 79 usw.)
- fester **Rituale** wie Abendessen um 18.00 Uhr, Fernsehen, Skat spielen, Tages- bzw. Sportschau, Sonntagsausflüge, Urlaub usw., welche den „Familiensinn fürs Gemeinsame" (S. 58) fördern sollen.
  → aber: das Mitmachen ist Zwang, wobei der Vater das „Programm" ausschließlich nach eigenen Interessen und Neigungen zusammenstellt (vgl. S. 54, S. 62 usw.)
- einer klaren **Rollenverteilung** innerhalb der Familie:
  - Vater: verwirklicht sich selbst, indem er in seinem Beruf Karriere macht (vgl. S. 8f.)
  - Mutter: ist für den Haushalt (vgl. S. 32) und die Erziehung der Kinder zuständig; hat bei festlichen Anlässen an der Seite des Mannes zu glänzen (vgl. S. 18, S. 32, S. 36, S. 88f. usw.)
  - Tochter: hat eine künstlerische Erziehung zu genießen und soll daher das Klavier spielen erlernen (vgl. S. 52)
  - Sohn: soll dem Vater in beruflicher und sportlicher Hinsicht nacheifern (vgl. S. 40)

↓

Die übrigen Familienmitglieder hingegen wünschen sich Selbstbestimmung, gegenseitige Achtung und Unterstützung in einer angstfreien Familiengemeinschaft.
→ „**Verwilderung**" als Kontrast zum väterlichen Lebenskonzept (vgl. S. 17, S. 32 usw.)

Je nachdem, wie viel Zeit für diesen Unterrichtsaspekt zur Verfügung steht, kann dieser weiter vertieft werden, indem zunächst der gegensätzliche Lebensentwurf der übrigen Familienmitglieder konkretisiert und anschließend mit dem des Vaters verglichen wird; denn bei intensiverer Betrachtung ergeben sich weitere Begriffspaare, an denen die bereits dargestellte Kontrastierung zwischen „richtiger" Familie einerseits und „Verwilderung" andererseits deutlich wird, wobei an dieser Stelle jedoch nur die wichtigsten Unterschiede näher ausgeführt werden:
Aufgrund seiner Herkunft verabscheut der Vater ein Leben in der Provinz (vgl. S. 61 f. und S. 75 ff.) bzw. in der Natur, denn dieses bedeutet für ihn Armut und Entbehrungen. Aus diesem Grund bevorzugt er ein Leben in der Stadt, mit welchem er Begriffe wie etwa Zivilisation, Ordnung, Mode, Leistung, Erfolg und Wohlstand verbindet (vgl. S. 8, S. 28 f., S. 88 usw.), die aus seiner Sicht durchweg positiv konnotiert sind. Dementsprechend störend empfindet er vor allem einen Wesenszug seiner Frau, nämlich deren vermeintlich „unausrottbare Ländlichkeit" bzw. „unverbesserliche Romantik" (S. 61 f.), welche er ihr bei entsprechender Gelegenheit vorwirft.
Im Gegensatz zum Vater liebt die Mutter das Leben in der Natur, was insbesondere in ihrer großen „Sehnsucht nach Dörflichem" (S. 59) zum Ausdruck kommt, die sie oft verspürt. Als kleinen Trost nimmt sie folglich immer „heimlich ein paar Zweige und Gräser [...], manchmal auch Margeriten und Glockenblumen" (S. 61) vom Urlaubsort mit nach Hause, die bezeichnenderweise jedoch „den Heimweg sowieso nicht überleb[en]" (S. 62).
Da der Vater ein sehr leistungsorientiert geprägtes Weltbild hat, verachtet er diese vermeintlich unproduktive Schöngeisterei, zu welcher neben der Liebe zur Natur insbesondere auch die kulturellen Neigungen der übrigen Familienmitglieder zählen (vgl. S. 103 ff. usw.); denn durch die Beschäftigung mit Literatur, Musik und dergleichen lassen sich nun einmal keine „Motoren zum Laufen [...] bringen" (S. 28), weshalb er sich auch aufgrund seines Berufes als Naturwissenschaftler seiner Frau gegenüber, die wiederum zwar Hausfrau, Mutter und Lehrerin in einer Person ist, allerdings keinen ökonomisch messbaren Erfolg vorzuweisen vermag, überlegen fühlt.
Dieser Sichtweise steht die Mutter ambivalent gegenüber: Zwar bewundert sie ihren Mann einerseits für seinen beruflichen Erfolg und ist somit grundsätzlich ebenfalls „der Meinung [...], dass Motoren zum Laufen gebracht werden müssten", anderseits erkennt sie jedoch, dass bei all dem Streben nach Erfolg und Profit „das Schöne etwas zu kurz dabei kommt" (S. 28).

Mithilfe des folgenden Arbeitsauftrages kann diese vertiefende textanalytische Betrachtung beider Lebenskonzepte initiiert werden:

- *Vergleichen Sie die beiden gegensätzlichen Lebensentwürfe mithilfe geeigneter Begriffspaare wie etwa Ordnung/Unordnung, Stadt/Land, Rationalität/Emotionalität usw. Nutzen Sie hierfür insbesondere die Seiten 8, 16 f., 18 f., 28 f., 32, 51 f., 58 f., 61 f., 78 f., 88, 91, 95 und 103.*

Die Ergebnisse können zu folgendem Tafelbild zusammengefasst werden:

Vergleich beider Lebenskonzepte

Eine „richtige" Familie	Verwilderung
• **Ordnung:** – feste Abläufe, Rituale usw. (vgl. S. 17) – Gemeinschaft und „Familiensinn" (S. 58) – Vater als Familienoberhaupt (vgl. S. 19)	• **Unordnung:** – unregelmäßige Mahlzeiten im Stehen und ohne Besteck (vgl. S. 17) – ungeschminkt und unfrisiert (vgl. S. 32 und S. 91) – Gleichberechtigung und Selbstbestimmung (vgl. S. 103)
• **Stadt:** – Zivilisation (vgl. S. 61 f.) – Modebewusstsein (vgl. S. 88) – Leistungsorientierung (vgl. S. 28) – Wohlstand (vgl. S. 95)	• **Land:** – „Sehnsucht nach Dörflichem" (S. 59) – Liebe zur Natur (vgl. S. 61) – ausgewogenes Verhältnis zwischen Arbeit und Freizeit (vgl. S. 78f.)
• **Rationalität:** – Vorliebe für Naturwissenschaften und Technik (vgl. S. 28) – Logik und Vernunft als Handlungsmaximen (vgl. S. 16)	• **Emotionalität:** – Liebe zur Kunst, vornehmlich zur Musik und Literatur (vgl. S. 51 f.) – Zulassen von Gefühlen, „Fantasien" (S. 16)

2.4 Der Vaterkomplex als Identitätsproblem

Die Ablösung von den Eltern stellt einen entscheidenden Entwicklungsschritt in der Adoleszenz des heranwachsenden Menschen dar; denn diese ist eine notwendige Voraussetzung, um „seine altersgemäßen [...] Entwicklungsaufgaben wahrnehmen [...] und über einen kohärenten Ich-Komplex – ein ‚hinreichend starkes Ich' verfügen [zu] können"[1]. Nur hierdurch ist es ihm später als Erwachsener möglich, den ihm gestellten Anforderungen gerecht zu werden, Konflikte zu bewältigen (vgl. Abschnitt 2.5, S. 40) und bei alledem trotzdem „ein gewisses Maß an Lebenslust und Zufriedenheit aus dem Leben gewinnen zu können."[2]

Dieser Prozess der eigenen Identitätsfindung bzw. der Suche nach dem Ich wird vornehmlich dann erschwert, wenn der Jugendliche in einer Familie aufwächst, in welcher patriarchalische Strukturen vorherrschen. Während das Patriarchat vor über 100 Jahren noch eindeutig positiv besetzt war, gerät es spätestens seit den 60er-Jahren zunehmend in die Kritik, da gerade in einem derartigen sozialen Umfeld häufig ein Vaterkomplex entsteht[3], welcher eine zusätzliche Belastung für den Heranwachsenden darstellt und den er bewältigen muss.

Worin äußert sich aber nun ein solcher Vaterkomplex konkret? Der dominante Vater wird von den Kindern zunächst „als Vertreter eines gültigen Gesetzes"[4] wahrgenommen und als

1 Kast (2005), S. 10
2 Vgl. Kast (2005), S. 10
3 Vgl. Kast (2005), S. 12
4 Kast (2005), S. 234

Autorität bzw. Oberhaupt der Familie bedingungslos anerkannt.[1] Anstelle eines solidarischen Wir-Verhältnisses ergibt sich in dieser Konstellation ein Herrschafts-Untertanen-Verhältnis, in welchem sich die Kinder als Nichts begreifen.[2] Letzteres gilt insbesondere für die Söhne, welche ihrem Vorbild in jeder Hinsicht nachzueifern versuchen, um die Anerkennung des Vaters und letztlich das für seine weitere Entwicklung nötige Selbstbewusstsein zu erlangen. Allerdings muss der Sohn kläglich scheitern, da der Vater ihn (unbewusst) als Rivalen erachtet,[3] weshalb er diesem immer wieder „die nächste ‚unlösbare' Aufgabe"[4] stellt.
Auf diese Weise bleibt dem Sohn die Anerkennung seitens des Vaters immer verwehrt, worunter er leidet. Die vorherrschenden Gefühle in dieser „Komplexsituation sind [folglich] Schuld- und Schamgefühle" und das Gefühl von „Nichtigkeit"[5], welche ein Ventil suchen. Während in der progressiven Form der hoffnungslose Versuch unternommen wird, den Ansprüchen des Vaters doch noch gerecht und ihm ebenbürtig zu werden, können die Gefühle bei der destruktiven in Rachegelüste und Zerstörungswut umschlagen,[6] wobei die Grenzen zwischen beiden Extremen oftmals fließend sind.
Ein Ausweg aus diesem Dilemma und demzufolge ein wichtiger Schritt zur Überwindung des Vaterkomplexes ist demnach zum einen die Analyse: Indem der Betroffene sich seines Komplexes bewusst wird und diesen benennen kann, werden zunächst die Voraussetzungen geschaffen, diesen zu bewältigen und zu einem „eigenständigere[n] und bindungsfähigere[n] Menschen zu werden"[7]. Dies wiederum erfordert eine intensive Auseinandersetzung mit der Eltern-Generation (Generationenkonflikt) und der damit verbundenen, oftmals schockierenden Erkenntnis, dass das eigene Leben bisher ausschließlich fremdbestimmt gewesen ist.
Neben dem bloßen Benennen und der Bewusstwerdung des Vaterkomplexes ist es zum anderen erforderlich, sein eigenes Verhalten zu ändern. Entscheidend hierbei ist, dass der Betroffene „das Bedürfnis nach Akzeptanz durch den Vater" opfert und sich stattdessen „selber die Daseinsberechtigung"[8] gibt. Mit anderen Worten bedeutet dies, seine individuellen Stärken zu entdecken, um aus dieser Erkenntnis das nötige Selbstbewusstsein zu schöpfen, welches zu eigenständigem Handeln befähigt und (evtl. bereits) selbst erzielte Erfolge erst erfahrbar werden lässt.
Hieraus wiederum kann sich ein kohärenter Ich-Komplex entwickeln, der es dem jungen Menschen erlaubt, ohne den dominanten Vater auszukommen und sich von ihm zu lösen (vgl. „vaterlose Gesellschaft").

Um die Schülerinnen und Schüler für diese Problematik zu sensibilisieren, empfiehlt es sich, sich zunächst die Theorie zum Vaterkomplex anzueignen, um diese dann auf die Figuren der Erzählung zu übertragen. Hierzu erhalten sie das **Arbeitsblatt 5**, S. 53, welches sinnvollerweise in Partnerarbeit zu bearbeiten ist:

- *Geben Sie die Kernaussagen der vorliegenden Auszüge aus Kasts psychologischem Ratgeber wieder. Gehen Sie in diesem Zusammenhang insbesondere auf den Begriff des Vaterkomplexes ein.*
- *Überprüfen Sie mithilfe der Theorie, ob die Figuren der Tochter und des Sohnes in Vanderbekes Erzählung „Das Muschelessen" unter einem Vaterkomplex leiden oder aber gelitten haben. Beziehen Sie dabei auch den Schluss in Ihre Überlegungen ein.*

---

1 Vgl. Kast (2005), S. 242 f.
2 Vgl. Kast (2005), S. 234
3 Kast (2005), S. 235
4 Kast (2005), S. 234
5 Kast (2005), S. 235
6 Kast (2005), S. 235
7 Kast (2005), S. 12
8 Kast (2005), S. 235

Die Ergebnisse zur ersten Aufgabe können in sprachlich reduzierter Form an der Tafel festgehalten werden:

Der Vaterkomplex als Identitätsproblem von Kindern und Jugendlichen

- Ablösung von den Eltern ist die Voraussetzung für die Entwicklung eines kohärenten Ich-Komplexes (**Identität**) und daher wichtiger Bestandteil der Adoleszenz (vgl. Text 1, Z. 3)
- Prozess der Identitätsfindung wird durch patriarchalische Strukturen innerhalb der Familie erschwert (vgl. Text 1, Z. 4ff.)
- Patriarchat begünstigt das Entstehen von Vaterkomplexen (vgl. Z. 14ff.)
- Merkmale des Vaterkomplexes:
  - dominanter Vater wird als „Vertreter eines gültigen Gesetzes", Autorität und Familienoberhaupt bedingungslos anerkannt (vgl. Text 2, Z. 1f.)
  - Herrschafts-Untertanen-Verhältnis, bei dem sich die Kinder als Nichts begreifen und unter Schuld- und Schamgefühlen leiden (vgl. Text 3, Z. 2ff.)
  - Versuch (des Sohnes), dem Vater nachzueifern und dessen Anforderungen zu erfüllen, ist hoffnungslos (vgl. Text 2, Z. 14ff.)
  - denn: der Vater erachtet den Sohn (unbewusst) als Rivalen (vgl. Text 2, Z. 15ff.)
  - Anerkennung des Vaters bleibt daher immer verwehrt (vgl. Text 2, Z. 24ff.)
  - Folge: Übereifer, Frustration, Rachegelüste, Zerstörungswut usw. zur Kompensation des vermeintlichen Versagens (vgl. Text 2, Z. 31ff.)

↓

Die Bewältigung des Komplexes gelingt nur durch Bewusstwerdung des Dilemmas und den bewussten Verzicht auf die Anerkennung des Vaters.

Nachdem der theoretische Hintergrund geklärt ist, sollte es den Schülerinnen und Schülern recht leicht fallen, zu beurteilen, ob die Tochter und der Sohn unter einem Vaterkomplex leiden bzw. gelitten haben:

Die **Tochter** schildert ihre eigene Situation innerhalb dieses Familiengefüges insgesamt recht emotionslos und ironisch-distanziert (vgl. Abschnitt 4.3, S. 84ff.). Auch ihre vermeintlichen Schwächen (Hässlichkeit, Unehrlichkeit, Verstocktheit usw.) trägt sie geradezu mit Stolz, denn sie hat ihre Stärken (Intelligenz, Sportlichkeit, Musikalität usw.) längst erkannt. Daher ist anzunehmen, dass sie bereits einen hinreichend starken Ich-Komplex entwickelt und den Vaterkomplex, unter welchem sie vor ihrer Volljährigkeit noch gelitten haben mag, bereits überwunden hat.
An der Betrachtung der Figurenkonstellation wurde zudem bereits deutlich, dass sie die Widerstandsfähigste dieser Familie (vgl. Abschnitt 2.2, S. 24ff.) und somit letztlich die Einzige ist, welche dem Familientyrann Paroli bieten kann, zumal sie sich diesem innerlich schon lange verweigert (vgl. S. 20f.). Er hat es trotz aller körperlichen und physischen Verletzungen somit auch nicht geschafft, ihren Willen zu brechen, was sie nur umso mehr dazu befähigt, den zukünftigen „Anforderungen des Lebens"[1] – ohne den Vater (vgl. S. 103ff.) – gerecht zu werden. (Allerdings ist an dieser Stelle einschränkend darauf hinzuweisen, dass in der Erzählung das Korrektiv einer alternativen Einschätzung der Psyche der Tochter fehlt und folglich ebenso die Möglichkeit des Lesers, das Urteil der Ich-Erzählerin genauer zu überprüfen.)

[1] Kast (2005), S. 10

Die Rivalität des Vaters seinem **Sohn** gegenüber ist offenkundig: Wie sehr sich dieser auch bemüht, seinem Vater zu gefallen (Volleyball, Mutproben usw.), er „hinkt immer den Anforderungen nach, die an ihn gestellt werden."[1] Da er zudem nicht über die Intelligenz seiner Schwester verfügt, daher auch in der Schule vergleichsweise schlecht ist, seine Begabungen (Musikalität, Volleyballspiel usw.) für den Vater keinerlei Wert haben und überdies auch aufgrund seiner Empfindsamkeit nicht der traditionellen Geschlechterrolle entspricht, wird er zum ständigen Opfer väterlicher Verachtung und Aggression (vgl. S. 83 f.).
Angesichts der für ihn unerfüllbaren Erwartungen des Vaters hat der Sohn längst resigniert (vgl. S. 40). Die Frustration angesichts seines vermeintlichen Versagens hat sich bei ihm sogar schon in ernst zu nehmende Depressionen umgekehrt (vgl. S. 85 f.). Sein Ich-Komplex ist zu schwach, sodass es ihm (noch?) nicht gelingt, seinen Vaterkomplex zu überwinden.

2.5 Der Umgang mit Konflikten in der Familie

Mit Konflikten produktiv umgehen und Auseinandersetzungen bzw. Streitgespräche konstruktiv führen zu können, erfordert entsprechende Verhaltensweisen, welche erst erlernt werden müssen.[2] Die Förderung sozialer Kompetenz der Schülerinnen und Schüler ist daher ein elementares bildungspolitisches Ziel, an dessen Erreichen exemplarisch anhand Vanderbekes Erzählung „Das Muschelessen" (weiter-) gearbeitet werden kann und sollte.
Dazu ist es erforderlich, den „Schülerinnen und Schülern Einsichten in den Zusammenhang zwischen Konflikten und den inneren Haltungen der am Konflikt beteiligten Menschen zu vermitteln."[3] Diese Sensibilisierung und das Verstehen der eigentlichen Ursachen von Konflikten helfen ihnen darüber hinaus, ein eigenes „selbstbewusstes, konstruktives Verhalten in Streit- und Konfliktsituationen"[4] im Alltag zu entwickeln.

Im Mittelpunkt der folgenden analytischen Betrachtung stehen daher vornehmlich zwei Leitfragen:

- *Wie geht die Familie bislang mit Konflikten um?*
  Was müsste die Familie (gegebenenfalls mittels Therapie) lernen, um Konflikte künftig konstruktiv bewältigen zu können?
- *Nutzen Sie zur Beantwortung der aufgeworfenen Fragen insbesondere die Seiten 20 f., 24, 29, 38 f., 40, 64 und 85 ff.*

In ihrer Erzählung zeigt die Autorin mit literarischen Mitteln „das Zusammenspiel von Macht und Unterdrückung (repräsentiert durch den Vater) und ‚Ergebenheit' (auf Seiten der Mutter und der Kinder)" auf, was wiederum „die Familie lähmt, sodass Konflikte nie offen ausgetragen werden."[5] Unter der Oberfläche brodelt es jedoch, denn alle drei sind misstrauisch und haben Angst davor, „verpetzt" (S. 24) zu werden, weshalb keiner offen seine Unzufriedenheit mitteilt (vgl. S. 64).
Diese lähmende „Ergebenheit" (S. 29) ist dabei nicht nur darauf beschränkt, dass sich in Anwesenheit des Vaters alle Familienmitglieder umstellen (vgl. S. 20 f.), vielmehr spiegelt sie sich auch konkret im jeweils unterschiedlichen Konfliktverhalten der Figuren wider:

---

1 Kast (2005), S. 235
2 Vgl. Groß (2002), S. 42
3 Groß (2002), S. 43
4 Groß (2002), S. 43
5 Groß (2002), S. 42

Während etwa die **Mutter** in Konfliktsituationen grundsätzlich immer nachgibt und alle Schuld auf sich nimmt (vgl. S. 86), weil sie „keinen Streit mochte, sondern nur Harmonie" (S. 87), entzieht sich die **Tochter** diesen weitestgehend dadurch, dass sie in einem solchen Fall einfach monatelang abends allein in ihrem Zimmer bleibt (vgl. S. 85). Zudem vermeidet sie Streitgespräche möglichst von vornherein, indem sie viele Heimlichkeiten vor ihrer Familie hat (vgl. S. 38f.), was ihr zugleich auch die nötigen Freiräume verschafft.

Der **Sohn** wiederum hat längst resigniert (vgl. S. 40) und lässt die äußerst ungerechte Behandlung seitens des Vaters daher (fast) widerstandslos über sich ergehen (vgl. S. 83 f.). Im Gegensatz zu seiner Schwester kann er zudem nicht einmal lügen (vgl. S. 38) und Bestrafungen folglich überhaupt nicht umgehen.
Die Unterdrückung und die hierdurch ausgelöste Angst vor dem autoritären Vater, welche er bewusst schürt (vgl. S. 24), um seine Machtposition zu behaupten, führen letztlich nur „zur Anpassung und Selbstaufgabe der Mutter und [zu] den unterschiedlichen Versuchen der Kinder, die vom Vater aufgestellten Spielregeln einer ‚richtigen Familie' [...] zu umgehen, ohne dass der Vater es merkt".[1]
Eine konstruktive Bewältigung von Konflikten hingegen wird verhindert, was die Tochter selbst bereits erkannt hat. Und obwohl sie bislang immer stark und mutig gewesen ist (vgl. S. 65), ist dies in diesem familiären Gefüge jedoch unmöglich, da jedes Familienmitglied in seiner „Individualität geschwächt ist, kein Zutrauen zu sich selbst hat, den eigenen Wahrnehmungen keine Berechtigung gibt", weshalb somit „erst das immer rückhaltlosere Bekenntnis zur eigenen Empfindung und Wahrnehmung den Schritt zur offenen Abgrenzung vom Vater"[2] ermöglicht (vgl. Abschnitt 2.3, S. 33ff.).

Als sich alle Familienmitglieder die für sie untragbare familiäre Situation im Verlauf des Abends eingestanden haben (vgl. S. 64) und Einigkeit darüber herrscht, dass die Unterdrückung durch den Vater nicht länger hingenommen wird, gelingt es ihnen endlich, sich erstmalig aus ihrer ewigen „Ergebenheit" (S. 29) zu lösen, um dem Vater gemeinschaftlich bzw. mit vereinten Kräften gegenüberzutreten. Dass künftig mit Sicherheit ein anderer Ton angeschlagen wird, wird zudem symbolisch unterstrichen, indem die Mutter ihren Sohn auffordert, die Muscheln in den Müll zu werfen (vgl. S. 109f.).

Ausgehend von dem bereits umfassend dargelegten Familiengefüge (vgl. Abschnitte 2.2–2.4, S. 24ff.) sollen die Schülerinnen und Schüler in einem ersten Schritt zusammenfassen, wie die Familienmitglieder bislang mit Konflikten umgegangen sind (vgl. Leitfrage 1, S. 40).

Die Ergebnisse können zu folgendem Tafelbild zusammengefasst werden:

1 Groß (2002), S. 43f.
2 Groß (2002), S. 42

Bisheriger Umgang mit Konflikten in der Familie

Mutter
- gibt in Konfliktsituationen immer nach, weil sie „keinen Streit mochte, sondern nur Harmonie“ (S. 87)
- nimmt daher „die Schuld immer vollständig auf sich“ (S. 86)

Tochter
- entzieht sich Konfliktsituationen, indem sie monatelang allein in ihrem Zimmer bleibt (vgl. S. 85)
- macht viele Dinge heimlich (vgl. S. 38f.), um Streit im Vorwege zu vermeiden

Sohn
- kann nicht lügen (vgl. S. 38) und somit Konflikte nicht umgehen
- hat längst resigniert (vgl. S. 40) und lässt die Bestrafungen (fast) widerstandslos über sich ergehen (vgl. S. 83f.)

↓

Autoritäres Verhalten des Vaters führt zur Unfähigkeit der Familie, Konflikte offen auszutragen bzw. konstruktiv zu bewältigen
➡ gestörte Kommunikation

Im anschließenden Unterrichtsgespräch sollte zunächst der Zusammenhang zwischen dem autoritären Verhalten des Vaters und der Konfliktunfähigkeit der übrigen Familienmitglieder geklärt werden (vgl. Resümee des Tafelbildes), bevor die Schülerinnen und Schüler in einem zweiten Schritt Möglichkeiten zur konstruktiven Lösung von Konflikten erarbeiten.

Der Schluss der Erzählung macht deutlich, dass die Familie das Familienleben, wie es bislang gewesen ist, nicht länger akzeptiert und dieses anders geführt werden muss. Der Anstoß hierfür muss von der Mutter und den Kindern ausgehen, um den Vater mit seinem Verhalten zu konfrontieren; denn von sich aus wird er nicht bereit sein, dies zu ändern. Zudem ist es allerdings erforderlich, dass auch sie selbst ihr Verhalten ändern.[1]
Hierfür gibt es gleich mehrere Ansatzpunkte, denn Mutter, Tochter und Sohn müssen …
1. aufhören, sich umzustellen, und sich endgültig von ihrer Ergebenheit lösen,
2. besser zusammenhalten als bisher, Einigkeit gegenüber dem Vater demonstrieren und sich gemeinsam wehren, anstatt sich gegenseitig zu „verpetzen“,
3. offen äußern, was sie wirklich denken, und umgekehrt die Meinungen, Wünsche usw. der übrigen Familienmitglieder respektieren,
4. den Mut aufbringen und zudem lernen, (konstruktive) Streitgespräche zuzulassen und auszuhalten.

Für die Erarbeitung konkreter Möglichkeiten der Konfliktbewältigung bietet sich die Methode des Rollenspiels an. Der Arbeitsauftrag für die arbeitsgleiche Gruppenarbeit könnte dabei folgenden Wortlaut haben:

[1] Allerdings müssen die entscheidenden Impulse am ehesten von der Tochter ausgehen, da insbesondere der Sohn hierfür noch über zu wenig Selbstvertrauen verfügt. Er muss folglich erst lernen, überhaupt einen eigenen Standpunkt zu entwickeln, wohingegen die Mutter bereits dabei ist, diesbezüglich von ihrer Tochter zu lernen.

- *Die Mutter und ihre Kinder sitzen nach wie vor gemeinsam am Esstisch, als der Vater um 22.30 Uhr plötzlich doch noch nach Hause kommt. Sie sind fest entschlossen, sich ihm gegenüber anders zu verhalten als bisher, und wollen den Konflikt konstruktiv lösen.*
  Gestalten Sie ein Rollenspiel, in welchem dieser Vorsatz deutlich wird.

Bei Lerngruppen, welche mit dem szenischen Spiel bereits vertraut sind, empfiehlt es sich auch, die bisherigen Gruppen beizubehalten (vgl. Abschnitt 2.2, S. 30) und sich auf ihre – abgesehen von der Figur des Vaters – veränderte Rolle vorzubereiten. Die entsprechenden Arbeitsaufträge für die in diesem Fall arbeitsteilige Gruppenarbeit wären dann Folgende:

Gruppen „Mutter", „Tochter" und „Sohn"

- *Die Mutter und ihre Kinder sitzen nach wie vor gemeinsam am Esstisch, als der Vater um 22.30 Uhr plötzlich doch noch nach Hause kommt. Sie sind fest entschlossen, sich ihm gegenüber anders zu verhalten als bisher, und wollen den Konflikt konstruktiv lösen.*
  Bereiten Sie sich in der Gruppe auf Ihre Rolle als ______________ vor, indem Sie …
  1. *sich überlegen, wie das Familienleben aus der Sicht Ihrer Figur künftig gestaltet sein sollte, damit diese sich wohlfühlt und insgesamt zufriedener ist,*
  2. *auch darüber nachdenken, in welcher Weise diese Figur ihr bisheriges Verhalten ändern sollte (Körpersprache, sprachlicher Ausdruck usw.),*
  3. *eine geeignete Strategie entwickeln, mit welcher der Konflikt beigelegt werden kann,*
  4. *überzeugende Argumente, mit denen die Figur ihre Position vertreten kann, auf einer Karteikarte notieren,*
  5. *sich auf kritische Einwände der übrigen Familienmitglieder einstellen,*
  6. *festlegen, wer diese Rolle im Rollenspiel übernehmen wird.*

Gruppe „Vater"

- *Die Mutter und ihre Kinder sitzen nach wie vor gemeinsam am Esstisch, als der Vater um 22.30 Uhr plötzlich doch noch nach Hause kommt.*
  Bereiten Sie sich in der Gruppe auf Ihre Rolle als ***Vater*** *vor, indem Sie …*
  1. *sich überlegen, wie Ihre Figur die Verspätung erklären sollte,*
  2. *auch darüber nachdenken, wie sich diese Figur gegenüber der Familie verhalten wird (Körpersprache, sprachlicher Ausdruck usw.),*
  3. *überzeugende Argumente, mit denen die Figur ihre Position vertreten kann, auf einer Karteikarte notieren,*
  4. *sich auf kritische Einwände der übrigen Familienmitglieder einstellen,*
  5. *festlegen, wer diese Rolle im Rollenspiel übernehmen wird.*

Je nachdem, für welche Variante sich die Lehrkraft entscheidet, tragen die Gruppen ihre Rollenspiele nacheinander vor oder entsenden ihre Vertreter, welche das Rollenspiel durchführen. In jedem Fall sollten bei der Reflexion des szenischen Spiels folgende Lehrer-Impulse im Mittelpunkt der Betrachtung stehen:

- *Wie verhalten sich die einzelnen Familienmitglieder, um sich gegen die Vorstellungen des Vaters zu wehren?*
  Wie wird in diesem Rollenspiel der Konflikt konstruktiv bewältigt?
  Warum gelingt dieser Familie die Konfliktbewältigung nicht?
  Wie könnten alternative Lösungsmöglichkeiten aussehen?
  Wie kann konkret vorgegangen werden, um Konflikte konstruktiv zu lösen?

Das Ergebnis dieses Unterrichtsgespräches könnte ein von den Lernenden selbst entwickelter Leitfaden sein, wie Konflikte konstruktiv und insbesondere auf dem Prinzip der Kooperation basierend bewältigt werden können; denn bei der kooperativen Konfliktbewältigung geht es gerade nicht darum, Schuld zuzuweisen, Recht zu haben und/oder zu „gewinnen", vielmehr steht hier die Lösungsorientierung im Vordergrund, indem sich die Konfliktparteien nicht als Gegner gegenübertreten, sondern eine gemeinsame Lösung des Konfliktes erarbeiten (vgl. Leitfrage 2, S. s. u.).

Obwohl die Schülerergebnisse sehr unterschiedlich ausfallen können und werden, soll im Folgenden ein möglicher Leitfaden zur kooperativen Konfliktbewältigung in Anlehnung an Gordon[1] vorgestellt werden:[2]

Leitfaden zur konstruktiven und kooperativen Konfliktbewältigung

1. Schritt: Den Konflikt identifizieren und definieren

Wichtig ist, sich hierfür genügend Zeit zu nehmen, um den Konflikt möglichst genau erfassen und die eigenen Gefühle und Bedürfnisse durch Ich-Botschaften zum Ausdruck bringen zu können.

- Worum geht es denn eigentlich?
- Wie siehst du die Situation? („Ich fühle mich ...", „Für mich bedeutet das ..." usw.)
- Was sind deiner Ansicht nach die Ursachen des Konflikts?

2. Schritt: Mögliche Lösungen entwickeln und sammeln

Wichtig ist, die eingebrachten Vorschläge an dieser Stelle nicht zu bewerten, da hier Kreativität gefragt ist. Zudem sollten die gesammelten Ideen gut sichtbar festgehalten werden.

- Angenommen, unser Konflikt wäre bereits wie durch ein Wunder gelöst. Was wäre dann konkret anders?
- Was können wir (diesbezüglich) tun?
- Wie können wir unsere Kommunikation/unser Zusammenleben/... positiv gestalten?

3. Schritt: Die einzelnen Lösungsvorschläge kritisch bewerten

Wichtig ist, unannehmbare Lösungen zu streichen. Dabei sind die zuvor geäußerten Gefühle der Beteiligten zu berücksichtigen, indem die eigene Meinung als Ich-Botschaft gesendet wird.

1 Vgl. Gordon (1989), S. 35 ff.

2 Dieser Leitfaden kann entweder in sprachlich reduzierter Form auf einem Wandplakat entwickelt oder als Kopie an die Schülerinnen und Schüler ausgegeben werden.

4. Schritt: Sich für die beste annehmbare Lösung entscheiden
Wichtig ist, auf Abstimmungen zu verzichten, sondern sich gemeinsam auf eine Lösungsmöglichkeit zu verständigen, deren Realisierbarkeit und Güte mithilfe der „Was-wäre-wenn"-Logik zu überprüfen und die vorläufige (!) Vereinbarung schriftlich zu fixieren.

- Können wir uns darauf einigen, dass …?
- Ich werde … tun und du wirst auf … achten.
- Können wir die getroffenen Vereinbarungen akzeptieren?

5. Schritt: Richtlinien für die Realisierung der Entscheidung festlegen
Wichtig ist, möglichst differenziert festzulegen, wie die Lösung in der Wirklichkeit umgesetzt werden soll, indem gemeinsam ein genauer Zeit- und Aufgabenplan erstellt wird. Dies erhöht die Verantwortlichkeit der Beteiligten.

6. Schritt: Die Funktionsfähigkeit der Lösung zu einem späteren Zeitpunkt überprüfen
Wichtig ist, zu überprüfen, ob die getroffene Entscheidung zur Regelung des Konflikts richtig gewesen ist. Auf pauschale Urteile ist dabei zu verzichten, zudem sollen die Beteiligten für Veränderungen offen sein.

- Ist unsere bisherige Lösung in dieser Form tragfähig?
- Was sollten wir noch verändern?

Nachdem die Lernenden gemeinsam einen Leitfaden zur Konfliktbewältigung entwickelt haben, könnte es interessant sein, die abschließende Frage aufzuwerfen, ob die von der Autorin gezeichnete Familie überhaupt in der Lage ist, ihren Konflikt konstruktiv beizulegen (vgl. Leitfrage 2, S. 44):

- *Wie bewerten Sie die Chancen der Familienmitglieder, den Konflikt konstruktiv und in Kooperation mit dem Vater bewältigen zu können?*

Die Schülerinnen und Schüler werden möglicherweise feststellen, dass der Erfolg dieses Vorhabens sehr davon abhängt, ob und inwiefern der Vater für sachliche Argumente einerseits, aber in besonderem Maße auch Veränderungen andererseits zugänglich ist. Der Verlauf der Erzählung legt jedoch eher die Annahme nahe, dass der Vater sich gegen das Modell „Kooperation" innerhalb des Familienverbandes sperren wird, da er insgesamt zu sehr von der Berechtigung seines Verhaltens überzeugt zu sein scheint.
Wahrscheinlicher ist es daher, dass Mutter, Tochter und Sohn entweder mit dem Vater vollständig brechen und einen gemeinsamen Neuanfang zu dritt wagen (vgl. „vaterlose Gesellschaft") oder in alte Verhaltensmuster zurückfallen und die Tyrannei weiterhin ertragen.
Die Frage nach der Zukunft dieser Familie bleibt letztlich offen.[1]

Notizen

[1] Vgl. Felsbach/Metelko (1990), S. 167

Die Handlungsstruktur der Erzählung

Protokoll eines historischen Tages in der Familiengeschichte

Uhrzeit	äußere Handlung	innere Handlung	Ideen zur Deutung
vor 18.00 Uhr (S. 5 ff.)			
18.03 Uhr (S. 10 ff.)			
kurz nach 19.00 Uhr (S. 21 f.)			
vor 20.00 Uhr (S. 22 ff.)			
nach 20.00 Uhr (S. 34 ff.)			
gegen 21.00 Uhr (S. 42 ff.)			

Uhrzeit	äußere Handlung	innere Handlung	Ideen zur Deutung
um dieselbe Zeit (S. 64 ff.)			
nach 21.00 Uhr (S. 86 ff.)			
21.45 Uhr (S. 106 ff.)			

- *Erstellen Sie mithilfe der vorliegenden Tabelle ein Protokoll zu den knapp vier Stunden, innerhalb derer die erzählte Handlung stattfindet.*

Die Handlungsstruktur der Erzählung (Lösung)

Protokoll eines historischen Tages in der Familiengeschichte

Uhrzeit	äußere Handlung	innere Handlung	Ideen zur Deutung
vor 18.00 Uhr (S. 5 ff.)	Vorbereitung des Muschelessens und Warten auf die Rückkehr des Vaters um 18.00 (vgl. S. 9)	„Spannung", „unruhige Erwartungsstimmung" (S. 10)	Familienfeier und Lieblingsessen des Vaters anlässlich seiner anstehenden Beförderung (vgl. S. 8)
18.03 Uhr (S. 10 ff.)	Klappern der Muscheln im Kochtopf (vgl. S. 10 f.)	„ist meine Stimmung ins Ungute, ja, ins geradezu Unheimliche gekippt" (S. 10); „Und genau in dem Moment ist meine Stimmung umgeschlagen" (S. 12); „durch die Muscheln war eine Todesstimmung im Raum" (S. 15)	Vorausdeutung des Ablösungsprozesses vom Vater bzw. der Emanzipation (vgl. S. 12 ff.)
kurz nach 19.00 Uhr (S. 21 f.)	Warten auf die Rückkehr des sich verspätenden Vaters (vgl. S. 21)	„es wird doch hoffentlich nichts passiert sein, und aus reiner Bosheit habe ich darauf gesagt, und wenn schon" (S. 21)	Beginn der Emanzipation: Leben ohne den Vater ist nicht völlig unvorstellbar (vgl. S. 21)
vor 20.00 Uhr (S. 22 ff.)	Kochen der Muscheln zur Zerstreuung und Warten am gedeckten Tisch (vgl. S. 22)	„es war längst noch nicht acht, da wussten wir alle, dass dieser Tag unerwartet besonders wäre" (S. 22)	Erkenntnis, keine „richtige" Familie zu sein, sondern diese lediglich zu spielen (vgl. S. 23 ff. und S. 33)
nach 20.00 Uhr (S. 34 ff.)	Erkalten der Muscheln, Ignorieren der Tagesschau (S. 34), Vertrocknen der Muscheln und Öffnen der Weinflasche (S. 41)	„wir haben das Nicht-Normale verstärkt, wo wir nur konnten. Und so war plötzlich die ganze Stimmung verdorben und toxisch" (S. 35); „und als meine Mutter den Wein aufgemacht hat, sind wir uns alle drei ungemein aufsässig vorgekommen" (S. 41)	Bewusstes Verstoßen gegen die Regeln des Vaters (vgl. S. 34 f. und S. 41)
gegen 21.00 Uhr (S. 42 ff.)	Leeren der Weinflasche und Ablegen von Hemmungen (vgl. S. 42 und 53)	„nur eine Restängstlichkeit hat uns daran gehindert, auf die Uhr zu schauen. [...] Nach einem Autounfall kommt man doch mindestens erstmal ins Krankenhaus, hat mein Bruder gesagt, und ich habe gesagt, mindestens." (S. 53)	Überwindung der lähmenden Angst vor dem Vater und Hoffnung auf ein Leben ohne den Patriarchen (vgl. S. 53 ff.)

Uhrzeit	äußere Handlung	innere Handlung	Ideen zur Deutung
um dieselbe Zeit (S. 64 ff.)	Herumhocken um den Tisch (vgl. S. 64)	„wir haben uns auch gefragt, warum lassen wir uns das bieten […] das ist doch Tyrannei, lieber keine richtige Familie als so eine, das haben wir jetzt alle drei gesagt“ (S. 64); „ihr müsst auch das Gute sehen, er hat doch so viele gute Seiten […], man muss doch auch Verständnis haben“ (S. 64)	Entschluss, sich gegen die Tyrannei des Vaters aufzulehnen bzw. zu widersetzen (vgl. S. 64)
nach 21.00 Uhr (S. 86 ff.)	Leeren einer weiteren Weinflasche (vgl. S. 86)	„An diesem Punkt hat sie dann gesagt, alles ist meine Schuld […], ich bin ganz zermürbt, zwischen dem Vater und euch bin ich aufgerieben, wir haben Angst bekommen“ (S. 86)	Angst vor dem Scheitern des Vorhabens wegen der mangelnden Courage der Mutter (vgl. S. 86 und S. 108)
21.45 Uhr (S. 106 ff.)	Ignorieren des klingelnden Telefons (vgl. S. 106 und S. 109) und Entsorgen der verdorbenen Muscheln (vgl. S. 109 f.)	„Natürlich ist uns das Herz stehengeblieben, weil das Telefon in unsere Schlechtigkeit hinein wie die Strafe Gottes geklingelt hat […], dieses Klingeln hat das Ende der Welt eingeläutet“ (S. 106); „und dann hat sie sehr vernehmlich gesagt, aber andererseits“ (S. 109)	Symbolischer Akt: Neuanfang ohne Tyrannei des Vaters (vgl. S. 109 f.)

Eine Rollenbiografie zu einer literarischen Figur verfassen

Hinweise zum Verfassen einer Rollenbiografie

Eine Rollenbiografie dient der Charakterisierung von Figuren in Romanen, Erzählungen, Dramen usw. aus der eigenen Perspektive. Diese Form der Selbstdarstellung der jeweiligen Figur wird daher als (innerer) Monolog in der Ich-Form geschrieben, in die – natürlich auf der Grundlage des Textes – fundierte Antworten auf Fragen zu Einstellungen, Erwartungen, Wünschen, Empfindungen, Interessen usw. der Figur einfließen.

A Einfühlungsfragen zur inneren Haltung

Aus welchem Elternhaus stammst du? Wo und mit welchen Menschen bist du aufgewachsen? Wie lebst du heute? Welchen Beruf übst du aus? Bist du mit deiner Arbeit zufrieden? Wie beeinflusst sie dein Leben und deine Beziehungen zu anderen Menschen? Wie sieht dein typischer Tagesablauf aus? Wie siehst du dich selbst? Magst du dich? Wie sehen dich andere? Was bedeutet dir die Meinung, die andere Menschen von dir haben? Von welchem Leben träumst du? Welche Bedürfnisse hast du? Welche Lebensansichten hast du? Welche Bedeutung haben für dich traditionelle Werte wie Ehre, Religion und Moral?

B Einfühlungsfragen zur äußeren Haltung

Wie siehst du aus? Wie bist du gekleidet? Wie sind Körperbau, Gesicht und Frisur? Wie sind deine Körperhaltung, Mimik und Gestik? Wie sprichst du (Lautstärke, Betonung usw.)?

Hinweis

Die obigen Fragen zur Figur dienen Ihnen vornehmlich als Hilfestellung, damit Sie sich in den Charakter hineinversetzen können. Es ist nicht notwendig, alle Fragen nacheinander in der Rollenbiografie zu beantworten. Vielmehr sollten Sie Ihre Rollenbiografie als „fließenden" Text verfassen, welcher in etwa wie folgt beginnen könnte: „Ich bin der Vater und trage als Oberhaupt unserer Familie somit sehr viel Verantwortung."

Nach: Ingo Scheller: Szenische Interpretation. Theorie und Praxis eines handlungs- und erfahrungsbezogenen Literaturunterrichts in Sekundarstufe I und II. Kallmeyersche Verlagsbuchhandlung, Seelze-Velber 2004, S. 61 ff.

Gestalten Sie für die Figur der Tochter *eine sogenannte Rollenbiografie, indem Sie …*

1. *geeignete Textstellen notieren, die Ihnen Auskunft zu der Frage „Was erfahre ich über diese Figur?" geben,*
2. *den vorliegenden Informationstext zur Methode der Rollenbiografie lesen,*
3. *sich mithilfe der Einfühlungsfragen in die Figur hineinversetzen,*
4. *sich in Form eines (inneren) Monologes selbst charakterisieren.*[1]

[1] Exemplarisch wird hier lediglich das Arbeitsblatt für den Teil der Schülerinnen und Schüler vollständig abgedruckt, welche sich mit der Figur der Tochter auseinandersetzen sollen. Für die übrigen Gruppen sind die jeweiligen Figuren (Vater, Mutter bzw. Sohn) an entsprechender Stelle einzutragen.

Die Figurenkonstellation als Familienskulptur

Die Familienskulptur ist eine von der US-amerikanischen Psychiaterin Virginia Satir in den 70er-Jahren entwickelte und inzwischen anerkannte Methode in der Familientherapie.
Hierbei stellen sich die jeweiligen Familienmitglieder im Beisein des Therapeuten in ihrer subjektiv als angemessen empfundenen Nähe bzw. Distanz zueinander im Raum auf und nehmen eine für sie charakteristische körperliche Haltung ein. Während die Familie in dieser Art Standbild verharrt, wird nacheinander jedes Familienmitglied zu seiner eigenen Wahrnehmung der Situation sowie seinen Gefühlen befragt. Durch die erlebende Darstellung sollen die in der Realität typischen Beziehungen, Kommunikationsabläufe und Konflikte innerhalb der jeweiligen Familie sichtbar gemacht werden (**Arbeit mit einer Familie**). Bei Einzelpersonen wählt der Patient entweder aus der Gruppe Stellvertreter für die Mitglieder seiner Familie und gegebenenfalls sich selbst aus oder es wird mit Stühlen bzw. symbolischen Gegenständen gearbeitet (**Arbeit mit einem Familienmitglied**).

Der folgende Textauszug gibt anhand eines praktischen Beispiels Auskunft darüber, wie die Familienskulptur als Therapie-Methode im Einzelnen abläuft:

Es war ein sonniger Novembertag, als ich meine erste Familienskulptur stellte. Im Rahmen meiner Familientherapieausbildung erzählte ich meinen Kolleginnen und Kollegen, dass ich mich immer wieder über meinen Mann ärgere, wenn er sich nach dem Frühstück oder nach dem Abendessen aufs Sofa setzt und Zeitung liest, ich aber noch alle Hände voll zu tun habe. Abräumen, Küche kehren, Betten richten, die Kinder möchten mit mir spielen. Wo soll ich nur anfangen? Ich spüre das schlechte Gewissen, weil ich mich um den Haushalt kümmere, statt mit meinen Kindern zu spielen. Irgendwann entlädt sich meine Spannung, und ich platze heraus: „Ich muss mich immer um alles kümmern und du gönnst dir Freizeit! Wir sind doch beide berufstätig!“

Natürlich weiß ich, dass solche Verallgemeinerungen wie „immer muss ich …“ und Anklagen wie „du aber …“ die Stimmung vergiften, doch in der Wut …
Ich stellte die Situation in einer Skulptur auf, d. h., ich bat vier Kolleginnen und Kollegen, dass sie als Rollenspieler mich, meinen Mann, unsere Tochter und unseren Sohn darstellen. Meinen Mann manövrierte ich aufs Sofa und gab ihm den Satz „In der Ruhe liegt die Kraft“ vor. Unsere zehnjährige Tochter positionierte ich etwas weiter entfernt mit erwartungsvollem Blick. Ihr legte ich den Satz „Ich brauche was von dir“ in den Mund. Unser zweijähriger Sohn hing rockzipfelnd an mir und nörgelte: „Mama, Mama, spielen!“ Mich, d. h. mein Double, stellte ich mit weit vornübergebeugtem Oberkörper in der Mitte auf, die Hände unablässig von links nach rechts bewegend, mein Blick schweifte über alle meine Lieben. Mein Satz lautete: „Ich muss mich um alles kümmern.“ Anschließend nahm ich meine eigene Position in der Skulptur ein. Als ich so über eine Minute in dieser extrem anstrengenden Haltung verharrte, wurde mir schlagartig klar, wie ich mit mir selbst Raubbau betrieb und gleichzeitig die Aktivität meines Mannes verhinderte. Je stärker ich mich bemühte, alles perfekt in Schuss zu halten, desto mehr erhielt er die Botschaft: „Die Eva macht das alles spielend.“ Der Kollege, der meinen Mann spielte, erzählte aus seiner Rolle heraus, er sitze da, um wenigstens etwas Ruhe in die Familie hineinzubringen, aber er spüre einen enormen Druck, den er nicht ausdrücken könne. Selbst wenn er versuchen würde, mir im Haushalt zu helfen, könne er sicherlich nicht meinen Ansprüchen genügen. „Stimmt“, dachte ich bei mir – aber der Preis dafür, alles perfekt machen zu wollen, war sehr hoch, und ich hatte das Gefühl, keinem gerecht zu werden. Ich sah mir die Skulptur auch von außen an, mein Double nahm nochmals meine Haltung ein. Mir fiel es wie Schuppen von den Augen. Ich erkannte, dass ich mir meinen Wunsch, auch einmal umsorgt und verwöhnt zu werden, mit dieser Haltung selbst abschnitt. Wieder in meiner eigenen Rolle spürte ich nochmals die Überforderung, die ich mir selbst auflastete. Die Trainerin bat mich, einen neuen Platz zu suchen, der mir angenehmer sei. Ohne viel nachzudenken, setzte ich mich neben meinen Mann aufs Sofa. Hier ging's mir gut – und schlagartig änderte sich die Stimmung für alle Familienmitglieder. Mein Mann fühlte sich wohler, er spürte, wie Energie in ihm aufkam. Unsere Tochter rückte näher heran, und unser Sohn blieb in meiner Nähe, jaulte aber nicht mehr so nervtötend. – „Na ja“, dachte ich nach dieser Skulpturarbeit, „mit Rollenspielern geht das ganz einfach, aber in der Realität …?“ – Neugierig war ich trotzdem …

Daheim angekommen, setzte ich mich, als die wohl bekannte Szene wieder ablief, neben meinen Mann aufs Sofa. Ich staunte nicht schlecht! Er legte seine Zeitung beiseite und nahm mich in den Arm. Ich hatte keinem von meiner Skulptur erzählt, doch es reichte völlig aus, dass ich mein Verhalten änderte. Im selben Augenblick hatten die anderen Familienmitglieder neue Möglichkeiten, auf mich zu reagieren.

Aus: Eva Tillmetz: Familienaufstellungen. Sich selbst verstehen, die eigenen Wurzeln entdecken. Kreuz Verlag. Stuttgart 2001, S. 10–12

■ *In der heutigen Stunde wollen wir eine fiktive Therapiesitzung abhalten, in welcher eine Familienskulptur gestellt werden soll.*[1]
Bereiten Sie sich in der Gruppe auf Ihre Rolle als Tochter *vor, indem Sie …*

1. *die von Ihnen verfassten Rollenbiografien miteinander vergleichen, um sich in die Figur einzufühlen,*
2. *eine typische Konfliktsituation aus dem Alltag dieser Familie auswählen, in welcher sich Ihre Figur sehr unwohl gefühlt hat und die daher aufgearbeitet werden soll,*
3. *überlegen, in welcher Nähe bzw. Distanz Ihre Figur in dieser Situation zu den anderen stehen und welche Körperhaltung sie einnehmen soll,*
4. *sowohl für Ihre Figur als auch für die anderen jeweils einen aus Ihrer Sicht charakteristischen Aussagesatz formulieren,*
5. *festlegen, wer diese Rolle in der Therapiesitzung übernehmen wird.*

Hinweis: *Die Rollenspieler, welche die übrigen Familienmitglieder vertreten, werden jeweils aus den anderen Gruppen entsendet!*

---

1 Exemplarisch wird hier lediglich das Arbeitsblatt für die Gruppe „Tochter" vollständig abgedruckt. Für die übrigen Gruppen sind die jeweiligen Figuren (Vater, Mutter bzw. Sohn) an entsprechender Stelle einzutragen.

Der Vaterkomplex: Auf der Suche nach der Identität

Text 1

Dass Menschen Vater- und Mutterkomplexe „haben“, ist unterdessen verbreitetes allgemeines psychologisches Wissen. […] Der Ich-Komplex eines Menschen muss sich altersgemäß von den Mutter- und Vaterkomplexen ablösen, soll der Mensch seine altersgemäßen Entwicklungsaufgaben wahrnehmen können und über einen kohärenten[1] Ich-Komplex – ein „hinreichend starkes Ich“ – verfügen können, [der] es ihm oder ihr erlaubt, die Anforderungen des Lebens wahrzunehmen, mit Schwierigkeiten umzugehen und ein gewisses Maß an Lebenslust und Zufriedenheit aus dem Leben gewinnen zu können. […]
Diese Komplexe selber sind unter anderem natürlich auch Komplexe, die in einer patriarchalen Kultur entstehen. […] Ich möchte diese Komplexe beschreiben, damit uns deutlich wird, wo wir von ihnen geprägt sind, und damit es uns in der Folge möglich wird, uns durch das Benennen und das Bewusstwerden von ihnen abzulösen, um eigenständigere und bindungsfähigere Menschen zu werden.

Text 2

1. Der Vater, die Väter werden als Vertreter eines gültigen Gesetzes gesehen. Trotz allen Bemühens bleiben die Söhne ein Nichts. Es besteht ein Herrschafts-Untertanen-Verhältnis, kein solidarisches Wir-Verhältnis. Die Teilhabe wird verweigert, es besteht das Gefühl, von Mächtigem manipuliert zu werden, selber Sklave zu sein. Es ist leicht möglich, Verfolgungsideen zu entwickeln.
2. Die Faszination des je eigenen Weges ist verboten. Der Vater oder die Väter bestimmen den Weg. Fantasien, die sich mit dem eigenen Weg beschäftigen, sind nicht gefragt, Anpassung, die allerdings nie gut genug ist, wird gefordert.
3. Man müsste dem Vater ebenbürtig sein. Dieser steht in einer nicht ausdrücklich ausgesprochenen Rivalitätssituation zum Sohn. Der Sohn bekommt keine Anstöße, sondern wird gefragt, warum er etwas noch nicht kann. Freude an der Leistung ist nicht möglich, denn der Sohn hinkt immer den Anforderungen nach, die an ihn gestellt werden. Es sieht so aus, als würde auf der Leistungsebene Teilhabe angeboten, die auf der emotionalen Ebene versagt wird. Aber das ist eine Täuschung, ein Betrug. Diese Teilhabe ist nicht zu erringen, weil der Sohn niemals die Anforderungen des Vaters erfüllen kann, er fühlt sich schuldig und beschämt. Würde er allerdings die Anforderungen des Vaters erfüllen oder gar übertreffen, bekäme er die Anerkennung auch nicht, dann würde der Vater die nächste „unlösbare“ Aufgabe stellen.
4. Das vorherrschende Gefühl dieser Komplexkonstellation sind die Schuld- und Schamgefühle, verbunden mit Gefühlen der Nichtigkeit. Diese bewirken oft eine Sprachlosigkeit, verbunden mit dem Wunsch nach Rache und Zerstörung. In einer progressiveren Form wird versucht, dem Vater doch noch ebenbürtig zu werden, um endlich diese Schuld- und Schamgefühle zu überwinden. Damit wird die Situation ausweglos, weil man um die Anerkennung eines Menschen ringt, die man nicht bekommt oder nicht in der Weise, wie man sie haben möchte. Solange man um die Anerkennung von einem Elternteil buhlt, bleibt man in diesem Bannkreis. Geopfert werden müsste nicht die eigene Bedeutung und das eigene Leben, sondern das Bedürfnis nach Akzeptanz durch den Vater. Man müsste sich selber die Daseinsberechtigung geben.

Text 3

Die Mutter gebrauchte immer wieder den Satz: „Ich mische mich da nicht ein. Vater hat das Sagen.“ Karin war das erste Mädchen, die Eltern waren enttäuscht, sie hatten auf einen Stammhalter gehofft. Dennoch stand sie dem Vater sehr nah, auch als er seinen Stammhalter dann doch noch bekam. Der Vater pochte auf Anstand. Als Sechsjährige hatte sie einmal 20 Rappen geklaut. Noch zu der 14-Jährigen sagte der Vater immer wieder: „Anstand ist das Wichtigste im Leben, aber du schaffst das wohl nicht.“ […]
Die Schulleistungen waren dem Vater sehr wichtig. Dass sie eine gute Schülerin war, verhalf ihr dazu,

---

1 kohärent = zusammenhängend

„die Sonderposition beim Vater zu behalten". Der Vater selbst hatte es schulisch nicht sehr weit gebracht. Trotz eines ausgezeichneten Zeugnisses beim möglichen Schulübertritt ins Gymnasium bestand der Vater darauf, dass dieses nicht gut genug, sie also auch keine Schülerin fürs Gymnasium sei. Er ließ sich auch nicht durch den Lehrer umstimmen. Sie besuchte nicht das Gymnasium. Damals empfand sie diese Entscheidung als ein Zeichen dafür, wie sehr ihr Vater seine „Vaterpflichten" ernst nahm, erst nach und nach grollte sie ihm im Geheimen.

1. *Geben Sie die Kernaussagen der vorliegenden Auszüge aus Kasts psychologischem Ratgeber wieder. Gehen Sie in diesem Zusammenhang insbesondere auf den Begriff des Vaterkomplexes ein.*

2. *Überprüfen Sie mithilfe der Theorie, ob die Figuren der Tochter und des Sohnes in Vanderbekes Erzählung „Das Muschelessen" unter einem Vaterkomplex leiden oder aber gelitten haben. Beziehen Sie dabei auch den Schluss in Ihre Überlegungen ein.*

Baustein 3

Zeiten des Wandels: Deutschland in den 50er- und 60er-Jahren

Birgit Vanderbeke greift mit den dargestellten Konflikten innerhalb der Familie ein in der Literatur des 18. bis 20. Jh. gängiges Thema auf, denn die Strukturen und das Rollenverhalten der einzelnen Mitglieder der Familie haben sich in den letzten zwei Jahrhunderten gewandelt. Demzufolge wurde insbesondere die Funktion der Familie als gesellschaftliche Institution immer wieder relativiert, kritisch in Frage gestellt, aber auch verteidigt.
Ein besonderes Augenmerk wurde dabei auf die Geschlechterrolle gelegt – sowohl im Hinblick auf die Position des Vaters in der Familie als auch auf die geschlechtsspezifischen Unterschiede bei der Erziehung von Töchtern und Söhnen. Aus diesem Grund soll der folgende Abschnitt der Einbettung der Erzählung „Das Muschelessen" in die soziologische und literaturgeschichtliche Tradition dienen (vgl. Abschnitt 3.1, S. 55ff.).
Mithilfe genau durchdachter Rahmenbedingungen (Flucht einer Familie aus der DDR, Aufnahme von Flüchtlingen in der Bundesrepublik, Aufstiegswille des Vaters usw.) gelingt es der Autorin, die gesellschaftlichen und politischen Verhältnisse in Ostdeutschland in den 60er-Jahren weitläufig abzubilden. Insofern trägt die Erzählung „Das Muschelessen" zur politischen Bildung des Rezipienten bei und enthält indirekt die appellierende Warnung vor einer stets gegenwärtigen Gefahr der Bedrohung des Individuums bzw. der Gesellschaft durch ein totalitäres System.
Zugleich werden individuelle Wirklichkeitserfahrungen und Lebensgefühle Jugendlicher und Erwachsener von der Nachkriegszeit bis in die jüngste Vergangenheit Deutschlands für den Leser erfahrbar (vgl. Abschnitt 3.2–3.3, S. 58ff.).

Um den Schülerinnen und Schülern Einblicke in den politischen und gesellschaftlichen Wandel der 50er- und 60er-Jahre im zweigeteilten Deutschland zu verschaffen, bietet es sich an, die verschiedenen Teilaspekte, die zum tieferen Verständnis der Erzählung führen sollen (vgl. Abschnitte 3.1–3.3, S. 55ff.), in Form von Kurzreferaten vortragen zu lassen. Die entsprechenden Informationstexte, die den referierenden Kursteilnehmern an die Hand gegeben werden sollten, sind den **Arbeitsblättern 6–9**, S. 68ff. zu entnehmen.[1]

3.1 Strukturwandel in der modernen Familie in Deutschland

Während das Patriarchat vor über 100 Jahren noch eindeutig positiv besetzt war, gerät es spätestens seit den 60er-Jahren zunehmend in die Kritik; denn diese Dekade stand sehr unter dem Zeichen der Demonstrationen und Revolten der deutschen Studentenbewegung APO[2], welche die gegebenen Verhältnisse in der Bundesrepublik der 50er- und 60er-Jahre radikal kritisierte und bekämpfte, den Kapitalismus strikt ablehnte, unter anderem überaus vehement für die Emanzipation bzw. Gleichberechtigung der Geschlechter sowie eine anti-

1 Alternativ kann an dieser Stelle ebenso gut auf die Vergabe von Referaten verzichtet werden. In diesem Fall sind die Arbeitsaufträge entsprechend zu modifizieren.
2 **APO** = **A**ußer**p**arlamentarische **O**pposition

autoritäre Erziehung eintrat[1] und folglich indirekt auf den „cultural lag"[2] aufmerksam machte:
Im Zuge der fortschreitenden Industrialisierung seit Beginn der 50er-Jahre vollzog sich ein gesellschaftlicher Wandel, welcher sich zum einen in der Entwicklung vom kleinen Familien- zum maschinellen Großbetrieb und zum anderen in der damit einhergehenden Abkehr von selbstständiger (z. B. Landwirt) zu unselbstständiger Erwerbstätigkeit (z. B. Arbeiter, Angestellter) des Hausvaters äußerte.[3] Hierdurch wiederum verlor dieser „seine Stellung als Leiter der Arbeitsorganisation und damit die wohl stärkste institutionelle Stütze seiner Autoritätsperson"[4] gegenüber den übrigen Familienmitgliedern, zumal nun auch die Frau und die Kinder die „Möglichkeit zu eigenem Verdienst" und somit zur „wirtschaftliche[n] Unabhängigkeit gegenüber dem Vater"[5] hatten. Dass sich die übrigen Familienmitglieder auf diese Weise eine eigene Daseinsberechtigung verschafften und zudem an Eigenständigkeit und Selbstbewusstsein gewannen, führte somit zur entscheidenden Schwächung des Patriarchats und ermöglichte emanzipatorische Prozesse innerhalb der Familie.
Infolgedessen entwickelte sich die Familie sukzessive „von einer mehr herrschaftlich-institutionellen zu einer mehr partnerschaftlich-personalen Familienstruktur"[6], da die zunehmend besseren Bedingungen für die Existenzsicherung die feste, traditionelle Rollenverteilung innerhalb der Familie (Mann als Versorger und Oberhaupt der Familie, Frau als Hausfrau und Mutter) nicht länger erforderlich machte.[7]
Anpassungsschwierigkeiten an diese moderne Familienstruktur ergeben sich demzufolge dann, wenn insbesondere der Vater an seinen tradierten bzw. patriarchalischen „Werthaltungen, Verhaltensweisen und Anschauungen [...], die ihre Wurzeln in längst überholten Formen der innerfamiliären Arbeitsteilung zwischen Mann und Frau haben"[8], festhält. In diesem Fall kommt es zum „cultural lag", indem Anspruch und Wirklichkeit der (Macht-) Position des Vaters bzw. der Verteilung der (Geschlechter-) Rollen auseinanderfallen, sodass Konflikte unausweichlich erscheinen.
Darüber hinaus stellt eine moderne, leistungsorientierte Industriegesellschaft die Familie vor neue Erziehungs- und Betreuungsaufgaben: Da hier das künftige soziale und berufliche Ansehen sowie der Lebensstandard des Heranwachsenden „wesentlich von seinem Leistungsvermögen bestimmt"[9] werden, muss er vieles lernen, was ihm die Familie nicht beibringen kann. Damit der Jugendliche neue Motivation und Kraft für die kommenden Anforderungen schöpfen kann, kommt hierbei der Vermittlung emotionaler Sicherheit durch die Eltern eine besondere Bedeutung zu.[10]
Umgekehrt blockieren allerdings zu intensive Eltern-Kind-Bindungen dessen emanzipatorischen Entwicklungsprozess, der sich „in außerfamilialen Milieus (Schule, Beruf, Freizeit) bewähren muss, will er nicht als ‚Muttersöhnchen' und ‚Nesthocker' erscheinen"[11]. Hier folglich ein ausgewogenes Mittelmaß zu finden, stellt somit die eigentliche Schwierigkeit für die Familie dar; denn erst, wenn der Heranwachsende schlussendlich „möglichst autonom" geworden ist, „ist er in der Lage, gegenüber seinen Eltern eine relativ souveräne und spannungsfreie Haltung einzunehmen."[12]

---

1 Vgl. Borowsky (1998), S. 14 ff.
2 Ein **cultural lag** entsteht als Folge des technischen Fortschritts immer dann, wenn in bestimmten Bereichen der Gesellschaft auf diese Veränderungen (zu) langsam reagiert wird. Hieraus entwickelt sich ein Ungleichgewicht, welches zu sozialen Problemen und Konflikten führen kann.
3 Vgl. Mitterauer/Sieder (1991), S. 121.
4 Mitterauer/Sieder (1991), S. 121
5 Mitterauer/Sieder (1991), S. 121
6 Mitterauer/Sieder (1991), S. 123
7 Vgl. Mitterauer/Sieder (1991), S. 123
8 Mitterauer/Sieder (1991), S. 125
9 Mitterauer/Sieder (1991), S. 144
10 Vgl. Mitterauer/Sieder (1991), S. 145
11 Mitterauer/Sieder (1991), S. 145
12 Mitterauer/Sieder (1991), S. 145

Um die Schülerinnen und Schüler in den Strukturwandel der Familie vom Patriarchat zur Partnerschaft und die Auswirkungen auf die Erziehung der Kinder einzuführen, trägt ein Kursteilnehmer sein Kurzreferat auf Grundlage des **Arbeitsblattes 6**, S.68, vor:

- *Informieren Sie sich mithilfe der vorliegenden Texte über die Gründe und Folgen des Strukturwandels in der modernen Familie in Deutschland.*
- *Bereiten Sie die Informationen, z. B. mithilfe einer Mindmap, für einen Kurzvortrag auf.*

An dieser Stelle erscheint es sinnvoll, im Unterrichtsgespräch Bezüge zur Erzählung herzustellen, indem geeignete Textstellen aufgespürt werden:
In der Figur des Vaters werden zahlreiche Widersprüche zwischen Selbst- und Fremdbild deutlich, welche entlarven, dass es ihm weder gelingt, die traditionelle noch die moderne Vaterrolle auszufüllen, zumal er ferner verschiedene charakterliche Defizite aufweist:
So ist der Vater laut eigener Aussage „überhaupt nicht gern auf Dienstreise gefahren“, sondern „am liebsten bei seiner Familie“ (S. 6f.), allerdings hat er diese gerade dann allein gelassen, als sie ihn dringend gebraucht hätte, um zunächst lieber ins Kino zu gehen und später nach Berlin, um dort ein unabhängiges Studentenleben zu führen (vgl. S. 38f.). Auch ansonsten distanziert er sich von seiner Frau, für die er sich schämt (vgl. S. 88ff.), und seinen Kindern, welche am besten „nicht auf der Welt“ (S. 68) sein sollten.
Der Vater rühmt sich mit seiner vermeintlich logischen und rationalen Denkweise (vgl. S. 26ff.), welche jedoch im krassen Widerspruch zu seinem nicht ökonomischen Verhalten (Briefmarkensammlung, Aktienkauf, Trinkgelder, Steuer-Belege usw.) steht. Er verbittet sich eine Schwangerschaftsunterbrechung aufgrund seiner angeblich festen moralischen Prinzipien, stimmt dieser später jedoch zu, als sich ein weiteres Kleinkind ankündigt, welches den eigenen Plänen im Wege zu stehen droht (vgl. S. 30f.). Er stilisiert sich als äußerst geschmackssicheren, weltgewandten Mann (vgl. S. 43 und S. 90), beweist jedoch in Bezug auf Mobiliar (vgl. S. 43), Kleidung (vgl. S. 88) und Musik (vgl. S. 54f.) einen äußerst spießigen und geradezu provinziellen Lebensstil.
Aus alledem folgt, dass der Vater den traditionellen Anforderungen des Lebens (häusliche Finanzen, Bildung usw.) selbst nicht gewachsen ist, weshalb er seine Kinder nicht auf deren eigenes Leben im Beruf und im Privaten vorbereiten kann und somit kein geeignetes Vorbild ist, an welchem sie sich orientieren könnten bzw. sollten. Durch die Figur des Vaters erfahren sie insgesamt daher keine emotionale Stärkung. Und obwohl er die Funktionen der traditionellen Vaterrolle nicht erfüllt, fordert er dessen ungeachtet alle Rechte und Privilegien wie etwa die Strafgewalt.
Die Mutter hingegen könnte diese Vorbildfunktion eher ausfüllen, denn sie hat die ihr traditionell zugedachte Rolle innerhalb der Familie längst durch ihre berufliche Tätigkeit als Lehrerin erweitert, allerdings ohne hierdurch mehr Gleichberechtigung in der Partnerschaft zu erlangen. Aus diesem Grund wird sie in dieser Funktion auch nicht wahrgenommen, sodass die notwendige emotionale Bestärkung der Kinder letztlich weder durch den Vater noch durch die Mutter erfolgt.
Hieraus wiederum ergeben sich schwerwiegende Folgen für die Kinder, welche in einer Familie aufwachsen, die eher ein Kriegsschauplatz und Ort von Lieblosigkeit und Gewalt als eine nach traditionellem Verständnis menschliche Lebensgemeinschaft ist. Sozialpsychologisch gesehen ist diese Familie für die 60er-Jahre jedoch typisch („cultural lag“), weshalb Vanderbeke mit ihrer Erzählung letztlich die Erfahrungen einer ganzen Generation, nämlich ihrer eigenen (vgl. **Zusatzmaterial 9**, S. 151), kritisch reflektiert.

Mithilfe der folgenden Arbeitsaufträge kann eine entsprechende textanalytische Betrachtung initiiert werden:

- *Lesen Sie die Seiten 6 f. und 68 f. erneut und erörtern Sie, ob und inwiefern diese Familie ein typisches Beispiel für den sogenannten „cultural lag" in den 60er-Jahren darstellt.*

Es stellt sich zudem die Frage nach den psychologischen Ursachen für das eigene Rollenverständnis des Vaters als autoritäres Familienoberhaupt.

Seine vermeintlich niedere Herkunft, welche er nie verwinden konnte, der Umstand, weder für handwerkliche (auf dem Bau) noch für einfache administrative Tätigkeiten (Behördengänge) – geschweige denn die Planung einer Flucht – geeignet zu sein, und die Unfähigkeit, eine emotionale Bindung zu seinen Kindern aufzubauen, lassen ihn beruflich wie privat als Versager erscheinen und haben offenkundig in psychischer Hinsicht auch Spuren hinterlassen.
Seine Versagensängste (s. o.) und Frustrationen verdrängt bzw. kompensiert er, indem er zu Hause die Macht ausübt, die er im Beruf (noch) nicht hat, und das tägliche Bestrafungsritual (vgl. S. 25) sichtlich – und noch dazu unter Alkoholeinfluss – genießt, was ihm ein Gefühl von Wichtigkeit vermittelt (vgl. S. 24).
In diesem Zusammenhang ist auch der Appell der Mutter an die Kinder zu verstehen, Verständnis für den Vater aufzubringen (vgl. S. 74), da dieser andererseits „doch [auch] so viele gute Seiten" (S. 64) habe. Angesichts der geradezu sadistischen Ader des Vaters und ihres Leidensweges von klein an ist beiden „aber an dem Abend das Verständnis ausgegangen und weggeblieben und nicht mehr wiedergekommen" (S. 64, vgl. auch S. 74).

In einem abschließenden Unterrichtsgespräch könnte daher folgende Arbeitsfrage diskutiert werden:

- *Welche psychologischen Ursachen könnte es dafür geben, dass der Vater ein solches Selbstverständnis von seiner Rolle als Familienoberhaupt hat?*

3.2 Das Leben in der DDR

3.2.1 Die wirtschaftliche, politische und gesellschaftliche Situation

Nach Ende des Zweiten Weltkrieges und somit der Terror-Herrschaft des Nationalsozialismus begann in Deutschland eine Zeit der Neuorientierung. In dem zweiten deutschen Staat, der am 7. Oktober 1949 gegründeten Deutschen Demokratischen Republik (DDR), bedeutete dies die Hinwendung zum real existierenden Sozialismus nach dem Vorbild der Sowjetunion. Wesentliche Kennzeichen dieser Anschauung waren zum einen die autokratische Ein-Parteien-Herrschaft durch eine kommunistische Partei wie hier die SED[1] und zum anderen eine (vermeintlich demokratische) Volksrepublik als Staatsform.
Die Wirtschaftsordnung basierte dabei auf dem Modell der Zentralverwaltungswirtschaft (auch: Planwirtschaft), in welchem der Kollektivismus die geistige Grundlage bildete. Das Volk als Gemeinschaft stand im Vordergrund. Diesem gehörten folglich auch alle Produktionsmittel (Staatseigentum). Dies wiederum bedeutete, dass die SED in ihrer Eigenschaft als führende Staatspartei im Namen des Volkes alle wirtschaftlichen Entscheidungen traf und somit die Produktion zentral plante und durch regelmäßige Bedarfsermittlung benötigter Güter zur Versorgung der Bevölkerung, Aufstellung eines entsprechenden Produktions-

[1] SED = Sozialistische Einheitspartei Deutschlands

planes,[1] Allokation der Produktionsfaktoren (Arbeit, Boden und Kapital) sowie die Festsetzung von Löhnen und Preisen steuerte.
Allerdings offenbarten sich bereits in den 50er-Jahren massive „Wachstums- und Versorgungsschwierigkeiten der DDR-Wirtschaft"[2], welche sich im Vergleich zur Bundesrepublik in einem erkennbar niedrigeren Lebensstandard (Güterversorgung, Wohnungssituation usw.) niederschlugen. Dieser Rückstand wurde auch von der DDR-Bevölkerung, welche trotz des Verbots größtenteils heimlich Westfernsehen empfing, sehr wohl wahrgenommen und sollte sich im Laufe der 60er-Jahre noch weiter vergrößern.[3]
Aufgrund der eigenen desolaten Lebenslage auf der einen und des anscheinend wesentlich besser organisierten kapitalistischen Westens auf der anderen Seite verließen vor dem Bau der Berliner Mauer im Jahre 1961 jeden Monat Tausende von DDR-Staatsbürgern ihre Heimat in Richtung West-Berlin und der Bundesrepublik[4], worauf die SED-Führung mit dem Bau der Berliner Mauer am 13. August 1961 reagierte.
Auf diese Weise sollte der inzwischen stark rückläufigen Geburtenentwicklung aufgrund der bis dahin zu verzeichnenden Massenabwanderung entgegengewirkt werden[5]; denn dies bedeutete mittel- und langfristig eine weitere Verknappung des Arbeitskräftepotenzials[6] und somit eine weitere Verschlechterung der Lebensbedingungen in der DDR.
Die im Folgenden initiierten Maßnahmen, die „Zentralverwaltungswirtschaft leistungsfähiger und flexibler zu machen", indem die Leistungsbereitschaft und Arbeitsproduktivität der arbeitenden Bevölkerungsschicht durch „Festlegung neuer Arbeitsnormen und Leistungskennziffern und [...] Geld- und Urlaubsprämien"[7] gesteigert werden sollten, scheiterten aufgrund mehrerer Probleme: Zum einen wuchs die „Unzufriedenheit bei den Betroffenen", da die „Leistung und damit die Entlohnung [...] oft abhängig [waren] von Faktoren, die nicht der einzelne Arbeiter, sondern die Betriebsleitung oder die zentrale Planung zu verantworten hatten: fehlendes Material, veraltete Maschinen, mangelnde Ersatzteile."[8] Zum anderen gefährdete „die Stärkung der Eigenverantwortlichkeit und Eigeninitiative der Betriebe [...] auch den Führungsanspruch der SED"[9] ganz generell. Parallel dazu wuchs auch die allgemeine Unzufriedenheit in der Bevölkerung angesichts der „Qualität der Konsumgüter, die nie Westniveau erreichte."[10]
Durch den Bau der Berliner Mauer wurden zugleich die Unfreiheit der DDR-Staatsbürger und die Abgrenzung zum kapitalistischen Westen endgültig besiegelt.[11] Letztere fand 1968 ihren gesetzgeberischen Ausdruck in der Änderung der Verfassung und des Strafgesetzbuches der DDR. Demzufolge konnten DDR-Staatsbürger nach § 219 StGB, welche „Organisationen, Einrichtungen, Gruppen oder Personen, die sich eine gegen die staatliche Ordnung der Deutschen Demokratischen Republik gerichtete Tätigkeit zum Ziel setzen, in Kenntnis dieser Ziele oder Tätigkeiten in Verbindung"[12] traten, fortan mit Freiheitsstrafen bis zu drei Jahren sanktioniert werden.
Sonstige Straftatbestände wie „Sabotage" (§ 104 StGB) oder „staatsfeindliche Hetze" (§ 106 StGB) waren zudem so allgemein gefasst, dass „jede Kritik an den bestehenden Verhältnis-

[1] Während in der Anfangszeit der DDR noch Fünfjahrespläne erstellt wurden, sollte 1959 der Siebenjahresplan eingeführt werden, welcher sich jedoch nicht bewährte und fortan lediglich als sogenannter Perspektivplan galt.
[2] Borowsky (1998), S. 22
[3] Vgl. Borowsky (1998), S. 24.
[4] Vgl. Wulfes (2007), zitiert nach URL: www.daserste.de/60erjahre/folge_dyn~folge,2~cm.asp (Stand: 28.06.2010).
[5] Vgl. Heydemann (2001), S. 21.
[6] Vgl. Borowsky (1998), S. 22.
[7] Borowsky (1998), S. 23
[8] Borowsky (1998), S. 23
[9] Borowsky (1998), S. 23
[10] Borowsky (1998), S. 24
[11] Vgl. Borowsky (1998), S. 22.
[12] StGB der DDR, zitiert nach URL: www.verfassungen.de/de/ddr/strafgesetzbuch74.htm (Stand: 30.07.2010)

sen darunter fallen konnte"[1]. Auf diese Weise konnte nahezu jede öffentliche Diskussion oder Meinungsäußerung über politische Belange, die der SED-Führung unangenehm waren, sofort unterbunden werden.
Auch die neue Verfassung brachte einschneidende Veränderungen und eine weitere Verschärfung der Unfreiheit der DDR-Staatsbürger mit sich, da entscheidende und zuvor garantierte traditionell-bürgerliche Grundrechte wie Widerstandsrecht, Verbot der Pressezensur, Streikrecht und Auswanderungsrecht nunmehr fehlten. Insbesondere Letzteres hatte zur Folge, dass jetzt „jedes Übersiedlungsgesuch [in die Bundesrepublik] als rechtswidrig eingestuft"[2] und dementsprechend bestraft werden konnte.
Kühne Fluchtversuche in den Westen (Tunnelbau, Schwimmen durch die Ostsee, Sprung vom durch das Bundesgebiet fahrenden Zug usw.) waren die Folge, wie auch ein ehemaliger Flüchtling, Wolfgang Weidner, rückblickend zu berichten weiß: So wollte sich dessen Vater, für den der Mauerbau einen tiefgreifenden Wendepunkt seines Lebens markierte, nicht damit abfinden, „eingemauert [zu] sein in der DDR", weshalb er „eine abenteuerliche Flucht [plant]: Mit einem umgebauten Omnibus will er mit der Familie und Freunden einen Grenzdurchbruch wagen."[3]

Um den Schülerinnen und Schülern einen Einblick in die wirtschaftliche und (gesellschafts-) politische Situation der DDR und den hieraus resultierenden Alltag des einzelnen Staatsbürgers während der 60er-Jahre zu verschaffen, trägt ein Kursteilnehmer sein Kurzreferat auf Grundlage des **Arbeitsblattes 7**, S. 70 vor:

- *Informieren Sie sich mithilfe des vorliegenden Textes über die politische, wirtschaftliche und gesellschaftliche Situation der DDR in den 60er-Jahren.*
- *Bereiten Sie die Informationen, z. B. mithilfe einer Mindmap, für einen Kurzvortrag auf.*

An dieser Stelle erscheint es sinnvoll, im Unterrichtsgespräch Bezüge zur Erzählung herzustellen, indem geeignete Textstellen aufgespürt werden: Als Ausgangspunkt hierfür eignen sich die S. 75–80, in welcher das „alte" Leben in der DDR näher beschrieben wird, was Rückschlüsse auf die Vorstellungen des Vaters von (s)einem „neuen" Leben im Westen zulässt.
Wie bereits erwähnt (vgl. Abschnitt 2.2, S. 24ff.) wuchs der Vater in einem kleinen Dorf im Osten auf (vgl. S. 75) und stammte aus „armen Verhältnissen" (S 74f.), weshalb er mit seinem Zuhause Schmutz, Gestank und Dunkelheit (vgl. S. 75) assoziiert. Da er aus seiner Sicht demzufolge „von ganz unten" (S. 74) kommt, kann und will er sich zudem nicht an „seine Herkunft [...] klammern", sondern muss sich „lostreten mit Gewalt" (S. 77).
Angesichts dieser vermeintlichen Perspektivlosigkeit seines Daseins in der Provinz (vgl. S. 45) liegen seine Hoffnungen auf einem neuen Leben im Westen, denn „im Osten war es [...] eben leider das Falsche gewesen, deswegen auch die Flucht" (S. 49). Hier erscheint es ihm eher möglich, sich beruflich selbst zu verwirklichen und hierdurch wiederum gesellschaftlich aufzusteigen; denn das Selbstbild, welches der Vater im Westen realisieren will, ist das eines strebsamen, aufstiegsorientierten, effektiv arbeitenden, seine Familie in Ordnung haltenden Erzeugers und Versorgers mit „außergewöhnliche[n] [...] Fähigkeiten" (S. 8).
Nach erfolgreicher Flucht stellt er seinen unbedingten Aufstiegswillen unter Beweis, indem er seine Karriere stereotyp linear plant und dabei in Meilensteinen denkt (vgl. S. 8 und S. 95); denn sein Ziel ist es, „höchster Angestellter" (S. 94) zu werden, um zum einen Zutritt zu den höheren Kreisen der Gesellschaft wie etwa bei den Festspielen in Bayreuth (vgl.

[1] Borowsky (1998), S. 25
[2] Heydemann (2001), S. 29
[3] Wulfes (2007), zitiert nach URL: www.daserste.de/60erjahre/folge_dyn~folge,3~cm.asp (Stand: 28.06.2010)

S. 95) zu erlangen und zum anderen seine „dunkle" Vergangenheit vergessen zu machen (vgl. S. 76). In diesem Zusammenhang ist zudem der mit „Blattgold" (S. 80) verzierte Grabstein seiner Mutter, für die er sich Zeit seines Lebens immer nur geschämt hat, anzuführen, welcher Erfolg, Wohlstand und Luxus zum Ausdruck bringen soll.
Insgesamt ist festzustellen, dass die vom Vater beschlossene Flucht in den Westen ausschließlich psychosozial motiviert ist, was sich in der Kontrastierung beider Lebenswelten in Ost- und Westdeutschland widerspiegelt: Kennzeichen wie Osten (DDR), Dorf auf dem Land, Schmutz, Fremdartigkeit, Armut und **unten** stehen dabei den westdeutschen Merkmalen wie Stadt, Erfolg, Karriere, Wohlstand (Maßanzüge, teure Autos, Bayreuth usw.) und **oben** gegenüber. Weitergehende Gründe für die Flucht der Familie wie etwa politische hingegen werden nicht explizit genannt.
In Anbetracht der desolaten Versorgungssituation und der damit verbundenen materiellen Entbehrungen im sozialistischen Osten wird somit am Beispiel des Vaters das tendenziell verklärte Bild des DDR-Staatsbürgers vom Leben im kapitalistischen Westen veranschaulicht.

Mithilfe der folgenden Arbeitsaufträge kann eine entsprechende textanalytische Betrachtung initiiert werden:

- *Lesen Sie die Seiten 75–80 erneut und analysieren Sie diese im Hinblick auf Anzeichen von der wirtschaftlichen, politischen und/oder gesellschaftlichen Situation der DDR in den 50er- und 60er-Jahren.*
- *Finden Sie weitere geeignete Textstellen, in denen diese zeithistorischen Bezüge deutlich werden.*

Der Aufstiegswille und die damit einhergehende steile Karriereplanung des Vaters kann bei Bedarf visualisiert und zu folgendem Tafelbild zusammengefasst werden:

Gesellschaftliche Umbrüche:
Die Gründe des Vaters für die Flucht in den Westen

Oben (vgl. 94 f.)
Bundesrepublik („Westen")
Stadt
Erfolg, Karriere
Wohlstand
(Maßanzüge, teure Autos,
Bayreuth usw.)

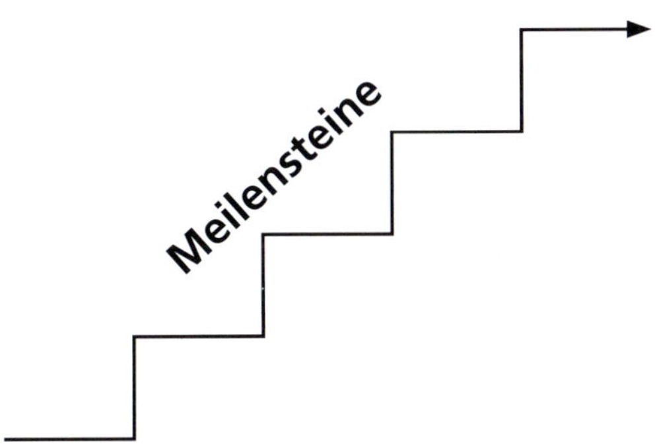

Unten (vgl. S. 75)
DDR („Osten")
kleines Dorf auf dem Land
Schmutz, Gestank, Dunkelheit
Armut

Kontrastierung der Lebenswelten
➡ idealisiertes Bild der DDR-Staatsbürger vom Leben im Kapitalismus

3.2.2 Der Überwachungsapparat der SED-Diktatur

„In Fortsetzung der revolutionären Tradition der deutschen Arbeiterklasse und gestützt auf die Befreiung vom Faschismus hat das Volk der Deutschen Demokratischen Republik [...] sein Recht auf sozial-ökonomische, staatliche und nationale Selbstbestimmung verwirklicht [...]. Erfüllt von dem Willen, seine Geschicke frei zu bestimmen, unbeirrt auch weiter den Weg des Sozialismus und Kommunismus, des Friedens, der Demokratie und der Völkerfreundschaft zu gehen, hat sich das Volk der Deutschen Demokratischen Republik diese sozialistische Verfassung gegeben"[1], hieß es in der Präambel der Verfassung der DDR vom 6. April 1968 (in der Fassung des Gesetzes zur Ergänzung und Änderung der Verfassung der DDR vom 7. Oktober 1974).
Dessen ungeachtet regierte und führte die SED die Nation nach ausschließlich diktatorischen Führungsprinzipien und ergriff alle aus ihrer Sicht notwendigen Maßnahmen, um ihren eigenen Machtanspruch zu sichern. In diesem Zusammenhang ist insbesondere das am 8. Februar 1950 per Gesetz gegründete Ministerium für Staatssicherheit (MfS), von der Bevölkerung abwertend auch als „Stasi" bezeichnet, zu nennen.
Zu dessen Aufgaben zählten im Wesentlichen die Aufklärung im Sinne von Spionage sowie die Abwehr von Feinden des Sozialismus – so der offizielle Tenor –, weshalb sich das Ministerium selbst als „Schild und Schwert der Partei" begriff.[2] Tatsächlich jedoch setzte die SED das MfS als Hauptinstrument ein, um ihren eigenen Führungsanspruch zu sichern. Das übersteigerte Sicherheitsbedürfnis oberster Genossen der Partei führte daher nicht selten zu Amtshäufungen auf Funktionärsebene innerhalb des MfS.[3]
Die Zentrale des MfS mit Sitz in Berlin-Lichtenberg war in über 20 Hauptabteilungen (HA) unterteilt, welche entweder direkt dem Minister für Staatssicherheit, Erich Mielke[4], oder einem seiner Stellvertreter unterstellt waren und jeweils für einen bestimmten Arbeits- bzw. Operationsbereich verantwortlich zeichneten. Deren jeweilige Spezialkommissionen wiederum arbeiteten wie eine politische Kriminalpolizei[5] und erweckten „durch Zensur, Geheimhaltung und Bespitzelung [...] das Angstbild eines übermächtigen, geheimnisvollen und allmächtigen Apparats [...], dessen bloßes Auftauchen bereits Anlass zu Befürchtungen und Spekulationen gab"[6].
Die HA XX[7] bildete dabei „den Kernbereich des Systems der politischen Repression und Überwachung"[8]: Innerhalb dieser Hauptabteilung existierte mit der HA XX/7 eine spezielle Abteilung, deren Aufgabe darin bestand, „politisch-ideologische Diversion" und zunehmend auch „politische Untergrundtätigkeiten" (PUT) insbesondere von Staatsbürgern der Kunst- und Kulturszene der DDR aufzudecken, zu bekämpfen und zu verhindern[9]; denn von ihnen ging die vermeintlich größte Gefahr von politischem Widerstand und Dissidenz aus.
Um „den SED-Wahn von der flächendeckenden Überwachung einer ganzen Gesellschaft zu realisieren"[10], arbeitete das MfS „mit Methoden, die gegen die Verfassung der DDR verstießen. Mit einem Arsenal von konspirativer Technik kontrollierte der Geheimdienst die Post der Bevölkerung (Maßnahme M), hörte Telefongespräche ab (Maßnahme A) und drang

---

1 Gesetzesblatt der DDR (1974), zitiert nach URL: www.documentarchiv.de/ddr/verfddr.html#Präambel (Stand: 12.03.2010)
2 Vgl. Gieseke (2001), zitiert nach URL: http://bildungsserver.berlin-brandenburg.de/fileadmin/bbs/bildung_und_gesellschaft/subportale/histpol.Bildung/BStU-Material/Kurzinfo_Stasi_01.pdf (Stand: 30.01.2010).
3 Vgl. Auerbach/Braun u.a. (2008), S. 125ff.
4 Erich Mielke (1907–2000) war ab 1957 „Minister für Staatssicherheit" und somit einer der Hauptverantwortlichen für den Ausbau des flächendeckenden Überwachungssystems in der DDR.
5 Vgl. Grashoff (2004 a), S. 9ff.
6 Grashoff (2004 a), S. 15
7 Zu den Arbeitsbereichen dieser HA zählten im Einzelnen: Staatsapparat, Blockparteien, Kirchen, Kultur sowie politischer Untergrund.
8 Auerbach/Braun u.a. (2008), S. 3
9 Vgl. Auerbach/Braun u.a. (2008), S. 127.
10 Wilke (2006), S. 211

konspirativ in Wohnungen ein, um Wanzen zum Abhören von Gesprächen zu installieren (Maßnahme B). Weitere Maßnahmen waren Videoüberwachung (D), verdecktes Fotografieren (F) und Spurensicherung durch die Abnahme von Geruchsproben (S)."[1] Für die Durchführung derartiger Maßnahmen waren jeweils gesonderte Abteilungen zuständig wie etwa die Abteilung 26 (Telefonkontrolle, Abhörmaßnahmen und Videoüberwachung)[2] sowie die Abteilung M (Postkontrolle).[3]
Sämtliche Maßnahmen des MfS dienten ausschließlich dem Ziel, belastendes Material gegen vermeintliche Feinde des Sozialismus, d. h. des DDR-Systems, zu sammeln. Da diese Aufgabe durch die Mitarbeiter des MfS allein nicht zu bewältigen war, wurde ein etwa zwischen 160.000 und 180.000 Personen großes Heer geheimer Informanten geschaffen.[4] Diese sogenannten Inoffiziellen Mitarbeiter (IM) hatten dementsprechend den Auftrag, ihr soziales Umfeld (Verwandte, Freunde, Arbeitskollegen usw.) zu bespitzeln.
Sie sollten „anderen Personen unter die Haut kriechen und ins Herz blicken […], damit das MfS weiß, wer die Person ist und wo sie steht"[5], so der Minister Mielke. Für das Ministerium waren dabei insbesondere „die politischen Einstellungen von Personen, deren Umgangskreis, kirchliche oder andere politische Aktivitäten, Engagement in der Friedens- oder Umweltbewegung, eventuelle Ausreiseabsichten"[6] von Interesse. Inoffizielle Mitarbeiter wurden jedoch auch gezielt zur Zersetzung[7] verdächtiger Personen oder Personengruppen eingesetzt.[8] Dazu geeignete „Formen, Mittel und Methoden der Zersetzung" veröffentlichte das MfS entsprechend in seiner „Richtlinie Nr. 1/76 zur Entwicklung und Bearbeitung Operativer Vorgänge (OV) vom Januar 1976".[9]
Aus alledem ist ersichtlich, dass der Alltag eines DDR-Staatsbürgers wie folgt zusammengefasst werden kann: „Die Diktatur erschien im Gewande väterlicher Liebe. Sie belohnte die artigen und bestrafte die bösen Kinder, nicht um sie zu vernichten, sondern um sie zum Besseren zu bekehren. Wer seine Schandtat bereute, konnte auf Strafmilderung hoffen."[10]

Um die Schülerinnen und Schüler in die überaus inhumanen und überwiegend zudem verfassungswidrigen Praktiken des MfS einzuführen, trägt ein Kursteilnehmer sein Kurzreferat auf Grundlage des **Arbeitsblattes 8**, S. 72, vor:

- *Informieren Sie sich mithilfe des vorliegenden Textes über den Überwachungsapparat der DDR-Diktatur sowie dessen Zielsetzung.*
- *Bereiten Sie die Informationen, z. B. mithilfe einer Mindmap, für einen Kurzvortrag auf.*

Bevor im Text zeithistorische Bezüge identifiziert werden, sollten sich die Schülerinnen und Schüler zunächst der Einschränkungen im Alltag des einzelnen DDR-Staatsbürgers bewusst werden:

---

1 Gieseke (2001), zitiert nach URL: http://bildungsserver.berlin-brandenburg.de/fileadmin/bbs/bildung_und_gesellschaft/subportale/hist-pol._Bil dung/BStU-Material/Kurzinfo_Stasi_01.pdf (Stand: 30.01.2010)
2 Schmole (2006), S. 3 ff.
3 Vgl. Labrenz-Weiß (2005), S. 3 ff.
4 Vgl. Gieseke (2001), zitiert nach URL: http://bildungsserver.berlin-brandenburg.de/fileadmin/bbs/bildung_und_gesellschaft/subportale/histpol._Bil dung/BStU-Material/Kurzinfo_Stasi_01.pdf (Stand: 30.01.2010).
5 Mielke, zitiert nach Gieseke (2001)
6 Gieseke (2001), zitiert nach URL: http://bildungsserver.berlin-brandenburg.de/fileadmin/bbs/bildung_und_gesellschaft/subportale/histpol._Bil dung/BStU-Material/Kurzinfo_Stasi_01.pdf (Stand: 30.01.2010)
7 **Zersetzung** meinte im Sprachgebrauch des MfS das verdeckte Beeinflussen von andersdenkenden Personen und Personengruppen mit dem Ziel, deren Handlungsfähigkeit, persönliche Integrität und/oder Öffentlichkeitswirkung zu untergraben bzw. ganz zu unterbinden.
8 Gieseke (2001), zitiert nach URL: http://bildungsserver.berlin-brandenburg.de/fileadmin/bbs/bildung_und_gesellschaft/subportale/hist-pol._Bil dung/BStU-Material/Kurzinfo_Stasi_01.pdf (Stand: 30.01.2010)
9 Engelmann/Joestel (2004), S. 245 ff.
10 Wolle (1999), S. 83

- *Welche Auswirkungen hatte die Existenz des „Ministeriums für Staatssicherheit" auf das Leben des einzelnen Staatsbürgers?*
  Wie musste sich der Einzelne im täglichen Leben verhalten?

An dieser Stelle erscheint es sinnvoll, im Unterrichtsgespräch Bezüge zur Erzählung herzustellen, indem geeignete Textstellen aufgespürt werden: Ausgangspunkt hierfür bilden die Seiten 24 ff., aus denen das System des Verpetzt-Werdens vor dem Vater und die hierdurch bewusst geschürte Angst, welche den Herrschafts- und Machtanspruch des Vaters sichert, überdeutlich werden.

Zugleich ist an dem Verhalten des Vaters insgesamt und dem Ausgang der Handlung ersichtlich, dass Vanderbekes Erzählung „eine übergeordnete politische Dimension aufweist, die das Geschehen nicht nur als Niedergang einer Familie bzw. der Illusion einer Familie, sondern auch als Niedergang staatlicher Strukturen interpretieren lässt."[1]

Aufgrund der Hinweise in der Erzählung gleich zu Beginn (vgl. S. 5), vor allem aber der Biografie Vanderbekes (vgl. **Zusatzmaterial 8**, S. 150) und des Umstandes, dass nach der Wiedervereinigung viele ost- und westdeutsche Autoren die jüngste Geschichte Deutschlands literarisch verarbeitet haben, liegt es nahe, das hier entfaltete patriarchalische Familienmodell als Ur- bzw. Keimzelle der ehemaligen DDR zu begreifen und die erzählte Handlung auf deren Untergang zu beziehen.

Somit steht die Figur des Vaters stellvertretend für den Staatsratsvorsitzenden der DDR, Walter Ulbricht (später: Erich Honecker) samt Politbüro, während die übrigen Familienmitglieder in Gestalt von Mutter, Tochter und Sohn die untertänige Bevölkerung repräsentieren. In diesem Zusammenhang sind darüber hinaus die Herkunft der Mutter und des Vaters sowie die beiden äußerst gegensätzlich gezeichneten Großmütter einschließlich deren Haltungen anzuführen.

Die innerhalb dieses diktatorischen Systems Einzug haltende „Verwilderung" der übrigen Familienmitglieder wiederum beschreibt den Prozess der Emanzipation der DDR-Staatsbürger, sich gegen den Bevormundungsstaat aufzulehnen und die Regierung zu stürzen. Dieser Deutungsansatz wird zudem durch die Sprache, welche die Ich-Erzählerin verwendet (vgl. Abschnitt 4.3, S. 84), nahegelegt; denn die „Darstellung der Familienverhältnisse ist geprägt durch das Vokabular der politischen Sprache"[2], zu welcher insbesondere auch Begriffe wie „Herrschaft", „Tyrannei", „Unterdrückung" und „Auflehnung" zählen.

Insgesamt ist dieses literarische Werk somit auch als Parabel für die Unterdrückung des Einzelnen in einem totalitären System und dem hieraus entstehenden politischen Widerstand zu verstehen (historisch-politische Lesart).

Mithilfe der folgenden Arbeitsaufträge kann eine entsprechende textanalytische Betrachtung initiiert werden:

- *Lesen Sie die Seiten 24–26 erneut und vergleichen Sie das Verhalten des Vaters mit den gängigen Praktiken des MfS.*
- *Finden Sie weitere geeignete Textstellen, in denen diese zeithistorischen Bezüge deutlich werden.*

In einer kurzen abschließenden Diskussion sollte ein Fazit auf der Grundlage folgender Leitfrage gezogen werden:

- *Inwiefern kann die Erzählung auch als Parabel für die SED-Diktatur der ehemaligen DDR interpretiert werden?*

1 Heizmann (2008), S. 21 f.
2 Heizmann (2008), S. 56

3.3 Integration der Flüchtlinge und Vertriebenen in der Bundesrepublik

Die Unzufriedenheit der DDR-Bevölkerung sowohl mit den (gesellschafts-)politischen als auch wirtschaftlichen Verhältnissen führte dazu, dass allein von Januar bis August 1961 ca. 160.000 Menschen ihr Land verließen. Der Flüchtlingsstrom aus der DDR versiegte erst mit dem Bau der Berliner Mauer.[1]

Zu Beginn der 60er-Jahre machten die Neubürger, welche vornehmlich aus ehemaligen deutschen Ostgebieten und der DDR stammten, etwa ein Viertel der Gesamtbevölkerung aus, weshalb die „Integration der Flüchtlinge und Vertriebenen [...] eine enorme gesellschaftliche Aufgabe"[2] darstellte. Insbesondere die Bundesländer mit einer ausgeprägten Agrarwirtschaft wie Bayern, Niedersachsen und Schleswig-Holstein nahmen vergleichsweise viele Flüchtlinge auf, weshalb deren Integration insbesondere in diesen Gebieten „nicht immer konfliktfrei vonstatten"[3] ging:

So waren Flüchtlinge im Vergleich zur alteingesessenen Bevölkerung durchschnittlich finanziell schlechter gestellt, verfügten über weniger Eigentum, waren eher in kleineren Ortschaften angesiedelt und lebten unter schlechteren Wohnbedingungen: Knapp 400.000 Neubürger waren in einem der rund 3.000 Flüchtlingslager der Bundesrepublik untergebracht und lebten zu einem Großteil in Baracken, bei denen Fundamente abgesackt und/oder Dächer leck waren und welche daher „nach allgemeinen Standards [eigentlich als] unbewohnbar"[4] galten.

Dies und auch der Umstand, dass zudem deren Kinder lediglich eingeschränkte schulische Möglichkeiten hatten,[5] mag eine mögliche Motivation gewesen sein, weshalb „gerade Vertriebene und Flüchtlinge häufig einen besonderen Aufstiegswillen"[6] hatten. Dies wiederum erwies sich als vorteilhaft für die Volkswirtschaft, denn deren Arbeitskraft wurde dringend benötigt und stellte „in vielen Branchen und Regionen auch eine Voraussetzung für den lang andauernden ökonomischen Aufschwung"[7] der Bundesrepublik in den 50er- und 60er-Jahren dar.

Die anfänglichen Befürchtungen von finanzieller und sozialer Not der Neubürger und der hierin begründeten Entstehung sozialer Brennpunkte und politischem Radikalismus bewahrheiteten sich glücklicherweise nicht. Stattdessen lebten diese sich zunehmend ein, zumal in „den meisten Städten bei der Wohnungsvergabe auf die Mischung der Bevölkerung geachtet" wurde, sodass auch „die Verbindungen mit der alteingesessenen Bevölkerung [...] durch gegenseitige Heirat, kollegiales Zusammentreffen am Arbeitsplatz, gemeinsames Vereinsleben und die Begegnung in der Kirchengemeinde"[8] zwangsläufig zunahmen.

Um die Schülerinnen und Schüler mit der Situation geflüchteter DDR-Staatsbürger im Westen vertraut zu machen, trägt ein Kursteilnehmer sein Kurzreferat auf Grundlage des **Arbeitsblattes 9**, S. 74, vor:

- *Informieren Sie sich mithilfe des vorliegenden Textes über den Neuanfang geflüchteter DDR-Staatsbürger im Westen.*
- *Bereiten Sie die Informationen, z. B. mithilfe einer Mindmap, für einen Kurzvortrag auf.*

---

1 Vgl. Schildt (1997), S. 5
2 Schildt (1997), S. 6
3 Schildt (1997), S. 6
4 O. V. (1957), zitiert nach Bundeszentrale für politische Bildung (1997), S. 5
5 Vgl. Schildt (1997), S. 6
6 Schildt (1997), S. 6
7 Schildt (1997), S. 6
8 Schildt (1997), S. 6

An dieser Stelle erscheint es sinnvoll, im Unterrichtsgespräch Bezüge zur Erzählung herzustellen, indem geeignete Textstellen aufgespürt werden: Ausgangspunkt hierfür sind die S. 11 f. und S. 30 ff., in welcher die Vorbereitung der Flucht und der Neuanfang der Familie in ihrer neuen Heimat im Westen beschrieben werden.

Zunächst wird deutlich, dass sich der Vater an den Planungen überhaupt nicht beteiligt, sondern diese ausschließlich seiner Frau überlassen hat, da er angeblich „für solche Geschichten nicht zu gebrauchen sei" (S. 11), wofür er als Rechtfertigung seinen erfolglosen Bananenschmuggel anführt (vgl. S. 11 f.). Der pragmatisch veranlagten Mutter hingegen gelingt es scheinbar ohne große Mühe, nach und nach „Sachen [...] nach Westberlin" (S. 11) hinüberzuschaffen.
Die Vorstellungen der Tochter, dass die Familie eines Tages „Hals über Kopf getürmt" und „über den Stacheldraht" (S. 11) geflüchtet ist, widerlegt die Mutter jedoch. Demzufolge sei die Flucht „von langer Hand vorbereitet" (S. 11) gewesen und hat offensichtlich noch vor dem Bau der Berliner Mauer im Jahre 1961 stattgefunden.
In ihrer neuen Heimat im Westen wird die Familie zunächst „im Flüchtlingslager" (S. 31) aufgenommen. Der Alltag hier gestaltet sich entsprechend schwierig, denn die Mutter muss Geld verdienen, wofür sie „niedrige Arbeit" macht (vgl. S. 30), und zwar Windeln im mitgebrachten Kochtopf auskochen (vgl. S. 11) und schwere Kohlen schleppen, um die Familie heil durch den Winter zu bringen (vgl. S. 31). Auch hier zeigt sich, dass ihr Mann im Grunde zu nichts zu gebrauchen ist, denn laut eigener Aussage ist er „nicht für solche Arbeit gemacht" (S. 30), weshalb sie darüber hinaus den vermeintlichen „Kleinkram" (S. 31) wie etwa „die ewigen Ämtergeschichten" (S. 31) im Alleingang erledigt. Zusätzlich zu dieser Belastung muss sie parallel auch noch ihre Lehrerprüfung im Westen wiederholen (vgl. S. 31), um in ihren erlernten Beruf zurückkehren zu können.
Die Familie hat noch Glück im Unglück, denn trotz der desolaten Wohnungssituation in den 50er- und 60er-Jahren findet sie bald „eine eigene Wohnung" (S. 32), weshalb auf Anordnung des Vaters „sofort [...] die weißen Tischdecken ausgepackt [werden], die meine Mutter nach West-Berlin geschafft hatte" (S. 32), da er den „Armeleutegeruch" (S. 32) bzw. das „Schmuddelige" (S. 75) unbedingt loswerden und somit den „Provinzialismus" des Ostens überwinden will. Aus diesem Grund erwartet er „jeden Tag eine frische Decke" (S. 32), wohlwissend, dass dies „wegen der Wascherei und dem Mangeln" (S. 32) ohne Waschmaschine sehr aufwändig ist.
Im Folgenden gelingt es vornehmlich dem Vater, sich schnell an die veränderten Bedingungen im Westen zu gewöhnen, weshalb er auch unmittelbar nach der Flucht ein „zwanzigbändiges Geschichtslexikon [...] auf Kredit" kauft, da aus seiner Sicht nunmehr „ein neues Geschichtsbild fällig war und entstehen musste" (S. 48), und auch ansonsten die Vorteile des Kapitalismus (Geschäftsessen, Maßanzüge, teure Autos usw.) sichtbar genießt.
Im Gegensatz dazu haben die übrigen Familienmitglieder Anpassungsschwierigkeiten, was sich bei den Kindern unter anderem darin äußert, dass sie für das Briefmarkensammeln nicht die nötige „Gründlichkeit und Geduld [...] aufbringen können" und auf diese Weise den „gesamtdeutschen Vollständigkeitstraum" (S. 47) des Vaters sabotieren. Dass insbesondere die Tochter die übersteigerte Leistungsbereitschaft und den unbedingten Aufstiegswillen ihres Vaters nicht teilt, wird zudem daran deutlich, dass sie sich ein Vorbild an ihrer „anderen" Großmutter nimmt, die „es fertiggebracht hat, nichts zu machen, während alle anderen immerzu irgend etwas gemacht haben" (S. 79).
Die Integrationsprobleme der Mutter hingegen sind anders gelagert, denn neben der ohnehin gegebenen Doppelbelastung durch Beruf und Familie wächst insbesondere der gesellschaftliche Anpassungs- und Konkurrenzdruck bezüglich Mode, Umgangsformen usw. Dabei sind ihr als Gefühlsmensch oberflächlicher Small-Talk, Etikette, teure Kleidung und Autos in der vermeintlich gehobenen Gesellschaft eher suspekt (vgl. S. 89 f. und S. 94 f.), weshalb sie den Kontakt zu wahrhaftigen und aufrichtigen Freunden, welche die Familie im Osten

offenbar hatte, schmerzlich vermisst (vgl. S. 90). Da sie ihrem Mann für repräsentative Zwecke nicht geeignet erscheint und er sich ohnehin nur „für sie [würde] schämen müssen" (S. 89), nimmt er sie zu etwaigen Veranstaltungen üblicherweise gar nicht erst mit, wodurch sie von ihrem neuen sozialen Umfeld isoliert wird.

Mithilfe der folgenden Arbeitsaufträge kann eine entsprechende textanalytische Betrachtung initiiert werden:

- *Lesen Sie die Seiten 30–33 erneut und analysieren Sie diese im Hinblick auf die Integration der Flüchtlinge aus der DDR.*
- *Finden Sie weitere geeignete Textstellen, in denen diese zeithistorischen Bezüge deutlich werden.*

Notizen

Vom Patriarchat zur Partnerschaft: Zum Strukturwandel der Familie

Text 1

Eine entscheidende Schwächung des Patriarchalismus bedeutete die Abgabe familialer Produktionsfunktionen.[1] Der Hausvater verlor dadurch seine Stellung als Leiter der Arbeitsorganisation und damit die wohl stärkste institutionelle Stütze seiner Autoritätsposition gegenüber den anderen Angehörigen der Hausgemeinschaft. [...] Durch die Zunahme der unselbstständigen Erwerbstätigkeit erhielten Familienangehörige immer mehr die Möglichkeit zu eigenem Verdienst, sowohl die heranwachsenden Kinder als auch die Gattin. Darüber ergab sich eine stärkere wirtschaftliche Unabhängigkeit gegenüber dem Vater. Als Faktor für die persönliche Emanzipation der Kinder verdient Erwähnung, dass mit dem Vordringen der Lohnarbeit [zudem] das väterliche Erbe an Bedeutung verlor. [...]

Insgesamt erscheint der Prozess der Funktionsentlastung als eine Entwicklung von einer mehr herrschaftlichinstitutionellen zu einer mehr partnerschaftlichpersonalen Familienstruktur. Die Familienangehörigen haben gegenüber dem Vater als Familienhaupt zunehmend an Eigenständigkeit und Eigenberechtigung gewonnen. Das gilt vor allem für die Beziehungen der Ehegatten, aber auch für die von Eltern und Kindern. [...]

Aus dem kausalen Zusammenhang von Funktionsentlastung und Emanzipation wird rückblickend der ausgeprägte Patriarchalismus der europäischen Sozialentwicklung verständlich. Er darf nicht bloß als Resultat eines Prozesses der Unterdrückung und Ausbeutung der Frau durch den Mann, der Kinder durch den Vater aufgrund seiner größeren physischen Kräfte oder seiner ökonomischen Möglichkeiten gesehen werden. Die Bedingungen der Existenzsicherung haben vielmehr eine Konzentration von Aufgaben in der Familie notwendig gemacht, die ihrerseits eine stark herrschaftlich-institutionelle Organisationsform erforderte. Erst mit zunehmender Naturbewältigung, mit verbesserten Möglichkeiten, menschliches Überleben zu sichern, mit dem Ausbau neben- und übergeordneter Sozialformen, die die Familie institutionell entlasten konnten, wurden innerfamiliale Emanzipationsprozesse möglich. [...]

Schwierigkeiten für eine solche Anpassung [der Familienstrukturen an diesen gesellschaftlichen Wandel] ergeben sich insofern, als bei veränderten strukturellen Bedingungen häufig Werthaltungen, Verhaltensweisen und Anschauungen beibehalten werden, die ihre Begründungen in älteren Ordnungen haben. So kann bei bereits fortgeschrittener Industrialisierung ein generatives[2] Verhalten auftreten, das am bäuerlichen Familienbetrieb orientiert ist. Leitbilder der Knaben- und Mädchenerziehung werden weiter tradiert, die ihre Wurzeln in längst überholten Formen der innerfamiliären Arbeitsteilung zwischen Mann und Frau haben. Erb- und besitzrechtliche Ansprüche behalten ihre Geltung, obwohl ihre Legitimation in einer bereits überwundenen Sozialverfassung liegt. Ein solcher „cultural lag“[3] ist gerade in der Entwicklungsgeschichte der Familie aufgrund der ausgeprägten Beharrungstendenz dieser grundlegenden Sozialform sehr häufig zu beobachten.

Michael Mitterauer/Reinhard Sieder: Vom Patriarchat zur Partnerschaft. Zum Strukturwandel der Familie. München: C. H. Beck Verlag 1991, S. 121–125

Text 2

Im Gegensatz zu den dargestellten historischen Formen der Bauern- und Handwerkerfamilie ist die heutige Familie nicht mehr in der Lage, allein jene Verhaltens- und Denkweisen bei den Heranwachsenden auszubilden, die für deren berufliches Fortkommen erforderlich sind. In der leistungsorientierten Industriegesellschaft sind die soziale und ökonomische Position des Einzelnen, sein Prestige und sein Lebensstandard wesentlich von seinem Leistungsvermögen bestimmt. [...] Auf dem Weg in die Leistungsgesellschaft hat der Jugendliche heute vieles zu lernen, was er in seiner Familie nicht lernen kann, was oft sogar den in der Familie erlernten Verhaltensweisen entgegengesetzt ist. (Gefühlsbetontheit kontra Ellbogentechnik usw.).
Trotz der dargestellten Verschiebung jugendlichen Lebens und jugendlicher Statusfindung aus dem Bereich der Herkunftsfamilie sei vor einer allzu pauschalisierenden Verwendung des soziologischen Begriffs „Funktionsverlust“ gewarnt. Tatsächlich zeigt die historische Entwicklung, dass die industrielle,

[1] Gemeint ist hier die zum einen durch fortschreitende Industrialisierung bedingte Entwicklung vom kleinen Familien- zum maschinellen Großbetrieb und zum anderen die damit einhergehende Abkehr von selbstständiger (z. B. Landwirt) zu unselbstständiger Tätigkeit (z. B. Arbeiter, Angestellter).

[2] generativ = die Zeugung betreffend; hier: traditionell, herkömmlich

[3] Ein cultural lag entsteht als Folge des technischen Fortschritts immer dann, wenn in bestimmten Bereichen der Gesellschaft auf diese Veränderungen (zu) langsam reagiert wird. Dadurch entsteht ein Ungleichgewicht, welches zu sozialen Problemen und Konflikten führen kann.

pluralistische Gesellschaft die Familie vor neue Erziehungs- und Betreuungsaufgaben stellt, die es früher nicht gegeben hat. [...] [Die] Bedeutung der emotionalen Sicherheit des Einzelnen und seiner physischen und psychischen Regeneration von den Strapazen in Schule und Arbeit [ist] so angewachsen, dass gleichzeitig von einer Intensivierung bestimmter Funktionen, die auch den Jugendlichen betreffen, gesprochen werden muss.

Zugleich bedeutet diese Intensivierung der Gefühlsbindungen aber auch eine Gefahr für den Jugendlichen und die Entwicklung seiner Persönlichkeit. Die fortschreitende Ausdehnung der Schulphase einerseits und die Emotionalisierung der Eltern-Kind-Bindungen andererseits führen in zunehmendem Maße zu „Überorganisation" und „overprotection", d.h., Familienbindungen des Jugendlichen werden in einer Stärke aufrechterhalten, die der Entwicklung einer autonomen Persönlichkeit im Wege stehen. [...] Deshalb muss sich das Fortbestehen der Herkunftsfamilie mit rigiden Kontrollmechanismen und starken emotionalen Abhängigkeiten nach Erreichung eines bestimmten Alters negativ auswirken, weil sich der junge Mensch in außerfamilialen Milieus (Schule, Beruf, Freizeit) bewähren muss, will er nicht als „Muttersöhnchen" und „Nesthocker" erscheinen. Zudem erweist sich die Selbstständigkeit und Emanzipiertheit des Jugendlichen dadurch, dass er nicht mehr vollkommen in den Entscheidungsprozess der Eltern eingeschlossen ist, sondern möglichst autonom wird. Erst dann ist er in der Lage, gegenüber seinen Eltern eine relativ souveräne und spannungsfreie Haltung einzunehmen.

Ebenda, S. 144f.

1. Informieren Sie sich mithilfe der vorliegenden Texte über die Gründe und Folgen des Strukturwandels in der modernen Familie in Deutschland.

2. Bereiten Sie die Informationen, z. B. mithilfe einer Mindmap, für einen Kurzvortrag auf.

Die wirtschaftliche, politische und gesellschaftliche Situation der DDR in den 60er-Jahren

Der Bau der Berliner Mauer am 13. August 1961 markiert den tiefsten Einschnitt in der Geschichte der DDR. Die Mauer zementierte die Verhältnisse in Deutschland im wahrsten Sinne des Wortes: die Spaltung der Nation in zwei Staaten. Sie symbolisierte und besiegelte die Unfreiheit in der DDR. Die Mauer verhinderte die Abwanderung qualifizierter Arbeitskräfte nach West-Berlin und in die Bundesrepublik. Sie war daher auch eine wesentliche Voraussetzung für den wirtschaftlichen Aufschwung und die Steigerung des Lebensstandards, die nun ebenfalls in der DDR einsetzten. Die DDR wurde [...] zur wichtigsten wirtschaftlichen und politischen Partnerin der Sowjetunion [...] und wurde auch von Politikern und Teilen der öffentlichen Meinung in der Bundesrepublik nicht länger als „die Zone" gering schätzt, sondern als zweiter deutscher Staat ernst genommen.

Diese Entwicklung steigerte nicht nur das Selbstbewusstsein der DDR-Führung, die sich in wirtschaftspolitischer und ideologischer Hinsicht eine Zeitlang vom sowjetischen Vorbild zu emanzipieren suchte, sie förderte auch ein gewisses Eigenbewusstsein der DDR-Bevölkerung. Darin mischte sich der Stolz auf die – im Vergleich zur Bundesrepublik unter viel schwierigeren Bedingungen – vollbrachte Aufbauleistung mit der Einsicht, dass eine Wiedervereinigung in absehbarer Zeit nicht zu erwarten sei und dass man sich daher im System des „realen Sozialismus" so gut wie möglich einrichten musste.

Bis zum Bau der Mauer hatte die DDR-Führung alle wirtschaftlichen Schwierigkeiten mit der offenen Grenze nach Westen begründet. Doch im Laufe des Jahres 1962 zeigte sich, dass die Wachstums- und Versorgungsschwierigkeiten der DDR-Wirtschaft mit der Schließung der Grenze keineswegs beendet waren. Der Zuwachs der Industrieproduktion beispielsweise lag 1962 auch nicht höher als im Krisenjahr 1961, und das Nationaleinkommen wuchs 1962 um nur einen Prozentpunkt gegenüber 1961. Im Kreis der Wirtschaftsfunktionäre der Sozialistischen Einheitspartei Deutschlands (SED) [...] wuchs die Einsicht, dass das bisherige System der Planung und Lenkung der Volkswirtschaft reformiert werden musste, wollte die DDR wirtschaftliches Wachstum mit einer besseren Versorgung der Bevölkerung verbinden. [...]

Die DDR-Führung hielt [...] an den Grundprinzipien der sozialistischen Wirtschaftspolitik – dem staatlichen Eigentum an Produktionsmitteln und der zentralen Planung – fest, versuchte aber, ihre Zentralverwaltungswirtschaft leistungsfähiger und flexibler zu machen, indem sie in verstärktem Maße die technisch-wissenschaftliche Intelligenz in die Planung und Leitung einbezog und „materielle Hebel" zur Steigerung der individuellen und betrieblichen Leistung ausnutzte. Die Betriebe sollten in begrenztem Maße selbst über die Verwendung erzielter Gewinne entscheiden können. An die Stelle des bisherigen primär auf Mengenplanung und zentrale direkte Steuerung ausgerichteten Systems trat eine Planfestsetzung, die mehr auf indirekte Steuerung durch Zinsen, Prämien, Abgaben und Preise setzte. Durch Festlegung neuer Arbeitsnormen und Leistungskennziffern und durch ein System von Geld- und Urlaubsprämien sollten Werktätige und Betriebsleitungen zu größeren Leistungen angespornt und damit Rentabilität und Produktivität der DDR-Wirtschaft insgesamt gesteigert werden. [...]

Das komplizierte System der Löhne, Prämien und Urlaubsvergünstigungen führte nicht nur zu Leistungssteigerungen, sondern auch zu Unzufriedenheit bei den Betroffenen. Die Leistung und damit die Entlohnung waren oft abhängig von Faktoren, die nicht der einzelne Arbeiter, sondern die Betriebsleitung oder die zentrale Planung zu verantworten hatten: fehlendes Material, veraltete Maschinen, mangelnde Ersatzteile. Als grundsätzliches Problem erwies sich letztendlich, dass die Stärkung der Eigenverantwortlichkeit und Eigeninitiative der Betriebe das Prinzip der zentralen Planung und einheitlichen Strukturpolitik durchlöcherte und damit auch den Führungsanspruch der SED gefährdete. [...]

In seinen ersten Jahren hatte das NÖS[1] positive Auswirkungen auf die Entwicklung der DDR-Wirtschaft, vor allem auf die Industrieproduktion. Das Fernziel, den Westen einzuholen, oder gar zu überholen, hat es – auch in seinen Abwandlungen – jedoch nie auch nur annähernd erreicht. [...] Im Vergleich zu den Fünfzigerjahren war die DDR-Bevölkerung wirtschaftlich und sozial besser versorgt. Im Vergleich zum Lebensstandard der Bundesrepublik blieb freilich ein Rückstand, der sich im Lauf der Sechzigerjahre vergrößerte und von den DDR-Bürgerinnen und -Bürgern auch so wahrgenommen wurde. Das galt vor allem für die Qualität der Konsumgüter, die nie „Westniveau" erreichte. [...]

Die mit dem Mauerbau zementierte Absperrung der DDR nach Westen stand im Widerspruch zur gesamtdeutschen Rhetorik der DDR-Verfassung und der SED-Propaganda. Diesen Widerspruch aufzulösen, war Aufgabe des „nationalen Dokuments", das der

[1] NÖS = Richtlinie für das neue ökonomische System der Planung und Leitung der Volkswirtschaft (vom 15. Juli 1963)

Nationalrat der Nationalen Front[1] [...] am 25. März 1962 unter dem Titel „Die geschichtliche Aufgabe der DDR und die Zukunft Deutschlands" veröffentlichte. Walter Ulbricht[2] erklärte dazu, dass die „deutsche Nation heute in zwei Staaten gespalten ist, die sich auf dem Boden Deutschlands feindlich gegenüberstehen". Der Sieg des Sozialismus sei eine historische Gesetzmäßigkeit, die sich auch in Westdeutschland vollziehen werde. Erst dann sei die Einheit Deutschlands wiederzuerlangen. Bis dahin sei die Stärkung der DDR der entscheidende Beitrag zur nationalen Einheit. [...]

Die Abgrenzung gegenüber der „kapitalistischen" Bundesrepublik fand 1968 ihren gesetzgeberischen Ausdruck auch im neuen Strafgesetzbuch und in der neuen Verfassung der DDR. [...] Als strafbar wurden bezeichnet Verbrechen gegen die „Souveränität der DDR", den Frieden, die Menschlichkeit und die Menschenrechte (§§ 85 bis 95), das ungenehmigte Verlassen der Republik [...] oder „ungesetzlicher Grenzübertritt" (§ 213) [...]

Bestraft werden konnte ein DDR-Bürger dafür, dass er sich zu „Organisationen, Einrichtungen, Gruppen oder Personen, die sich eine gegen die staatliche Ordnung der Deutschen Demokratischen Republik gerichtete Tätigkeit zum Ziel setzen, in Kenntnis dieser Ziele oder Tätigkeiten in Verbindung tritt" (§ 219). Straftatbestände wie „Sabotage" (§ 104) oder „staatsfeindliche Hetze" (§ 106) waren so allgemein definiert, dass jede Kritik an den bestehenden Verhältnissen darunter fallen konnte. Die Diskussion über Themen, die den Staats- und Parteiorganen der DDR nicht genehm waren, konnte mithilfe des Strafrechts sofort unterbunden werden. [...]

Auch die DDR-Verfassung von 1968 garantierte die traditionellen bürgerlichen Grundrechte wie Freiheit der Persönlichkeit, der Medien, des Glaubens, des Gewissens und das Recht der Versammlungsfreiheit. Im Gegensatz zur Verfassung von 1949 fehlten aber das Widerstandsrecht, das Verbot der Pressezensur, das Auswanderungsrecht und das Streikrecht. Anders als nach bürgerlich-liberalem Verständnis dienten die Grundrechte jedoch nicht dazu, den Bürgerinnen und Bürgern einen Freiraum gegenüber dem Staat zu sichern. Die Verfassung ging vielmehr von einer grundsätzlichen Interessenidentität zwischen Bürgern und Staat aus, und so waren auch die Grundrechte an die sozialistischen Grundsätze und Ziele der Verfassung gebunden. Diese bildeten eine Art von höherem Recht, das die Grundrechte einschränkte. Im Übrigen setzte das Strafrecht der Verwirklichung der Grundrechte enge Grenzen.

Aus: Peter Borowsky: Die DDR in den Sechzigerjahren. In: Bundeszentrale für politische Bildung (Hrsg.), Informationen zur politischen Bildung. Heft 258. Bonn 1998, S. 22–26

[1] Nationalrat der Nationalen Front = Zusammenschluss aller politischen Parteien und Massenorganisationen der DDR unter der Führung der SED

[2] Walter Ulbricht (1893–1973) war von 1960 an bis zu seinem Tod Staatsratsvorsitzender der DDR (also Staatsoberhaupt) und hat unter anderem den Bau der Berliner Mauer im Jahre 1961 zu verantworten.

1. *Informieren Sie sich mithilfe des vorliegenden Textes über die politische, wirtschaftliche und gesellschaftliche Situation der DDR in den 60er-Jahren.*

2. *Bereiten Sie die Informationen, z. B. mithilfe einer Mindmap, für einen Kurzvortrag auf.*

Der Überwachungsapparat der SED-Diktatur: Das Ministerium für Staatssicherheit (MfS)

„Schild und Schwert der Partei" – das war das Ministerium für Staatssicherheit für die Sozialistische Einheitspartei Deutschlands (SED) in der Deutschen Demokratischen Republik. Die Staatssicherheit war das wichtigste Instrument dieser Partei zur Machterhaltung ihres Herrschaftssystems. Das Volk nannte diesen Geheimdienst [abwertend] „Stasi".

Die DDR ist am 7. Oktober 1949 auf dem Territorium der sowjetischen Besatzungszone Deutschlands gegründet worden. Bereits am 8. Februar 1950 wurde das Ministerium für Staatssicherheit gebildet. Nach dem russischen Vorbild der „Tscheka"[1] begannen etwa zweitausendsiebenhundert Mitarbeiter mit der Überwachung der Bevölkerung in der DDR.

Diese Geheimpolizei konnte Gegner des Regimes verhaften und in eigenen Untersuchungshaftanstalten bis zur Verurteilung gefangen halten.

Im November 1957 übernahm Erich Mielke als Minister für Staatssicherheit die Führung des Geheimdienstes der DDR. Mit der Zentralstelle in Ostberlin, den 15 Bezirksverwaltungen in den Bezirksstädten, den 209 Kreisdienststellen in den Kreisen, kreisfreien Städten und in Ostberlin sowie Objektdienststellen in Großbetrieben und Hochschulen verfügte er über ein flächendeckendes Netz der Überwachung.

Als Erich Honecker 1971 die politische Führung übernahm, waren es bereits fast 45 000 hauptamtliche Stasi-Mitarbeiter, die das Volk der DDR überwachten und jedes Aufbegehren gegen die bestehende Diktatur bekämpften.

Beim Zusammenbruch der DDR 1989 arbeiteten 91 015 Stasi-Mitarbeiter in Mielkes Imperium. Zu seinem Ministerium gehörte auch der Auslands-Nachrichtendienst für Spionage und Spionageabwehr, die Hauptverwaltung A (HV A), die Markus Wolf bis 1987 geführt hat. Von wenigen Zivilangestellten abgesehen, hatten die Mitarbeiter militärische Dienstgrade. An der Spitze standen zuletzt 61 Generäle, darunter auch der Leiter der Bezirksverwaltung Potsdam. Frauen waren in der MfS-Hierarchie nur in untergeordneten Positionen vertreten. Ihr Anteil lag in den achtziger Jahren bei 16 Prozent.

Seinen Nachwuchs suchte sich der Staatssicherheitsdienst selbst.[2] Oft sind die Söhne von Beschäftigten angesprochen worden, nachdem man ihre politische und charakterliche Eignung geprüft hatte. Mitunter waren ganze Familien hauptamtlich oder inoffiziell für das MfS tätig. In der Regel dienten die Mitarbeiter dem MfS, bis sie in Rente gingen. Bei der Entlassung mussten sich die Stasi-Mitarbeiter noch einmal zu strengster Verschwiegenheit verpflichten. Bei Bedarf konnten sie vom MfS auch mit einer „Legende" über ihren beruflichen Werdegang ausgestattet werden.

Das MfS arbeitete mit Methoden, die gegen die Verfassung der DDR verstießen. Mit einem Arsenal[3] von konspirativer[4] Technik kontrollierte der Geheimdienst die Post der Bevölkerung (Maßnahme M),[5] hörte Telefongespräche ab (Maßnahme A) und drang konspirativ in Wohnungen ein, um Wanzen zum Abhören von Gesprächen zu installieren (Maßnahme B). Weitere Maßnahmen waren Videoüberwachung (D), verdecktes Fotografieren (F) und Spurensicherung durch die Abnahme von Geruchsproben (S). Alle diese Maßnahmen dienten dem Ziel, belastendes Material zu sammeln. Sie waren nur möglich durch das „politisch-operative Zusammenwirken" (POZW) mit anderen Ministerien, Einrichtungen und Behörden in der DDR, in erster Linie mit den Einrichtungen des Ministeriums des Innern, wie zum Beispiel der Polizei, dem Zoll und den Abteilungen Inneres der Bezirke, Kreisgebiete und Städte.

Die „Hauptwaffe" des Staatssicherheitsdienstes im „Kampf gegen den Feind" waren die Inoffiziellen Mitarbeiter (IM). Das Ministerium für Staatssicherheit schuf sich ein Heer von Informanten. Waren es in den Fünfzigerjahren erst bis zu 40 000 geheime Informanten, die im Auftrag des MfS ihre Kollegen, Freunde und Verwandten bespitzelten, so waren ab 1960 bis zum Untergang des DDR-Regimes ständig zwischen 160 000 und 180 000 Inoffizielle Mitarbeiter im Einsatz.

Im Herbst 1989 gab es etwa 173 000 Spitzel, die im Auftrag der Stasi „anderen Personen unter die Haut kriechen und ins Herz blicken sollten, damit das MfS weiß, wer die Person ist und wo sie steht" (Erich Mielke).

---

1 Die Mitarbeiter des MfS bezeichneten sich folglich selbst als Tschekisten.

2 Dieser wurde an der Hochschule des MfS (JHS) in Potsdam Eiche ausgebildet. Sie war der Öffentlichkeit weitgehend unbekannt, da sie nicht im offiziellen Hochschulverzeichnis aufgelistet war.

3 Arsenal = Geräte-, Waffenlager

4 konspirativ = geheim, illegal, verschwörerisch, im Untergrund arbeitend

5 Hierfür existierte eine eigenständige Abteilung innerhalb des MfS: die Abteilung M (Postkontrolle). Den hier beschäftigten Mitarbeitern wurde ein hohes Maß an Geheimhaltung abverlangt, was unter anderem dazu führte, dass diese beim Mittagessen in der Kantine als geschlossene Gruppe zusammensaßen, um andere Kontakte – insbesondere zu Mitarbeitern der Deutschen Post – zu vermeiden.

Die Inoffiziellen Mitarbeiter berichteten aus allen Bereichen der Gesellschaft. Von Interesse waren die politischen Einstellungen von Personen, deren Umgangskreis, kirchliche oder andere politische Aktivitäten, Engagement in der Friedens- oder Umweltbewegung, eventuelle Ausreiseabsichten. Auch zur Zersetzung[1] von solchen Gruppierungen wurden Inoffizielle Mitarbeiter gezielt eingesetzt.

Das MfS teilte die Inoffiziellen Mitarbeiter entsprechend ihrer Aufgabenstellung in verschiedene Kategorien ein. Die meisten Inoffiziellen Mitarbeiter fielen in die Kategorie „IM zur politisch-operativen Durchdringung und Sicherung des Verantwortungsbereiches (IMS)", das betraf das berufliche Umfeld. Es gab auch Inoffizielle Mitarbeiter, die dem MfS ihre Wohnung für konspirative Treffen zur Verfügung stellten, ihren Briefkasten, ihre Adresse oder den Telefonanschluss. Diese gehörten zu der Kategorie „Inoffizielle Mitarbeiter zur Sicherung der Konspiration" (IMK).

Fast jeder Inoffizielle Mitarbeiter musste sich schriftlich zur Zusammenarbeit mit der Stasi verpflichten,[2] Ausnahmen bildeten Berufungen mit Handschlag. Die Zusammenarbeit erfolgte überwiegend unter einem selbst gewählten Decknamen, meist über einen längeren Zeitraum. Die Treffs fanden in der Regel vierzehntägig mit den Stasi-Offizieren in konspirativen Wohnungen statt. Während der Treffs wurden Aufträge erteilt, Berichte entgegengenommen, Geld für Auslagen übergeben, Geburtstagsgeschenke überreicht und auch persönliche Probleme des Inoffiziellen Mitarbeiters besprochen.

Von besonderem Interesse für das DDR-Regime war die Überwachung der Jugend, der „Kampfreserve der Partei". Die Kontrolle begann bereits in den Kindergärten und setzte sich in den Schulen, Ausbildungsstätten, Jugendklubs und Universitäten fort. Auch Lehrer, Erzieher und Betreuer waren als Informanten für das MfS tätig. Günstige Bedingungen für die Überwachung fand das MfS bei der Nationalen Volksarmee, wo jeder männliche Jugendliche in der DDR mindestens 18 Monate einen Grundwehrdienst abzuleisten hatte. Mitunter scheuten Mitarbeiter des Staatssicherheitsdienstes nicht davor zurück, schon Jugendliche unter 18 Jahren als Informanten anzuwerben. [...]

Warum so viele Bürger der DDR für die Staatssicherheit gearbeitet haben, ist zum großen Teil aus den hinterlassenen Akten ersichtlich. Es waren unterschiedliche Motive wie politische Überzeugung, erhoffte Vergünstigungen, persönliche Eitelkeit oder die Befürchtung von Sanktionen.

Es gab jedoch auch viele mutige Menschen in der DDR, die eine Zusammenarbeit mit dem Ministerium für Staatssicherheit aus Gewissensgründen ablehnten. Auch das ist aus den hinterlassenen Akten ersichtlich.[3]

Bildungsserver Berlin-Brandenburg; nach: Jens Gieseke: Die DDR-Staatssicherheit, Schild und Schwert der Partei. Bonn 2001. Zitiert nach: http:// bildungsserver.berlin-brandenburg.de/fileadmin/bildung/bbs/bildung_und_gesellschaft/subportale/hist-pol._Bildung/BStU-Material/Kurzinfo_Stasi_01.pdf (Stand: 30.01.2010)

---

[1] Zersetzung meinte im Sprachgebrauch des MfS das verdeckte Beeinflussen von andersdenkenden Personen und Personengruppen mit dem Ziel, deren Handlungsfähigkeit, persönliche Integrität und/oder Öffentlichkeitswirkung zu untergraben bzw. ganz zu unterbinden.

[2] Bei dem zu unterzeichnenden Dokument handelte es sich um eine sogenannte Verpflichtungserklärung.

[3] Die Konsequenzen, die sich aus einer solchen Weigerung gegenüber dem MfS ergaben, konnte kein Betroffener im Vorhinein übersehen, denn das gleiche „Delikt" wurde ganz unterschiedlich „geahndet": Vom einfachen Ablassen von dem potenziellen IM, über schwere berufliche Schädigung bis hin zu Gefängnisstrafen wegen hergeholter anderer Straftatbestände waren sämtliche Sanktionsmaßnahmen möglich.

1. *Informieren Sie sich mithilfe des vorliegenden Textes über den Überwachungsapparat der DDR-Diktatur sowie dessen Zielsetzung.*

2. *Bereiten Sie die Informationen, z. B. mithilfe einer Mindmap, für einen Kurzvortrag auf.*

Integration der Flüchtlinge und Vertriebenen in der Bundesrepublik

Flüchtlingslager Berlin-Marienfelde (1961)

Text 1

Bei der Volkszählung 1950 waren fast acht Millionen Vertriebene aus den ehemaligen deutschen Ostgebieten, aus der Tschechoslowakei und aus südosteuropäischen Ländern sowie 1,5 Millionen aus der Sowjetischen Besatzungszone bzw. DDR Zugewanderte registriert worden. Neubürgerinnen und Neubürger stellten also ein Fünftel der Einwohnerschaft der jungen Bundesrepublik. 1960 machten sie mit über 13 Millionen sogar ein Viertel der Bevölkerung aus. Erst mit dem Bau der Mauer in Berlin 1961 versiegte der Flüchtlingsstrom aus der DDR. [...]

Die Integration der Flüchtlinge und Vertriebenen stellte eine enorme gesellschaftliche Aufgabe dar. Dies galt vor allem für die stärker agrarisch geprägten Hauptaufnahmeländer Bayern, Niedersachsen und Schleswig-Holstein, in denen fast drei Viertel der Vertriebenen zunächst eine neue Heimat fanden. Die Eingliederung ging nicht immer konfliktfrei vonstatten. Auch wenn je nach Lebensalter, erlerntem Beruf, sozialer Stellung und gerettetem bzw. verlorenem Vermögen, Zeitpunkt der Flucht oder Vertreibung sowie landsmannschaftlicher Herkunft sehr unterschiedliche Bedingungen vorlagen, waren die Neuankömmlinge gegenüber der alteingesessenen Bevölkerung im Durchschnitt materiell benachteiligt. Obwohl es staatliche Finanzhilfen aus dem Lastenausgleichsfonds gab [...], verfügten sie vergleichsweise über weniger Besitz, lebten eher in kleinen Ortschaften sowie unter schlechteren Wohnbedingungen, und ihre Kinder hatten geringere schulische Möglichkeiten. [...]

Andererseits bewiesen gerade Vertriebene und Flüchtlinge häufig einen besonderen Aufstiegswillen. Und es ist zu Recht betont worden, dass sie nicht nur von der Leistungskraft der Wirtschaft profitierten, die ihre Integration in das Erwerbssystem ermöglichte. Umgekehrt war die dringend benötigte Arbeitskraft der Vertriebenen und Flüchtlinge in vielen Branchen und Regionen auch eine Voraussetzung für den langandauernden ökonomischen Aufschwung.

Die anfänglichen Befürchtungen, die soziale Not der Vertriebenen und Flüchtlinge werde jahrzehntelang andauern, und vor allem die von ihnen bewohnten Lager würden sich zum Herd eines gefährlichen politischen Radikalismus entwickeln können, bewahrheiteten sich nicht. In zunehmendem Maße lebten sich die neuen Bürgerinnen und Bürger ein. Die Gründung eigener Städte und kleinerer Ortschaften wie Ennepetal-Milspe und Espelkamp in Nordrhein-Westfalen oder Neu-Gablonz in Bayern blieben die Ausnahme. [...] [In] den meisten Städten wurde bei der Wohnungsvergabe auf die Mischung der Bevölkerung geachtet. Und die Verbindungen mit der alteingesessenen Bevölkerung nahmen zu, durch gegenseitige Heirat, kollegiales Zusammentreffen am Arbeitsplatz, gemeinsames Vereinsleben und die Begegnung in der Kirchengemeinde. Auch die eingesessene Bevölkerung musste sich in diesen Jahren neuen Lebensumständen anpassen, sodass man zu einem guten Teil vor gemeinsamen Aufgaben stand.

Aus: Axel Schildt: Gesellschaftliche Entwicklung. In: Bundeszentrale für politische Bildung (Hrsg.), Informationen zur politischen Bildung. Heft 256. Bonn 1997, S. 5f.

Text 2

Flüchtlingslager 1957

In den rund 3000 Lagern der Bundesrepublik [...] leben noch 372000 Menschen. Dazu kommen die 56 Lager in Westberlin, in denen bei der letzten Erhebung noch einmal 26000 Menschen gezählt wurden. Das sind zusammen rund 400000 Menschen. Eine Wohnung, die einfachen Ansprüchen genügt, kostet heute zwischen 16000 und 20000 DM. Rechnet man für jeweils eine Familie von vier Personen eine Wohnung, so brauchen wir rund 100000 Wohnungen. Um sie zu bauen, sind alles in allem 2 Mrd. DM notwendig. Regierung und Parlament haben bisher noch keinen Weg gefunden, um aus dem Bundeshaushalt von rund 33 Mrd. DM diese Mittel abzuzweigen.

Inzwischen werden Jahr für Jahr neue Mittel in die bestehenden Lager gesteckt. In den 3000 Lagern gibt es 16000 Baracken, Bunker, Hallen und Kasernen. 6600 davon sind in „gutem“ Zustand, d.h. dass man sie bei bescheidenen Ansprüchen als bewohnbar bezeichnen kann. 9400 aber sind in schlechtem Zustand bis sehr schlechtem Zustand. Die Fundamente sind abgesackt, die Dächer leck geworden, die Behausungen nach allgemeinen Standards unbewohnbar. Dass sie noch stehen, ist nur dem Fleiß und der Geschicklichkeit der Bewohner zu verdanken, die immer wieder daran herumflicken. Ein kleiner Teil der Baracken stammt noch aus dem Ersten Weltkrieg. Die meisten sind vor fünfzehn, zwanzig Jahren für ausländische Rüstungsarbeiter in der Nähe neuer Industrien gebaut worden oder dienten einmal dazu, Arbeitsdienst- und Wehrmachtseinheiten unterzubringen. Ein Teil schließlich wurde als Notunterkünfte für Ausgebombte in Kriegszeiten erstellt.

Eine Baracke hat ein Lebensalter von zehn Jahren. Es ist also geradezu ein Wunder, dass rund 10000 Holzbaracken immer noch bewohnt werden.

Die meisten Lager gibt es in Niedersachsen: 1024. An zweiter Stelle steht Nordrhein-Westfalen mit 909. An dritter Stelle kommt Schleswig-Holstein mit 515. Während Niedersachsen und vor allem Nordrhein-Westfalen über Beschäftigungsmöglichkeiten verfügen, ist die Not in Schleswig-Holstein am größten. Hier leben auch nach Niedersachsen (100000) die meisten Menschen noch in Lagern, nämlich an die 80000 Menschen.

Die schwerste Last hat dabei Lübeck zu tragen, denn mit über 14000 Lagerinsassen wohnen allein im Stadtkreis Lübeck über ein Fünftel aller Lagerbewohner des Landes. [...] Lübeck ist relativ die größte Flüchtlingsstadt Westdeutschlands.

Aus: Flüchtlingslager 1957. In: Handelsblatt vom 8./9. März 1957. Zitiert nach: Bundeszentrale für politische Bildung (Hrsg.), Informationen zur politischen Bildung. Heft 256. Bonn 1997, S. 5

1. *Informieren Sie sich mithilfe der vorliegenden Texte über den Neuanfang geflüchteter DDR-Staatsbürger im Westen.*

2. *Bereiten Sie die Informationen, z. B. mithilfe einer Mindmap, für einen Kurzvortrag auf.*

Baustein 4

Erzähltheoretische Besonderheiten

Das Ziel dieses Bausteins ist es, den Schülerinnen und Schülern die erzähltechnischen Besonderheiten in Birgit Vanderbekes Erzählung „Das Muschelessen" nahezubringen und unter Anwendung grundlegender literaturwissenschaftlicher Fachbegriffe im Allgemeinen (vgl. Abschnitte 4.2–4.4, S. 79 ff.) und der Erzähltheorie im Speziellen (vgl. Abschnitt 4.1, S. 76 ff.) zu tieferen Einsichten des Werkes zu gelangen.
Entgegen der mutmaßlichen Erwartung des Lesers wird in diesem Unterrichtsmodell auf eine strukturelle Untersuchung der Erzählung als literarische Gattung und die damit einhergehende Abgrenzung zur gattungsverwandten Novelle bewusst verzichtet, da die weithin gängige, geringschätzige Auffassung von der Erzählung als einer qualitativ minderwertigen, da „weniger kunstvoll gebaut[en] Novelle"[1] wenig erkenntnisbringend ist und zudem dieser epischen Kurzform nicht ansatzweise gerecht wird.[2]

4.1 Die Erzähltechnik

Vanderbeke nutzt für ihre Erzählung „Das Muschelessen" die Ich-Erzählung (**Erzählform**), sodass die Erzählerin selbst in Gestalt der Tochter in Erscheinung tritt. In scheinbar endlosen Satzreihen (vgl. Abschnitt 4.3, S. 84 ff.) entfaltet sie hier ein Familiendrama, wobei mehrere Erzählebenen unauffällig miteinander verbunden werden: Zum einen wird ein besonderer Abend, an welchem Mutter, Tochter und Sohn auf den Vater warten, rekonstruiert (äußere Handlung), zum anderen wird ein Akt „wilder Aufsässigkeit und Befreiung vom autoritären Vater und demzufolge letztlich des Zusammenbruchs [einer] Familie"[3] dokumentiert (innere Handlung).[4]
Hieraus ergeben sich wiederum weitere erzähltheoretische Besonderheiten, welche im Folgenden näher ausgeführt werden sollen:
Im Hinblick auf die **Darbietungsformen** fällt zunächst die auf den ersten Blick chaotische Abfolge der Gedanken der Ich-Erzählerin auf. So werden Erinnerungen „mosaikartig [...] zusammengefügt" und dabei geradezu „beiläufig [...] die einzelnen Familienmitglieder porträtiert"[5]. Die Autorin bedient sich somit überwiegend des sogenannten Bewusstseinsstromes („stream of consciousness"), eine Sonderform des inneren Monologes, welcher wiederum aus einer scheinbar unaufhörlichen Kette von Assoziationen der Tochter besteht, weshalb ein Nebenstrang der Handlung häufig mitten im Satz beginnt, eine Weile fortgeführt und schließlich von der ursprünglichen oder der Schilderung eines anderen Ereignisses wieder abrupt unterbrochen bzw. abgelöst wird (vgl. S. 75).[6]

---

1 Best (2004), S. 160; vgl. zudem Redaktion Schule und Lernen (2008), S. 127

2 Da eine Gattungslehre wertfrei sei bzw. sein sollte und eine literarische Gattung somit allein „durch die Struktur, niemals durch die Qualität" bestimmt werden müsse, hält Polheim eine derartige pauschale Abwertung der Erzählung folglich sogar für „absolut unstatthaft". Polheim (1981), S. 16

3 Groß (2002), S. 43

4 Darüber hinaus weist die innere Handlung zudem eine politische Tiefendimension auf (vgl. Abschnitt 3.2, S. 58 ff.).

5 Groß (2002), S. 43

6 Vgl. Heizmann (2008), S. 15

Auf diese Weise entsteht eine kunstvoll arrangierte „Mischung von Erlebnisbericht, Reflexion und Vergangenheitsbezügen", welche „ein eindringliches Bild sowohl von der Handlung selbst als auch der inneren Befindlichkeit der Tochter"[1] vermittelt, was zugleich die Atemlosigkeit der Ich-Erzählerin bei ihrem Versuch, sich auszudrücken, begründet (vgl. S. 81 ff.).[2] Infolgedessen sind auch die Übergänge bzw. Grenzen zwischen dem Erzählerbericht der Tochter, welcher ausnahmslos im epischen Präteritum erfolgt, und der Personenrede der jeweiligen Figuren nahezu fließend. Dieser Eindruck wird zusätzlich dadurch verstärkt, dass die direkte Rede nahtlos in das übrige Satzgefüge eingeschoben wird und zudem nicht durch Anführungszeichen gekennzeichnet ist (vgl. S. 29).

Da die Ich-Erzählerin über weite Strecken Ereignisse aus ihrer Kindheit bzw. Jugend, welche sie geprägt haben, sowie (noch) gegenwärtige (Sinnes-) Eindrücke schildert und kritisch reflektiert, verfolgt der Leser die erzählte Handlung durchweg aus ihrer Sicht (**personales Erzählverhalten**). Aufgrund dieser eingeschränkten und subjektiven **Erzählperspektive** erfährt er – abgesehen von der Innensicht der Tochter selbst – im Hinblick auf die übrigen Figuren folglich ausschließlich das, was die Ich-Erzählerin selbst wahrnehmen kann (Außensicht). Dies ist nicht nur authentisch, sondern erscheint angesichts der Isolation und des gegenseitigen Misstrauens innerhalb dieses Familiengefüges (vgl. Baustein 2, S. 23 ff.) zudem als folgerichtig (vgl. S. 40).

Ebenso konsequent wechselt die Ich-Erzählerin zudem mehrfach ihren **Erzählerstandort**, indem sie immer dann nah am Geschehen ist, wenn sie persönlich betroffen ist (vgl. S. 83 f.) bzw. sich vom unerhörten Verhalten ihres Vaters bewusst distanziert, was unter anderem an ihren zwar eher seltenen, jedoch stark wertenden Kommentaren (**Erzählhaltung**) ersichtlich ist (vgl. S. 84); denn indem die Ich-Erzählerin „ihre eigene Rolle ebenso kühl und distanziert beschreibt wie die der anderen Familienangehörigen" und scheinbar ganz selbstverständlich „zu ihrer (nachgewiesenen) Unehrlichkeit wie auch zu ihrer (angeblichen oder tatsächlichen) Hässlichkeit und ‚Unliebenswürdigkeit'"[3] steht, wird ihr Sarkasmus geradezu überdeutlich (vgl. S. 68 ff.).

Dieses eigentümliche Spiel zwischen Nähe und Distanz der Ich-Erzählerin einerseits und ihrer damit einhergehenden Erzählhaltung andererseits ist auch dann zu erkennen, wenn sie die Einstellungen der anderen Familienmitglieder scheinbar neutral wiedergibt: „Mein Vater ist aus armen Verhältnissen, und da hat er schon gewusst, wie leicht man herunterkommt. […] Mein Vater hat den Armeleutegeruch nicht ertragen können, daher ist er auch immer sehr großzügig gewesen, später, und hat gigantische Trinkgelder gegeben, wenn er im Lokal bezahlt hat, das hat nämlich er immer gemacht, weil es sich so gehört, dass der Mann bezahlt" (S. 32). Allerdings zeigt sich insbesondere an ihrer Formulierung „weil es sich so gehört", dass sie der Abhängigkeit ihres Vaters von der öffentlichen Meinung kritisch gegenübersteht.

Vanderbekes Erzähltechnik bewirkt demzufolge insgesamt, dass die äußere Handlung zugunsten der inneren, d.h. der psychologischen Vorgänge wie etwa der anfänglichen Angst und Isolation der Familienmitglieder und des sich entwickelnden gemeinschaftlichen Widerstands gegen den tyrannischen Vater, zurücktritt.

Um die Schülerinnen und Schüler für das enge Zusammenspiel der erzählten Handlung und Vanderbekes Erzähltechnik zu sensibilisieren, erscheint eine eher kleinschrittig angelegte Vorgehensweise geboten, weshalb geeignete Textstellen vorgegeben werden sollten, um die Anforderungen an die Lernenden auf ein leistbares Maß zu reduzieren und ihnen zugleich den Weg für eine zielgerichtete Textanalyse zu ebnen.

Zu diesem Zweck kann auf das **Arbeitsblatt 10**, S. 96 zurückgegriffen werden, das aufgrund der Komplexität des Lerninhaltes in Gruppenarbeit bearbeitet werden sollte. Sofern die Grundbegriffe der Erzähltheorie noch nicht eingeführt worden sind, kann den Lernenden außerdem das **Zusatzmaterial 3**, S. 138, an die Hand gegeben werden.

1 Heizmann (2008), S. 68
2 Vgl. Groß (2002), S. 43
3 Olzog (o. J.), S. 12

- *Lesen Sie den zweiten Abschnitt zur Erzähltheorie, der sich im* ***Zusatzmaterial 3*** *befindet, und analysieren Sie exemplarisch die ausgewählten Textstellen mithilfe der dort angegebenen Kriterien.*
- *Erläutern Sie anschließend die Wirkung der Erzähltechnik Vanderbekes auf den Leser.*
- *Ziehen Sie aus Ihren Ergebnissen Rückschlüsse, wie die Ich-Erzählerin die Erlebnisse während ihrer Kindheit und Jugend insgesamt beurteilt.*

Die Ergebnisse dieser ausführlichen Textanalyse während der Gruppenarbeit sollten im anschließenden Unterrichtsgespräch verglichen, ausgewertet und sprachlich reduziert auf Wandplakaten bzw. Folienstreifen gesammelt werden:

Wandplakate

Die Erzähltechnik in Vanderbekes Erzählung „Das Muschelessen"

1. Erzählform, Erzählverhalten
- *Ich-Erzählung*: Ich-Erzählerin in Gestalt der Tochter ist unmittelbar beteiligt
- *personales Erzählverhalten*: Ich-Erzählerin schildert sowohl die innere als auch die äußere Handlung ausnahmslos aus ihrer (subjektiven) Sicht (vgl. S. 40)

2. Erzählperspektive, Erzählerstandort, Erzählhaltung
- konsequente, authentisch wirkende Darstellung aus der Perspektive der Ich-Erzählerin
  - Darstellung ausschließlich der Außensicht der Figuren (Ausnahme: Innensicht der Ich-Erzählerin selbst)
  - korrespondiert inhaltlich mit der Isolation der einzelnen Familienmitglieder
- nur vordergründig neutrale Erzählhaltung der Ich-Erzählerin
  - Wechsel zwischen Nähe (persönliche Betroffenheit) und Distanz (bewusste sprachliche Abgrenzung) (vgl. S. 32)
  - Sarkasmus durch scheinbar kühle, distanzierte Beschreibung der eigenen Situation bzw. Rolle (vgl. S. 68 ff.) statt direkte, wertende Kommentare

3. Darbietungsformen
- *Erzählerbericht*:
  - durchgehend im epischen Präteritum
  - fließende Übergänge bzw. Grenzen zwischen Erzählerbericht und Personenrede (vgl. S. 29)
- *Personenrede*:
  - Bewusstseinsstrom („stream of consciousness") der Ich-Erzählerin: scheinbar chaotische Vermischung von Erlebnisbericht, Vergangenheitsbezügen und Reflexion (vgl. S. 75)
  - direkte Rede: fehlende Anführungszeichen und Einfügung in das übrige Satzgefüge lassen die Grenzen zwischen Erzählerbericht und Personenrede verschwimmen (vgl. S. 81 ff.)
  - ➡ eindringliche Vermittlung der inneren Befindlichkeit bzw. Atemlosigkeit der Ich-Erzählerin bei ihrem Versuch, sich auszudrücken

Ausgehend von der dritten Aufgabenstellung (s. o.) kann im Unterrichtsgespräch ein Fazit formuliert werden, welches ebenfalls auf einem gesonderten Wandplakat festgehalten werden sollte:

Wandplakat

Fazit:
Wirkung von Vanderbekes Erzähltechnik: Die äußere Handlung tritt zugunsten der inneren, also der psychologischen Vorgänge, zurück.

4.2 Die Muschel als Symbol

Aufgrund ihrer Beschaffenheit und Funktionsweise verbindet der Mensch mit der Muschel zunächst die Begriffe „Schutz" und „Verteidigung", da deren geschlossene Schalen eine Art Gefäß bilden und somit bekanntlich dazu dienen, das weiche Innere vor ihren natürlichen Feinden zu behüten. Psychoanalytisch betrachtet geht es folglich um die Frage des Einzelnen, welche Gefühle, Geheimnisse und/oder Teile seines Inneren er schützen muss, um nicht verletzt zu werden. Die Muschel verweist somit auf eine sensible, leicht verletzbare und (über-)empfindliche Persönlichkeit, welche sich hinter einer harten äußeren Schale verbirgt.[1]

Die Muschel birgt zudem die Kraft der Transformation in sich, indem im Inneren bestimmter Arten eine edle Perle heranwächst. Im übertragenen Sinne entsteht hier somit neues Leben (Fruchtbarkeit), weshalb die Muschel vornehmlich für die weibliche Seite der Natur steht und als Sexualsymbol an die Vulva, die von einer harten Schale umzogene Kostbarkeit, erinnert, welche der Mann fürs Leben erobern will. In diesem Zusammenhang symbolisiert eine geschlossene Muschel Jungfräulichkeit und Frigidität, manchmal aber auch mangelnde seelische Reife.[2]

Umgekehrt gilt die Muschel neben Ingwer, Schokolade, Erdbeeren, Artischocken usw. allerdings auch als Aphrodisiakum, welchem stimulierende Fähigkeiten zugeschrieben werden und welches folglich als Mittel zur Belebung der Libido bzw. des sexuellen Lustempfindens bei Liebespaaren Verwendung findet.

Darüber hinaus stellt die Muschel in spiritueller Hinsicht eine Miniaturausgabe für den Zyklus von Leben und Tod dar: Demzufolge wächst die Perle lange im Verborgenen, bevor sie eines Tages am Meeresboden gefunden wird und auf diese Weise das Licht der Welt erblickt. Und obwohl die Muschel selbst längst tot ist, lebt das, was sich zwischen ihren harten Schalen gebildet hat, weiter und überdauert mehrere Menschengenerationen, weshalb die Perle in ihrer Vollkommenheit sinnbildlich ein Wunder im Meer der Zeit darstellt.

Im christlichen Glauben wiederum wird die Muschel als „Bild des Grabes Jesu, das die ‚kostbare Perle', den Herrn, fest verschließt, aber in der Auferstehung mit Gewalt gesprengt wird"[3], aufgefasst. Sie wird hier folglich als Auferstehungssymbol verstanden, weshalb es im Mittelalter üblich war, dass Wallfahrer auf ihrem Weg zum Heiligen Grab Pilger- bzw. Jakobsmuscheln an ihren Gewändern trugen.[4]

Aufgrund ihrer vielfältigen Bedeutungsfelder sowie ihrer weichen, runden Form einschließlich der konzentrisch angeordneten, feinen Schüppchenreihen gilt insbesondere die Große Pilgermuschel wiederum generell als Zeichen für Anmut, Liebreiz und Schönheit, weshalb diese bereits zahlreiche Maler inspiriert hat und gerade in der christlichen Kunst oft zu finden ist. Ein Beispiel hierfür ist Sandro Botticellis etwa um 1485 entstandene Tempera[5] „Die Geburt der Venus"[6], welche in den Uffizien[7] von Florenz ausgestellt ist und das mythologische Motiv dieser in einer Muschel geborenen und dem Meerschaum entstiegenen Göttin aufgreift.

Dieses Gemälde Botticellis dient gleichzeitig als Ausgangspunkt, um den Lernenden den Zugang zu dem mehrfach codierten Symbol der Muschel im Allgemeinen und vor allem in Vanderbekes Erzählung zu erleichtern.

---

1 Vgl. Biedermann (2008), S. 295

2 Vgl. Biedermann (2008), S. 296

3 Evangelisch-Lutherische Kirchengemeinde Kunreuth (2006), URL: www.kunreuth-evangelisch.de/geschichtliches/muschel.htm (Stand: 16.08.2010)

4 Vgl. Biedermann (2008), S. 296, sowie Evangelisch-Lutherische Kirchengemeinde Kunreuth (2006), URL: www.kunreuth-evangelisch.de/geschichtliches/muschel.htm (Stand: 16.08.2010)

5 Mit dem Begriff **Tempera** (lat. *temperare* = mäßigen, mischen) werden in der Bildenden Kunst Farben bezeichnet, deren Pigmente mit einem Bindemittel aus einer Wasser-Öl-Emulsion gebunden werden. Als wässrigen Anteil dieser Emulsion können Temperafarben auch Leime enthalten.

6 In der Mythologie gilt **Venus** als die römische Göttin der Liebe, des erotischen Verlangens und der Schönheit.

7 Die florentinischen **Uffizien** (ital. *uffici* = Büros) sind Teil eines im 16. Jh. ursprünglich errichteten Gebäudekomplexes zur Unterbringung von Ministerien und Ämtern, welcher mittlerweile als Museum für Kunstwerke von der Antike bis zum Spätbarock genutzt wird.

In einem ersten Schritt legt die Lehrkraft daher die im **Zusatzmaterial 4**, S. 141, befindliche Folie auf, anhand derer die Schülerinnen und Schüler bereits erste Konnotationen der Muschel wie weibliche Schönheit, Natürlichkeit, Anmut, Liebreiz, Verführung, Nacktheit usw. erkennen sollen, wobei die zu Beginn der Unterrichtsreihe intuitiv geäußerten Assoziationen im Hinblick auf das Motiv der Muschel (vgl. Abschnitt 1.1, S. 16) in die Überlegungen einbezogen werden können.
Mithilfe der folgenden Lehrer-Impulse kann das Unterrichtsgespräch initiiert werden, um den Aussagegehalt des Kunstwerkes gemeinsam herauszuarbeiten:

- *Beschreiben Sie das abgebildete Kunstwerk des italienischen Malers der frühen Renaissance Sandro Botticelli.*
  Ziehen Sie hieraus Rückschlüsse auf die Botschaft, die der Künstler dem Betrachter mit seiner Tempera „Geburt der Venus" übermitteln möchte.
- *Erläutern Sie den inhaltlichen Zusammenhang zu Vanderbekes Erzählung „Das Muschelessen".*

Die unterschiedlichen Konnotationen der Muschel können zu folgendem Tafelbild zusammengefasst werden:

Symbolische Bedeutungen des Muschel-Motivs

- **Schutz** und **Verteidigung** vor natürlichen Feinden aufgrund ihrer
  - Beschaffenheit: harte Schale, weiches Inneres
  - Funktion: geschlossene Muschelschalen bilden eine Art Gefäß

  ➜ Symbol für eine sensible, leicht verletzbare und (über-)empfindliche Persönlichkeit
- **Schönheit** und **Anmut** aufgrund ihrer
  - weichen, runden Form
  - konzentrisch angeordneten, feinen Schüppchenreihen

  ➜ Symbol für Venus, Göttin der Schönheit, Liebe und des erotischen Verlangens
- **Fruchtbarkeit**
  - Heranreifen einer wertvollen bzw. kostbaren Perle im Inneren
  - Entstehung neuen Lebens

  ➜ Symbol für die weiblichen Geschlechtsorgane (Vulva), welche der Mann fürs Leben erobern will
- **Aphrodisiakum** zur Belebung der Libido bzw. des sexuellen Lustempfindens
- spirituell: **Zyklus** von Leben und Tod
  - Reife und Vervollkommnung der Perle im Verborgenen, ehe sie das Licht der Welt erblickt
  - Perle überdauert mehrere Generationen, während die Muschel selbst längst tot ist

  ➜ Symbol für das Wunder im Meer der Zeit
- im Christentum: **Auferstehung**
  - Beerdigung und anschließende Auferstehung Jesus
  - gewaltsame Öffnung des fest verschlossenen Grabes
  - Mittelalter: Pilger- bzw. Jakobsmuschel als Schmuck der Gewänder von Wallfahrern auf ihrem Weg zum Heiligen Grab

  ➜ Symbol für das Grab des Herrn als kostbarer Perle

Die zweite Aufgabe (s. o.) bildet zugleich die Überleitung für die vertiefende Betrachtung des Muschel-Motivs, bei welcher der inhaltliche Zusammenhang zu Vanderbekes Erzählung „Das Muschelessen" hergestellt werden soll (vgl. **Arbeitsblatt 11**, S. 97).

Die Autorin gebraucht das von ihr gewählte Motiv der Muschel hier als Symbol und Chiffre[1], indem sie diesen Gegenstand zum Träger bestimmter Empfindungen und Bedeutungen werden und auf einen übergeordneten Zusammenhang verweisen lässt. Die rätselhaften Zeichen der Dichterin verlocken den Leser zur Interpretation, allerdings führt dies nicht immer zu einer eindeutigen Lösung.[2] So stellt von Matt in diesem Zusammenhang fest, dass der Rezipient im Ungewissen bleibt, ob das Symbol der Muschel „erotisch [zu verstehen ist] oder [...] auf den Tod [geht] oder [...] mit dem Topf und der Kindheit etwas zu tun [hat]. Und je intensiver der Text wird, umso rätselhafter wird der Gegenstand", sodass schließlich sogar „ein surrealer Zug hinein[kommt]."[3]

Das Symbol der Muschel ist folglich mehrfach codiert, was letztlich auch darin begründet ist, dass diese bei den einzelnen Figuren ganz unterschiedliche Assoziationen hervorruft, wie die folgenden Ausführungen zeigen. Zu diesem Zwecke werden Schlüsselwörter aus den jeweiligen Bedeutungsfeldern der Muschel im Verlauf der Handlung immer wieder aufgenommen und entsprechend variiert, sodass diesem zentralen Motiv ferner die Funktion eines Leitmotivs und demzufolge der Strukturbildung der Erzählung zukommt.[4]

Gleich zu Beginn beschreibt die Ich-Erzählerin den Stellenwert und die Bedeutung der Muschel für ihre Eltern: Während Muscheln die erklärte „Lieblingsspeise" ihres Vaters sind und ihn mit Vorfreude auf ein ganz besonderes Abendessen erfüllen, macht sich ihre Mutter „nicht viel daraus" (S. 6). Gleichwohl wecken Muscheln auch in ihr positive Erinnerungen wie etwa an ihre Hochzeitsreise, während dieser beide das bis dahin fremdartige Gericht kennenlernten (vgl. S. 8). Später haben sie dann bei gemeinsamer Zubereitung der Muscheln „auch eine gewisse Anzüglichkeit entdeckt, etwas Frivoles, und [fortan] immer geschäkert" (S. 8).

Die Anspielung auf die Muschel als aphrodisisches Lebensmittel ist offenkundig, denn das übermütige, gemeinsame „Muschelputzen im Bad", aus welchem ferner „eine gute Stunde lang das Lachen von meinem Vater und ein Quietschen von meiner Mutter herausschallt" (S. 7), wird zum Ritual und erinnert an das Vorspiel eines Liebespaares. Um dem vom Vater verordneten Ideal der schönen und verführerischen Frau zu entsprechen, ordnet sich die Mutter trotz Abneigung gegenüber Muscheln (vgl. S. 108ff.) ihrem Mann zuliebe immer wieder dessen Wünschen unter und trägt aktiv zur Pflege der Tradition des Muschelessens bei. Auch ihre Bemühungen, den Habitus seiner Sekretärin nachzuahmen (Frisur, Lippenstift, Nagellack, Kleidung usw., vgl. S. 36 und S. 107), sind vor dem Hintergrund dieser Bedeutungsebene der Muschel zu verstehen.[5]

Ursprünglich sind die Assoziationen der Tochter und die ihrer Eltern identisch, denn „das Schäkern beim Muschelessen [ist] bei uns normal gewesen [...] bis zu diesem Tag" (S. 8), sodass der Leser zu Beginn des Abends eine wertneutrale Beschreibung der „Miesmuscheln", die „halb geöffnet" (S. 15) in dem großen Topf liegen, zur Kenntnis nimmt.

Während Mutter, Tochter und Sohn auf die Heimkehr des Vaters warten, richtet sich allerdings die ganze Aufmerksamkeit der Ich-Erzählerin auf die Muscheln, weshalb sie zum ersten Mal ein ekelhaftes „Schalenklappergeräusch" (S. 14ff.) wahrnimmt, welches die „japsende[n]" (S. 22) Muscheln in ihrem Todeskampf verursachen und sie in „Todesstimmung" (S. 15) versetzt. Die zunehmend wertende Beschreibung der Muscheln, die mittlerweile „sperrangelweit offen" sind und das offenbar unappetitliche „Gelbe" sichtbar werden

---

1 Unter einer Chiffre (frz. *chiffre* = Ziffer, Zahl) wird ein symbolisches, jedoch rätselhaftes Zeichen vor allem in moderner Literatur verstanden, dessen verschlüsselte und meist komplexe Bedeutung nicht immer eindeutig interpretiert bzw. aus dem Kontext erschlossen werden kann. Eine Chiffre verweist häufig auf die Dichterin bzw. den Dichter selbst.

2 Vgl. von Matt (1990), zitiert nach Felsbach/Metelko (1990), S. 168.

3 von Matt (1990), zitiert nach Felsbach/Metelko (1990), S. 168

4 Corino geht in diesem Zusammenhang sogar noch einen Schritt weiter, wenn er feststellt, dass „die Muscheln hier der Falke der Novelle" seien. Corino (1990), zitiert nach Felsbach/Metelko (1990), S. 170

5 Indem statt von Jakobs- bzw. Pilgermuscheln in der Erzählung von Miesmuscheln die Rede ist, wird diese Konnotation zusätzlich verstärkt, zumal deren weit „geöffnete Schalen" (S. 16) eine herzförmige Form bilden.

lässt, korrespondiert folglich mit ihrer steigenden „Ekelwut" über die „Ergebenheit" (S. 29), mit der sich die Muscheln in ihr Schicksal fügen.
Dieses akustische Signal ist zugleich der Auslöser für das Abwehr- und Aggressionsverhalten der Tochter, welche das Bedürfnis verspürt, „mit dem Messer" zwischen die geöffneten Schalen zu stechen, damit diese wieder „zugehen" (S. 16). Zwar unterdrückt sie diesen Trieb erfolgreich, dennoch wird das Symbol der Muschel letztlich durch ihren Ekel zu Müll entwertet und in letzter Konsequenz entsorgt (vgl. S. 109f.). Dieser Akt der Befreiung von den Muscheln ist zugleich ein Zeichen dafür, dass die tief sitzenden Konflikte innerhalb dieser Familie (vgl. Abschnitt 2.5, S. 40ff.) nicht länger verdrängt werden.[1]
Zum Zweck der entsprechenden textanalytischen Betrachtung erhalten die Schülerinnen und Schüler das **Arbeitsblatt 11**, S. 97, welches sie in Einzel- oder Partnerarbeit bearbeiten können.

- *Ergänzen Sie Ihre bisherigen Überlegungen zum Motiv der Muschel, indem Sie die unterschiedlichen Bedeutungsebenen zusammenfassen.*
- *Untersuchen Sie mithilfe der folgenden Textstellen, welche Assoziationen die Muschel bei den Figuren der Erzählung hervorruft.*
  Vater und Mutter: S. 6, S. 8
  Tochter: S. 8, S. 13–17, S. 29, S. 41, S. 109f.
- *Erläutern Sie mögliche Gründe, weshalb die Bedeutung der in Vanderbekes Erzählung entfalteten Symbolik nicht eindeutig entschlüsselt werden kann.*

Die Ergebnisse dieser Textanalyse können in folgende Tafelbilder münden:

Das Symbol der Muschel in der Erzählung (I)

Tochter
- nimmt erstmals das „Schalenklappergeräusch" (S. 14ff.) wahr, welches die „japsende[n]" (S. 22) Muscheln in ihrem Todeskampf verursachen
- ist Auslöser für Abwehr- und Aggressionsverhalten
  - zunehmende „Ekelwut" über die „Ergebenheit" (S. 29) der Muscheln, die sich in ihr Schicksal fügen
  - ihr stehen die Haare zu Berge (vgl. S. 29)
  - verspürt das Bedürfnis, „mit dem Messer" zwischen die geöffneten Schalen zu stechen, damit diese wieder „zugehen" (S. 16)

↓

Bedeutung der Muschel für die Tochter:
Symbol für die Passivität und Wehrlosigkeit ihrer Mutter

[1] Vgl. Groß (2002), S. 42.

Das Symbol der Muschel in der Erzählung (II)

Eltern

- „Lieblingsspeise" (S. 6) des Vaters, das ihn mit Vorfreude auf ein ganz besonderes Abendessen erfüllt
- Mutter macht sich zwar „nicht viel daraus" (S. 6), wecken jedoch positive Erinnerungen an ihre Hochzeitsreise (vgl. S. 8)
- entdecken an den Muscheln „eine gewisse Anzüglichkeit [...], etwas Frivoles und [haben daher] immer geschäkert" (S. 8)
- „Muschelputzen im Bad" (S. 7) als Ritual
  - Mutter versucht, dem Idealbild ihres Mannes von der schönen, verführerischen Frau zu entsprechen (Frisur, Lippenstift, Nagellack, Kleidung usw.)
  - erinnert an das Vorspiel eines Liebespaares

↓

Bedeutung der Muschel für die Eltern:
1. Symbol für Schönheit und Anmut; 2. Aphrodisiakum

Je nachdem, wie viel Zeit für diesen Unterrichtsaspekt zur Verfügung steht, können an dieser Stelle vertiefend die literaturwissenschaftlichen Fachbegriffe Leitmotiv, Dingsymbol und Chiffre (s. o.) eingeführt werden, welche dem **Zusatzmaterial 5**, S. 142, zu entnehmen sind. Alternativ oder ergänzend können auch die Haare der Ich-Erzählerin, welche neben der Muschel ein weiteres Dingsymbol dieser Erzählung darstellen und ebenfalls leitmotivisch gebraucht werden, näher betrachtet werden:

Bereits als Neugeborenes weist die Tochter einen starken Haarwuchs auf (vgl. S. 69f.). Gegen ihren Willen muss sie sich ihre Haare später derart kurz scheren lassen, dass sie „viele Jahre für einen Jungen gehalten" (S. 91) wird, denn sie hätte ihre Haare lieber, wie ihre Freundin, lang getragen (vgl. S. 91).

Die Diskussion mit ihrer Mutter über die vom Vater verordnete Rasur „vom Haaransatz bis zum Hinterkopf hoch" (S. 91) ist für die unterschiedlichen Sichtweisen der beiden weiblichen Figuren dieser Erzählung bezeichnend: Der tröstend gemeinten Erklärung ihrer Mutter, dass Haare besser wüchsen, wenn sie viel geschnitten würden, begegnet die Tochter lakonisch damit, „dass sie besser wachsen, wenn man sie wachsen lässt" (S. 91), und sie entlarvt somit einmal mehr das irrationale und willkürliche Verhalten des Familienoberhauptes. Der väterliche Zwang, sich die Haare abschneiden lassen zu müssen, erinnert den Leser unter Umständen an militärischen Drill, wenn nicht sogar „an Bilder aus Konzentrationslagern [...], wo kahl geschorene Häftlinge ein freudloses und von Zwangsarbeit bestimmtes Leben fristen."[1]

Im Verlauf dieses Abends werden die Haare der Ich-Erzählerin darüber hinaus zum handlungsbestimmenden Element[2], denn schon zu Beginn stellt sie beim Anblick der klappernden Muscheln fest, dass ihr es „dabei [...] wieder über die Haut gelaufen [ist], und die Haare an meinen Armen haben sich aufgestellt" (S. 27). Diese körperliche Reaktion der Tochter wird in der Erzählung unter anderem auch dann wieder aufgenommen, wenn sich die Mutter in falscher Sentimentalität an das Klavier setzt und ihre „Schubert-Tränen" vergießt (S. 97). Dass der Tochter die Haare buchstäblich zu Berge stehen, geschieht somit reflexartig und ist Ausdruck ihres Widerwillens und Ekels (vgl. S. 29).

1 Heizmann (2008), S. 32
2 Vgl. Heizmann (2008), S. 20.

Das Leitmotiv der sich aufstellenden Haare wird zum Schluss der Erzählung erneut aufgegriffen, wenn die Mutter ihre heimliche Verehrung und Bewunderung für Medea und ihre damit verbundenen Fantasien offenbart, „alle vergiften [zu wollen], und dann ist Ruhe" (S. 104). Angesichts dieses wahrlich haarsträubenden Bekenntnisses bekommen die Kinder auch „zunächst einen riesigen Schreck", aber „komischerweise haben sich an meinen Armen und überall die Haare dabei nicht aufgestellt" (S. 104), da die Tochter primär erleichtert darüber ist, dass die Mutter ihr zwanghaftes Harmoniebedürfnis, welches einem gemeinsamen Widerstand gegenüber dem Vater bislang im Weg gestanden hatte, endlich überwunden zu haben scheint (vgl. S. 105).
Letzteres zeigt, dass die Autorin und Musikkennerin Vanderbeke auch das Leitmotiv der Haare ganz bewusst als Stilmittel einsetzt.
Mithilfe der folgenden Arbeitsaufträge kann die intensivere Auseinandersetzung der Kursteilnehmer mit diesem Untersuchungsaspekt angeregt werden:

- *Neben den Muscheln führt die Autorin die Haare der Ich-Erzählerin als weiteres Dingsymbol in ihre Erzählerin ein, welche ebenfalls leitmotivisch wiederkehren. Untersuchen Sie deren Bedeutung mithilfe der Seiten 27, 29, 69f., 91 und 104f.*

4.3 Sprache und Schreibstil

Für Vanderbekes Schreibstil ist kennzeichnend, dass sie in ihrer Erzählung „Das Muschelessen" auffallend wenig rhetorische Figuren (Stilmittel) gebraucht. Diese wiederum setzt die Autorin dann sehr gezielt ein, nämlich in Abhängigkeit von der jeweiligen Funktion der Sprache, weshalb ihnen eine besondere Bedeutung zukommt. Im Wesentlichen erfüllt Vanderbekes Sprache drei Funktionen, wie die folgenden Ausführungen zeigen:

Charakterisierung der Figuren

Mithilfe der Sprache werden in erster Linie die Sprechgewohnheiten der Familienmitglieder reflektiert, welche wiederum Rückschlüsse auf das Wesen der Figuren sowie deren Sichtweise erlauben. In diesem Zusammenhang ist hier insbesondere das Stereotype und Monotone in der Sprache des Vaters anzuführen: Mehrfache **Wiederholungen** nahezu gleichen Wortlauts und **Tautologien** wie etwa „das lasse ich mir nicht bieten, das machen sie nicht mit mir, sie sollen mich kennenlernen" (S. 84) lassen die Sprache dieser Figur geradezu floskelhaft und somit unglaubwürdig erscheinen.
Wenngleich eine derartige Sprechweise nicht unbedingt von Souveränität zeugt, hat die Mutter ihrem Mann gegenüber dennoch nichts entgegenzusetzen, weshalb sie zunächst den schwachen Versuch unternimmt, ihn mit Ausflüchten zu beruhigen, um letztlich alle Schuld auf sich zu nehmen („ich tue doch, was ich kann, sei nicht so hart mit ihnen", S. 84) und auf diese Weise den häuslichen Frieden vordergründig wieder herzustellen.
Im Gegensatz zur Mutter ist die Tochter sehr wohl fähig, dem Vater auch in sprachlicher Hinsicht die Stirn zu bieten, wie ihre **ironischen** bzw. sarkastischen Kommentare zeigen. So greift sie die phrasenhaften Drohungen ihres Vaters häufig in spielerischer Weise auf, um diese in einen neuen Bedeutungszusammenhang zu stellen: „wir haben meinen Vater viele Jahre lang sehr kennengelernt, nur hat er es nicht mehr machen können, als meine Großmutter starb, weil ich volljährig war" (S. 84). In diesem Fall ist der Hauptsatz zum einen grammatisch nicht korrekt, zum anderen lässt sich dessen Sinn erst durch das Personalpronomen „es" erschließen, welches hier – wie schon bereits an anderer Stelle („bevor es losgeht", S. 42) – für „das Züchtigen" steht. Dass Letzteres zumindest bei ihr nicht länger

statthaft ist, erfüllt die Tochter offenkundig mit großer Genugtuung, denn indem sie „den Satz des Vaters ins Negative kehrt, äußert sie trotzig und fast triumphierend ihren Widerstand."[1]

Dieses Prinzip der Ich-Erzählerin, typische Floskeln ihres Vaters wieder aufzunehmen und umzukehren, sodass sich diese gegen ihn selbst richten, wird in der Erzählung fast durchgängig gebraucht und wird insbesondere gegen Ende des Abends deutlich, als sich die Familie die entscheidende Frage stellt, warum sie sich die Tyrannei des Vaters eigentlich bieten lässt (vgl. S. 64). Erstmals beginnen die Anwesenden, sich selbst als Opfer zu begreifen, und sind nunmehr bereit, sich gemeinschaftlich gegen ihn zur Wehr zu setzen und das vermeintliche Oberhaupt aus ihrer Gemeinschaft auszuschließen – wenngleich sie zunächst lediglich auf verbaler Ebene in der Lage sind, Widerstand zu leisten. Sie erklären feierlich, „lieber keine richtige Familie [sein zu wollen] als so eine, das haben wir jetzt alle drei gesagt, einer genau nach dem andern" (S. 64).

Darüber hinaus fällt an dem Sprachgebrauch der Tochter die ausgeprägte Tendenz zur **Jugendsprache** auf, derer sie sich bedient (vgl. S. 24, S. 29 f. und S. 83 f.), um sich von der für sie teilweise unverständlichen Welt der Erwachsenen (vgl. S. 18, S. 64 und S. 79) ganz bewusst abzugrenzen (vgl. S. 83 f.).

Sozialpsychologische Funktion

Die Wissenschaft der Soziologie beschäftigt sich mit den Voraussetzungen, Abläufen und Folgen des Zusammenlebens handelnder Menschen. Und auch Vanderbeke zeigt hier die Isolierung der Familienmitglieder durch eine Atmosphäre der „Petzerei" (S. 24), des Misstrauens und der Gewalt (vgl. S. 82 ff.) mithilfe ihrer Sprache.
Dies wird zum einen an dem vielfachen Gebrauch **langer, parataktischer Sätze** deutlich; denn hierbei handelt es sich um keine willkürliche Aneinanderreihung einzelner Satzteile, sondern um eine kunstvoll arrangierte „Mischung von Erlebnisbericht, Reflexion und Vergangenheitsbezügen", welche „ein eindringliches Bild sowohl von der Handlung selbst als auch der inneren Befindlichkeit der Tochter"[2] vermittelt und zugleich die Atemlosigkeit ihres Erzählstils begründet.
Als geeignetes Beispiel können hier die **essayistisch** anmutenden Ausführungen der Tochter über die Notwendigkeit des Zusammenhalts innerhalb der Familie (vgl. S. 29 f.) angeführt werden, welche insgesamt lediglich drei Sätze umfasst, von denen der mittlere aufgrund seiner Kürze und **Doppelbödigkeit** aus dem Rahmen fällt: „Ich finde Ergebenheit widerlich" (S. 29).

Übermittlungsfunktion

Darüber hinaus hat Vanderbekes Sprache die bedeutsame Aufgabe des Sichtbarmachens psychischer Vorgänge. Im Wesentlichen bedient sich die Autorin hierfür zum einen verschiedener Dinge, die sie leitmotivisch als **Symbol** und/oder **Chiffre** (vgl. Abschnitt 4.2, S. 79) gebraucht, um die intendierte Botschaft möglichst anschaulich zu übermitteln.
Zum anderen kreiert sie zahlreiche und vielfältige **Neologismen**, welche die aus Angst vor dem Vater bislang nicht offen geäußerte Einstellung der jeweiligen Figur zum Ausdruck bringen soll: Ähnlich wie mit dem „Verdi-Geschrammel" (S. 53) bzw. der „akustische[n] Wohnzimmerpest" (S. 55) äußert die Mutter auch im Hinblick auf den „altneuhochdeutsche[n] Wohnzimmerschrank" (S. 43) ihre Kritik am vermeintlich guten Geschmack ihres Mannes und ist somit „zum ersten Mal […] in ihrem Leben" (S. 55) dem Mann gegenüber aufsässig.

[1] Heizmann (2008), S. 71
[2] Heizmann (2008), S. 68

Die Dimension ihres Aufbegehrens wird durch den Umstand, dass der Schrank dem Vater als Instrument seiner Machtausübung dient (vgl. S. 42ff.), noch zusätzlich untermauert.
Der sich an diesem Abend vollziehende Sinneswandel der Mutter wird zudem an dem Gebrauch von **Aposiopesen** veranschaulicht, denn trotz des wiederholten Satz- bzw. Redeabbruchs dieser Figur gegen Ende der Erzählung („aber andererseits", S. 104 und S. 109), welcher syntaktisch nie vollendet wird und dessen Ergänzung dem Leser selbst überlassen bleibt, ist die Botschaft eindeutig: „Andererseits können wir drei sehr gut auf dich verzichten!", was sie durch schlüssiges Handeln untermauert, indem sie die Muscheln entsorgt und ihren Sohn auffordert, den Müll hinunterzutragen (vgl. S. 109f.).
In diesem Zusammenhang zeigt sich einmal mehr das feine Gespür der Tochter für Sprache, indem sie sich durch den Gebrauch des **Konjunktivs** von den brutalen Praktiken des Vaters bewusst distanziert und ihrem Peiniger offen den Kampf ansagt (vgl. S. 83f.), da nunmehr eine neue Zeitrechnung begonnen hat: So markiert das Erlangen ihrer Volljährigkeit einen Höhe- bzw. Wendepunkt im Leben der Ich-Erzählerin, deren Vater fortan nichts mehr gegen ihre vermeintliche „Verstocktheit und Gefühlskälte" (S. 81) unternehmen kann. Ausführlich und immer eindringlicher schildert sie ein geradezu sadistisches Gewaltszenario (**Klimax**), weshalb sie ihren Triumph, diese körperlichen Misshandlungen nicht länger hinnehmen zu müssen, erkennbar auskostet (vgl. S. 83). Dieser ist dem Sohn im Gegensatz zu seiner Schwester (noch) nicht vergönnt, weshalb seine Reaktion auf die väterlichen Bestrafungen im **Indikativ** erzählt wird (vgl. 83f.).

Gesellschaftspolitische Funktion

Vordergründig wird in Vanderbekes Erzählung die Geschichte einer Familie angedeutet, welche aus der DDR in den Westen flüchtet, um sich hier eine neue Existenz aufzubauen. Dass diese darüber hinaus eine politische (Tiefen-)Dimension aufweist (vgl. Abschnitt 3.2, S. 58ff.), wird vornehmlich an bestimmten Äußerungen der Ich-Erzählerin deutlich, zu denen sie sich veranlasst sieht:

> „Ich weiß nicht, wie alles gekommen wäre, wenn wir um sechs hätten essen können, ganz normal. Es ist überhaupt erstaunlich, was die Leute machen, wenn etwas nicht normal verläuft, eine kleine Verschiebung weg vom Normalen, und plötzlich ist alles anders, aber auch gleich alles, kaum ist durch irgendeinen Zufall etwas nicht so wie normal, laufen sie auseinander, wo sie vorher zusammengehalten haben, Mord und Totschlag gehen los, und sie würden sich gerne, am liebsten lebendig, die Köpfe abreißen, ungeheuerliche Gewalttaten und Gemetzel, die wüstesten Kriege entstehen daraus, dass aus purem Versehen einmal nicht alles normal ist, und so ist es ja schließlich im Großen und Ganzen gewesen an diesem Abend, auch wenn es erst später so kam" (S. 33).

Angesichts des augenscheinlich banalen Ereignisses, nämlich des möglicherweise ausfallenden Muschelessens, erscheint das hier beschriebene Szenario von „Mord und Totschlag" bis hin zu „wüstesten Kriegen" zunächst als starke Übertreibung (**Hyperbel**). Erst im weiteren Handlungsverlauf erschließt sich dem Leser allmählich diese zweite Erzählebene, wodurch der erste Eindruck rückwirkend wieder relativiert und die vorausdeutende Funktion dieser Textstelle deutlich wird.
Die veränderte Wahrnehmung bahnt sich bereits beim Bekanntwerden „der Petzerei der gesamten Familie" (S. 24) an, bei der Mutter, Tochter und Sohn einander bespitzeln und somit in ständiger Angst vor den Sanktionen des Vaters leben, und gipfelt in dem zu fortgeschrittener Stunde zunehmend gebrauchten Vokabular der **politisch-militärischen Sprache**. Exemplarisch sind hierfür insbesondere Begriffe wie „Kommando" (S. 106), „Gewalt" (S. 83) und „Tyrannei" (S. 64) anzuführen.

Dieser Jargon erinnert wiederum an die Verhältnisse in der SED-Diktatur, welche ausschließlich durch das weitreichende, ausgefeilte Spionage-System des Ministeriums für Staatssicherheit, dem nichts verborgen blieb, aufrechterhalten werden konnte.
In diesem Zusammenhang ist auch das Bedürfnis des Vaters nach „Ordnungschaffen" und dem damit verbundenen „Strafenfestsetzen" (S. 35) anzuführen, welches mit dem Bestreben der Parteiführung der SED verglichen werden kann, regimekritische und somit staatsfeindliche Äußerungen und/oder Handlungen im Keim zu ersticken. Vor dem Hinter-grund, dass freie Meinungsäußerungen in einem totalitären System generell nicht er-wünscht sind, bekommt auch der Hinweis der Tochter, in ihrer Familie gebe es eigentlich keine Missverständnisse und direkten Verbote (vgl. S. 102), eine besondere Bedeutung; denn diese sind angesichts der unmissverständlichen Drohungen des Vaters „wirklich überflüssig" (S. 103).

Um die Schülerinnen und Schüler auf die Besonderheiten von Vanderbekes Sprache und Schreibstil aufmerksam zu machen, werden zu diesem Zweck zunächst zwei geeignete Textstellen (vgl. **Arbeitsblatt 12**, S. 98) vorgegeben, auf deren Basis die Kursteilnehmer sprachanalytisch tätig werden sollen. Sofern eine Übersicht der für diesen Roman bedeutsamen Stilmittel benötigt wird, kann außerdem das **Zusatzmaterial 6**, S. 143, im Unterricht eingesetzt werden.
Da die an diesen Textstellen exemplarisch erarbeiteten Ergebnisse darüber hinaus durch weitere Beispiele aus dem gesamten Roman ergänzt werden sollen, bietet sich an dieser Stelle die Gruppenarbeit an.[1]

- *a) Ordnen Sie die angegebene Textstelle (Text 1) in den Handlungszusammenhang der Erzählung ein und analysieren Sie die Sprache des Vaters und der Mutter im Hinblick auf besondere Auffälligkeiten in*
  - *ihrer Wortwahl,*
  - *ihrer Syntax und/oder*
  - *ihrem Gebrauch rhetorischer Figuren (Stilmittel).*

  b) Verfahren Sie analog mit der Figur der Tochter (Texte 1 und 2).
- *Erläutern Sie mithilfe geeigneter Beispiele aus der gesamten Erzählung weitere sprachliche und stilistische Besonderheiten Vanderbekes.*
- *Ziehen Sie aus den Ergebnissen Ihrer Sprachanalyse Rückschlüsse auf die Funktion der Sprache in dieser Erzählung.*

Die Ergebnisse dieser Sprachanalyse könnten in sprachlich reduzierter Form wie folgt auf Wandplakaten bzw. auf Folienstreifen festgehalten werden:

[1] Der erste Arbeitsauftrag könnte dabei gegebenenfalls auch arbeitsteilig erteilt werden, indem sich ein Teil des Kurses mit der Sprache der Eltern beschäftigt, während sich die andere Hälfte der Sprache der Tochter widmet.

Wandplakate

Vanderbekes Sprache und Schreibstil

Vater
- Syntax: kurze, unmissverständliche Ausrufesätze (vgl. S. 84)
- rhetorische Figuren (Stilmittel)
  - Wiederholungen: „das lasse ich mir nicht bieten“ (S. 83 und S. 84)
  - Tautologien: „das lasse ich mir nicht bieten, das machen sie nicht mit mir, sie sollen mich kennenlernen“ (S. 84)

➡ floskel- bzw. phrasenhafte Sprache entlarvt den Vater als unglaubwürdig

Mutter
- Wortwahl
  schwache Ausflüchte ohne Gegenwehr: „ich tue doch, was ich kann, sei nicht so hart mit ihnen“ (S. 84)
- rhetorische Figuren (Stilmittel)
  - zunehmender Gebrauch von Neologismen, die Ablehnung ausdrücken: „altneuhochdeutscher Wohnzimmerschrank“ (S. 43), „Verdi-Geschrammel“ (S. 53), „akustische Wohnzimmerpest“ (S. 55)
  - Aposiopese am Ende des Abends als Ausdruck offenen Widerstandes: „aber andererseits“ (S. 104 und S. 109)

➡ die sich entwickelnde Sprache der Mutter spiegelt ihren Emanzipationsprozess

Tochter
- Wortwahl
  Jugendsprache zur Abgrenzung von der Welt der Erwachsenen (vgl. S. 24f., S. 29f. und S. 83f.)
- Syntax: langer, parataktischer Satzbau als Ausdruck ihrer Atemlosigkeit (vgl. S. 83 f.)
- rhetorische Figuren (Stilmittel)
  - Klimax zur Veranschaulichung der Gewalt des sadistisch veranlagten Vaters (vgl. S. 83)
  - Wiederaufnahme der Floskeln des Vaters und Umkehr ins Ironische: „wir haben meinen Vater viele Jahre lang sehr kennen gelernt“ (S. 84)
  - Konjunktiv zur Distanzierung von ihrem Vater und als Ausdruck offenen Widerstandes (vgl. S. 83)

➡ spielerischer und souveräner Umgang mit Sprache veranschaulichen die Intelligenz und Ebenbürtigkeit der Tochter ihrem Vater gegenüber

Sonstige sprachlich-stilistische Besonderheiten
- Hyperbel als Vorausdeutung der Ungeheuerlichkeit der folgenden Handlung: „Mord und Totschlag gehen los, […] die wüstesten Kriege entstehen“ (S. 33)
- politisch-militärische Sprache zur Verdeutlichung der politischen Dimension der erzählten Handlung: „Kommando“ (S. 106), „Gewalt“ (S. 83), „Tyrannei“ (S. 64) usw.

Ausgehend von der dritten Aufgabe (s. o.) kann im Unterrichtsgespräch ein Fazit formuliert werden, welches ebenfalls auf einem gesonderten Wandplakat festgehalten werden sollte:

Wandplakat

Fazit:
Vanderbekes Sprache erfüllt in der Erzählung mehrere Funktionen:
- Charakterisierung: individuelle Ausgestaltung der Figuren
- sozialpsychologische Funktion: Isolation des Einzelnen
- Übermittlung: Sichtbarmachen von psychischen Vorgängen
- gesellschaftspolitische Funktion: Unterdrückung im totalitären System

Die im Kurs zusammengetragenen Arbeitsergebnisse dieser Textanalyse sollen abschließend verschriftlicht werden, was als Hausaufgabe erfolgen kann. Diese Hausaufgabe dient einerseits der intensiven Nachbereitung, andererseits lernen die Schülerinnen und Schüler diese

Aufsatzart als einen wichtigen Bestandteil des Deutschunterrichts in der Oberstufe kennen, sofern dies noch nicht geschehen sein sollte.
Der Arbeitsauftrag für die Hausaufgabe könnte folgendermaßen formuliert werden:

- *Verfassen Sie auf der Grundlage der heutigen Ergebnisse eine Textanalyse. Nehmen Sie hierfür das Informationsblatt „Textanalyse unter besonderer Berücksichtigung der Sprache und des Stils“ zu Hilfe.*

4.4 Postmodernes Erzählen: Intertextuelle Bezüge in der Erzählung

Die 80er-Jahre sind „durch einen weitreichenden und immer schnelleren Wandel in allen Bereichen menschlicher Kultur“ gekennzeichnet, weshalb „ein neues, diffuses Lebensgefühl [...] durch den Verlust aller Bildungsideale und ein Unbehagen gegenüber dem technisch Machbaren“[1] entsteht. Diesem allgemeinen Wandel unterliegen unter anderem die epischen Gattungen, denn mit der „Parole ‚anything goes‘ wird eine Beliebigkeit ausgerufen, die alles Verbindliche zum Spiel werden lässt“[2] und zugleich den Beginn des sogenannten postmodernen Erzählens i. e. S. markiert.
Infolge dieses neuen Zeitgeistes betritt eine Generation von Schriftstellern den Buchmarkt, welche mit den bis dahin gültigen ästhetischen Normen der Moderne bricht.[3] Postmodernes Erzählen unterscheidet sich vom modernen im Wesentlichen in folgender Hinsicht:[4]

- Ausgewählte Elemente traditionellen Erzählens (Ich-Erzählung, auktoriales Erzählverhalten, eine kontinuierliche Handlung sowie ein sich entwickelnder Held) werden wiederaufgenommen.
- Die Montagetechnik der Moderne wird fortgeführt und weiterentwickelt, indem
  - mit Epochen, literarischen Gattungen gespielt wird (Form- und/oder Stilparodien),
  - unterschiedliche Sprachvarietäten Verwendung finden,
  - auf spezifische Epochen, Genres usw. und/oder auf andere, z. T. nicht-literarische Texte (ironisch-distanziert) angespielt wird (**Intertextualität**[5]).
- Das Ziel postmoderner Literatur ist die **Unterhaltung** eines möglichst großen Leserkreises, weshalb
  - bewusst an die Grenze zur Trivialliteratur gegangen, dabei allerdings ein hohes sprachlich-stilistisches Niveau gewahrt wird,
  - die Handlung sowohl komplex als auch spannend konstruiert wird,
  - individuelle Verhaltensweisen und politische Zustände zwar problematisiert werden, jedoch auf eine erkenntnisorientierte Interpretation der Welt sowie Appelle an den Leser bewusst verzichtet wird,
  - der Text insgesamt als Genre-Mix angelegt ist und somit unterschiedliche Lesarten ermöglicht (**Mehrfachcodierung**).
- Die Autoren schaffen absichtlich eine Distanz zum Inhalt ihres Werkes sowohl für sich selbst als auch für den Leser, indem

---

1 Raab/Oswald (1999), S. 30
2 Ebenda
3 Vgl. Raab/Oswald (1999), S. 30.
4 Vgl. Raab/Oswald (1999), S. 31 ff., sowie Migner (1970).
5 Als Intertextualität wird in der Literaturwissenschaft die Eigenschaft insbesondere literarischer Texte verstanden, sich auf andere zu beziehen. Dies bedeutet, dass der literarische Text in Wechsel- und Referenzbeziehung zu einer Vielzahl zugrunde liegender anderer, auch außerliterarischer Texte (Film, Kunst usw.) steht, indem er explizit und/oder implizit auf andere Texte verweist und somit ein enges Netz von textlichen Beziehungen ausbreitet. Das Verständnis intertextueller Bezüge in postmoderner Literatur setzt wiederum die Werkkenntnis der zitierten oder montierten Originaltexte und somit einen in vielen Bereichen (Literatur, Kunst, Geistes-, Geschichtswissenschaften usw.) belesenen Rezipienten voraus.

- die Handlung in die Vergangenheit verlegt wird und häufig zudem an entlegenen und/oder exotischen Schauplätzen stattfindet,
- der Held zwar facettenreich gezeichnet, eine Identifikation jedoch möglichst unterbunden wird (Anti-Held).

In einem <u>ersten Schritt</u> sollen sich die Schülerinnen und Schüler die strukturellen Merkmale postmodernen Erzählens einschließlich der spezifischen literaturwissenschaftlichen Fachbegriffe (Intertextualität, Mehrfachcodierung, Montagetechnik usw.) mithilfe des **Arbeitsblattes 13**, S. 99, erarbeiten, welches in Partnerarbeit oder aber als vorbereitende Hausaufgabe erfolgen kann.

- *Fassen Sie die wesentlichen Merkmale postmoderner Literatur zusammen.*
- *Überprüfen Sie, ob Birgit Vanderbekes Erzählung „Das Muschelessen" ein typisches Werk der Postmoderne ist. Gehen Sie in diesem Zusammenhang auch darauf ein, was an diesem Werk aus Ihrer Sicht neu oder andersartig ist.*

Die Ergebnisse dieser strukturellen Analyse können in sprachlich reduzierter Form an der Tafel festgehalten werden:

Strukturmerkmale postmodernen Erzählens

Inhalt

- *Thema*
  - Problematisierung individueller Verhaltensweisen und politischer Zustände (vgl. Z. 75 f.)
  - jedoch Verzicht auf „erkenntnisorientierte Weltinterpretation" (Z. 14 ff.) und Appell an den Leser (vgl. Z. 77 ff.)
- *Handlung*
  - komplex (vgl. Z. 33 f.)
  - spannend konstruiert (vgl. Z. 20 f.)
  - spielt häufig in der Vergangenheit sowie an entlegenen und/oder exotischen Orten (vgl. Z. 55 f.)
- *Held*
  - facettenreicher Charakter (vgl. Z. 30 ff.)
  - durchläuft (ganz traditionell) eine Entwicklung (vgl. Z. 60 f.)
  - Distanz des Lesers: Anti-Held erlaubt kaum eine Identifikation (vgl. Z. 64 f.)
- *Erzähler*
  - kaum greifbar (vgl. Z. 67 f.)
  - meist ironisch-distanziert und/oder parodistisch (vgl. Z. 69 f.)
  - weltanschaulich nicht festgelegt (vgl. Z. 71)
  - erlaubt keine Rückschlüsse auf den Autor (vgl. Z. 72 ff.)

Form

- *„anything goes"* (Z. 7): Spiel mit literarischen Gattungen, z. B. durch Form- und/oder Stilparodien (vgl. Z. 44 ff.)
- Intertextualität: Anspielungen auf bestimmte Epochen, andere (literarische) Texte usw. (vgl. Z. 35 ff.), z. B. mithilfe der Montage-Technik
- Mehrfachcodierung des Textes durch Mischung der Genres (vgl. Z. 17 ff.)

↓

Unterhaltungsliteratur, die mehrere Lesarten zulässt und somit die breite Masse anspricht
➜ „virtuoser Bestsellermix" (Z. 24)

Vanderbekes Erzählung „Das Muschelessen" enthält vornehmlich Zitate oder Referate, welche auf die Lebensbereiche der Literatur, Musik und Religion rekurrieren. In einem zweiten Schritt sollen exemplarisch die intertextuellen Bezüge zur **Literatur** aufgespürt und hinsichtlich ihrer Bedeutung und Funktion innerhalb der Erzählung analysiert werden:
Aufgrund ihres Berufes als Lehrerin ist die Mutter ohnehin belesen, jedoch hat sie, ebenso wie für die Musik, eine Vorliebe für die Weltliteratur, welche ihr Leben bereichert und aus der sie zudem Rückschlüsse auf ihre eigene Situation zieht (s. u.). Diese Neigung hat die Tochter von ihr offenbar geerbt, denn auch sie liest leidenschaftlich gern und viel – aus Angst vor dem Vater allerdings heimlich (vgl. S. 53).

Der erste intertextuelle Bezug wird in Vanderbekes Erzählung durch die namentliche Erwähnung von Theodor Storms Novelle „**Pole Poppenspäler**" (S. 63) hergestellt. Dabei handelt es sich wahrscheinlich um eine Schullektüre der Ich-Erzählerin, denn in den 60er- und 70er-Jahren war dieses Werk häufig auf dem Lehrplan der Sekundarstufe I zu finden.[1] In dieser Novelle treffen mit dem eher bieder geschilderten Bürgertum und dem durch fahrendes Volk repräsentierten, lebensbejahenden Künstlertum zwei gegensätzliche Welten aufeinander. Die in die Handlung eingebundene Liebesgeschichte zwischen der Tochter eines Puppenspielers und dem Sohn eines Bürgerlichen lässt „zwei Vaterfiguren erscheinen, die das Glück der beiden Liebenden durch Verständnis und Tatkraft fördern."[2] Die Tochter findet ganz offensichtlich großen Gefallen an dieser Geschichte (vgl. 63), da gerade ihr Bruder und sie ein solches Verständnis in der eigenen Familie vermissen, weshalb der Literatur in diesem Fall einmal mehr eine offenbarende Funktion zukommt, die zugleich eine Lebens- und Gefühlswelt ersetzt, welche der Ich-Erzählerin in der Realität versagt bleibt.

Die zweite Anspielung auf einen literarischen Text verweist auf den Bruder der Ich-Erzählerin, welcher in der „Familie als Christian Buddenbrook gegolten" (S. 99) hat. Dieses augenscheinlich negative Vorbild ist Thomas Manns Roman „**Die Buddenbrooks**" entnommen, der bezeichnenderweise den Untertitel „Verfall einer Familie" trägt. Dieser Verfall ist vordergründig auf den Umstand zurückzuführen, dass „der einzige männliche Nachkomme einer ehemals angesehenen und wohlhabenden Kaufmannsfamilie, der künstlerisch begabte, aber zarte Hanno", bereits früh verstirbt, „sodass das Geschäft keinen Nachfolger in der Familie findet"[3].
Im Verlauf der Handlung wird allerdings schnell deutlich, dass der Verfall dieser Familie in den Figuren selbst begründet ist, wie etwa das individuelle Schicksal Christian Buddenbrooks zeigt: Diesem kommt hier die „Rolle eines vielseitig begabten, aber für das kaufmännische Leben nicht geschaffenen Sonderlings [zu], der letztlich in einer Nervenheilanstalt landet. Sein besonderes Talent, andere Menschen nachzuahmen, zeigt sich schon sehr früh und führt auch recht bald bei den anderen, ernsthafteren Familienangehörigen zu der Einsicht, dass auch Christian wohl kaum ein nützliches Mitglied der Gesellschaft werden wird."[4]
Vor diesem Hintergrund muss dieser junge Mann scheitern, welcher sich immer aufs Neue mit dem hohen Anspruch konfrontiert sieht, eine ökonomisch messbare Leistung erbringen zu müssen, und dessen zunehmende „Überspanntheiten mit Besorgnis und Entsetzen statt mit liebevollem Verständnis"[5] erwidert werden.
Ebenso wie der Figur aus der referierten literarischen Vorlage ergeht es dem Sohn in dieser Erzählung, denn für den Vater steht fest, dass es mit dem ständigen Hin- und Herdrehen des Halses und dem Räuspern seines Sohnes während der Abonnementkonzerte, bei denen es ihm nicht erlaubt ist, den obersten Hemdknopf zu öffnen, „so [an]fängt [...] mit den Son-

1 Vgl. Heizmann (2008), S. 44.
2 Heizmann (2008), S. 44
3 Heizmann (2008), S. 44
4 Heizmann (2008), S. 44f.
5 Heizmann (2008), S. 45

derlichkeiten" (S. 99). Um das Ansehen der Familie in der Öffentlichkeit nicht zu gefährden, versucht er resolut, die Ticks seines Sohnes zu unterbinden, indem er kategorisch festlegt, dass es „keinen Christian Buddenbrook in der Familie" (S. 99) geben dürfe.
Mit diesem intertextuellen Bezug weist die Autorin zum einen auf die Möglichkeit hin, dass durch falsche Erziehung vielleicht ausgerechnet das eintritt, was der Vater um jeden Preis vermeiden will, nämlich einen Sonderling in der Familie zu haben; denn obwohl auch der Sohn selbst „kein Christian Buddenbrook [hat] sein wollen" (S. 99), wird durch die Ich-Erzählerin angedeutet, dass er just „von dem Augenblick an […] für alle Musik verloren gewesen" (S. 98, vgl. zudem S. 99) sei. Zum anderen kann der Leser erahnen, welche Spuren die zugefügten Qualen (vgl. S. 98) in der Psyche des Jungen hinterlassen haben.[1]

Die beiden wichtigsten intertextuellen Bezüge finden sich gegen Ende der Erzählung: Kurz vor dem Klingeln des Telefons um 21.45 Uhr unternimmt die Mutter einen letzten Versuch, zumindest vordergründig die Harmonie aufrechtzuerhalten und damit den Verfall der Familie zu verhindern, weshalb sie ihren „Lieblingssatz" (S. 103) aus Theodor Fontanes Roman **„Effi Briest"** zitiert: „Er hat viel Gutes in seiner Natur und ist so edel, wie jemand sein kann, der ohne rechte Liebe ist" (S. 103f.). Mit diesem Satz äußert sich die Heldin über ihren sehr viel älteren Ehemann, „der sie mit seiner Prinzipientreue, seiner Verständnis- und Herzlosigkeit zugrunde gerichtet hat, für den sie aber offensichtlich doch verzeihendes Verstehen aufzubringen versucht."[2] Dieser Versuchung droht auch die Mutter zu erliegen, „aber dann hat sie einen Moment gegrübelt, und ihr sind zum Glück wieder diese ekligen Muscheln ins Auge gefallen", wodurch sie sich schließlich wieder besinnt („aber andererseits", S. 104).

Der Anblick „diese[r] ekligen Muscheln" (S. 104) veranlasst sie außerdem dazu, ihre „überspannte[n] Gedanken", welche sie bislang immer für sich behalten und möglicherweise auch verdrängt hatte, nunmehr zuzugeben und offen zu äußern. Hierbei wird offenbar, dass die „Mutter schon immer ganz im geheimen **Medea** verehrt und bewundert" (S. 104) hat und den tief verborgenen Wunsch verspürt, „alle vergiften [zu wollen], und dann ist Ruhe" (S. 104).
Die Mutter spielt dabei auf eine Frauengestalt aus der griechischen Mythologie an, die der Sage zufolge alles unternimmt und dabei insbesondere auch dunkle Zauberkünste gebraucht, um ihrem Geliebten Jason zu der angestrebten Machtposition zu verhelfen. Als dieser Medea verlässt und sich aus politischen Gründen schließlich einer Jüngeren zuwendet, rächt sie sich auf grausame Weise an ihrem untreuen Ehemann, indem sie nicht nur die Nebenbuhlerin, sondern insbesondere auch ihre gemeinsamen Kinder ermordet.[3] Dieser mythologische Hintergrund ist auch der Tochter bekannt, welche zunächst sehr erschreckt über den Ausbruch ihrer Mutter ist; denn natürlich ist ihr bewusst, dass es sie und ihren Bruder „erwischt hätte, wenn meine Mutter es ernst gemeint hätte" (S. 104).
Bei näherer Betrachtung kommen die Kinder jedoch zu dem Schluss, dass sie es ihrer Mutter „nicht übelgenommen [hätten], dass sie uns alle vergiften wollte" (S. 105), die Ich-Erzählerin selbst ist sogar geradezu „erleichtert" (S. 104). Diese auf den ersten Blick überraschende Reaktion ist offensichtlich darin begründet, dass die Kinder die Abkehr der Mutter von Effi Briest als vermeintlichem Vorbild und der damit einhergehenden Hinwendung zu Medea als Zeichen dafür begreifen, dass diese ihr bisheriges und schon zwanghaftes Harmoniebedürfnis nunmehr überwunden zu haben und zum ewigen Verzeihen nicht länger bereit zu sein scheint (vgl. S. 105), wenngleich die Mutter diese Wendung zunächst noch als Schlechtigkeit und Verrat ihrerseits empfindet und somit das göttliche Strafgericht fürchtet (vgl. S. 105).

---

1 Vgl. Heizmann (2008), S. 46.
2 Heizmann (2008), S. 46
3 Vgl. Dommermuth-Gudrich (2005), S. 167.

Da es nach dieser Offenbarung jedoch letztlich kein Zurück mehr gibt, wird „Medea zur Chiffre für die von den Kindern ersehnte und von der Mutter bislang nur insgeheim gedachte, aber nie ausgesprochene Emanzipation"[1], welche wiederum die Voraussetzung dafür ist, gemeinsam Widerstand gegen den tyrannischen und bis dahin scheinbar übermächtigen Vater zu leisten.

Zur Analyse der Intertextualität dieser postmodernen Erzählung bietet sich die Unterrichtsmethode des Gruppenpuzzles an, bei der sich jede Expertengruppe einem der ausgewählten vier dargelegten intertextuellen Bezüge widmen soll. Den genauen Ablauf des Gruppenpuzzles können die Schülerinnen und Schüler dabei dem **Arbeitsblatt 14**, S. 100, entnehmen, kurze Inhaltsangaben zu den jeweiligen Werken hält das **Zusatzmaterial 7**, S. 145, bereit. Darüber hinaus kann die Vorgehensweise auch mithilfe einer Folie visualisiert werden (vgl. **Zusatzmaterial 8**, S. 150). Innerhalb der Expertengruppen sollte zudem ein Abgleich mit den entsprechenden Lösungshinweisen (vgl. **Arbeitsblatt 15**, S. 101) erfolgen, bevor sich die Schülerinnen und Schüler in die Mischgruppen begeben.[2]

- *Gr. 1: Theodor Storm: Pole Poppenspäler (1874)*
  Gr. 2: Thomas Mann: Die Buddenbrooks (1901)
  Gr. 3: Theodor Fontane: Effi Briest (1895)
  Gr. 4: Euripides: Medea (431 v. Chr.)
- *Diskutieren Sie in Ihrer Gruppe, welche Bedeutung die intertextuellen Bezüge haben.*

Je nachdem, wie viel Zeit für diesen Unterrichtsaspekt zur Verfügung steht, können weitere intertextuelle Bezüge zur Musik und Religion festgestellt und gedeutet werden.

Eine ähnliche Funktion wie die literarischen Bezüge haben auch die Anspielungen auf die **Musik**, indem die von der Autorin gezielt ausgewählten Kompositionen dem Leser einen tieferen Einblick in das Innere der jeweiligen Figur gewähren: So beansprucht der Vater auch in diesem Metier die Hoheit guten Geschmacks (vgl. S. 43) für sich, weshalb er seiner Familie sonntagvormittags nicht nur die Opern von **Giuseppe Verdi** zumutet, sondern überdies auch noch mitpfeift (vgl. S. 53f.).
Hierunter leidet insbesondere die Mutter, die sich von jeher der Musik verschrieben hat und dieses Fach ursprünglich sogar studieren wollte (vgl. S. 75), weshalb sie sich in die Küche flüchtet und lieber den Sonntagsbraten vorbereitet, um „dem abscheulichen Gefangenenchor" (S. 54) entgehen zu können. Den Kindern hingegen bleiben diese musikalischen Qualen nicht erspart, da sie „nicht aus dem Wohnzimmer gehen [dürfen], während die Platte" (S. 54) läuft.

Mit den der Romantik zuzuordnenden Liedern **Franz Schuberts**[3] hingegen, die sie am Klavier oder auf der Violine spielt (vgl. S. 27) und wobei sie ein ums andere Mal „Schubert-Tränen" (S. 97) vergießt, bevorzugt die Mutter eine ganz andere Musikrichtung als ihr Mann. Diese entspricht zum einen ihrem weichen, emotionalen Wesen sowie ihrem Bedürfnis nach Harmonie, welches sie auch aus „ihrer" Musik gewinnt (vgl. S. 96). Zum anderen ist dies ein Indiz für den sich anbahnenden Emanzipationsprozess der Mutter, welcher sich in ihren abwertenden Kommentaren wie etwa „Verdi-Geschrammel" (S. 53) und „akustische Wohnzimmerpest" (S. 55) ankündigt.

---

1 Heizmann (2008), S. 47
2 Alternativ zur Methode des Gruppenpuzzles können die einzelnen Aspekte sukzessive im Unterrichtsgespräch mithilfe der Leitfragen der einzelnen Gruppen erfragt werden. Die Ergebnisse des **Arbeitsblattes 15**, S. 101 können in diesem Fall auf Wandplakaten oder in sprachlich reduzierter Form an der Tafel festgehalten werden.
3 Der österreichische Komponist gilt als Begründer romantischer Musik im deutschsprachigen Raum.

Die zunehmende Abwehrhaltung der Mutter findet ihren ersten Höhepunkt, als ihr Mann ihr eröffnet, dass der Besuch der von ihr geliebten Abonnementkonzerte nach seiner Beförderung umgehend aufhören werde (vgl. S. 95), indem sie in ihrer Ehe augenscheinlich erstmals „aufsässig" wird mit ihrem Ausruf: „ich habe ja alles mitgemacht, aber irgendwo hört es auf" (S. 95).

Die Tochter, welche die musische Neigung ihrer Mutter teilt und sich ebenfalls „eine Zeitlang gewünscht [hatte], Klavier studieren zu können" (S. 52), hat sich bereits von ihrem Vater weitgehend abgelöst, was unter anderem auch in ihrem Musikgeschmack zum Ausdruck kommt; denn sie hört heimlich die äußerst moderne und überdies experimentelle **Zwölftonmusik** von Arnold Schönberg (vgl. S. 96). Dieses Genre fasziniert sie, da es hier gerade nicht auf „Stimmigkeit und Zusammenklingen" (S. 96) ankommt, sondern vielmehr auf mathematisch anmutende Strukturen, welche sie aufgrund ihrer naturwissenschaftlichen Begabung auch erkennt, weshalb sie am Ende ihrer musiktheoretischen Überlegungen zu dem Ergebnis gelangt, dass „Zwölftonmusik [...] totale Kontrolle" (S. 96) sei. Kontrolle – über ihre Gefühle und Gedanken – ist offenbar das, was sie dringend benötigt und möglicherweise verzweifelt gesucht und in dieser Musik endlich gefunden hat, um ihr Leben unter den gegebenen Bedingungen meistern und sich dem tyrannischen und gewalttätigen Vater gegenüber zur Wehr setzen zu können.[1]

Im Gegensatz zur Tochter ist der Sohn, welcher emotional seiner Mutter ähnelt und dem dominanten Vater folglich kaum etwas entgegenzusetzen hat, ungleich schlechter dran. Allerdings hat auch er ein Ventil gefunden, um seinem Kummer nach den Bestrafungen des Vaters Ausdruck zu verleihen. Immer wieder singt er dann Franz Wiedemanns anrührendes Volks- und Kinderlied **Hänschen klein** (vgl. S. 83f.), was ihm der Vater trotz aller Prügel nicht austreiben kann[2], und bringt auf diese Weise unbeholfen seine Sehnsucht nach Freiheit und Selbstbestimmung zum Ausdruck.[3]

Einen weiteren intertextuellen Bezug stellt die Autorin gegen Ende der Erzählung außerdem zur **Religion** her, indem die Tochter „mit ihrer aufsässigen Frage, warum denn Abonnementkonzerte aufhören sollten, die Familienrevolution an[stößt]" (vgl. Abschnitt 2.3, S. 33), denn etwas „ohne oder gar gegen den allgewaltigen Vater zu tun, ist bislang undenkbar gewesen."[4] Aus diesem Grund entfährt der Mutter auch der Ausruf, dass diese Vorstellung „Blasphemie" (S. 103) sei.
Durch diese Anspielung ist der Vater nicht mehr nur das Oberhaupt einer Familie, vielmehr wird er zum Gott stilisiert, der über das Schicksal der Menschen richten darf. Da jedoch die Strafe des Jüngsten Gerichts (vgl. S. 106) vorerst ausbleibt, gelangt der Bruder zur erlösenden Erkenntnis, dass der Vater „auch nur ein Mensch" (S. 103) sei, was bislang allerdings „noch nie in Betracht gezogen" (S. 103) worden ist. Der vermeintliche Gott der Familie erweist sich somit als normaler Sterblicher und wird als solcher in seiner ganzen schäbigen Anmaßung entlarvt.[5]
Als das Telefon „um dreiviertel zehn" (S. 106) plötzlich klingelt, scheint der zuvor gewährte Aufschub endgültig verwirkt, denn die Familie glaubt, dass „dieses Klingeln [...] das Ende der Welt eingeläutet" (S. 106) hat, weshalb alle „völlig erstarrt" und „kreideweiß" am Tisch sitzen und mit „aufgerissenen Augen" (S. 106) die göttliche Strafe erwarten. Doch obwohl die Angst vor dem übermächtigen Vater noch allzu präsent ist, ist eine Rückkehr des

---

1 Vgl. Heizmann (2008), S. 49.
2 Vgl. Heizmann (2008), S. 49f.
3 Die Funktion dieses intertextuellen Bezuges darzulegen, eignet sich gut für eine 90-minütige Klausur. Ein entsprechender Vorschlag sowie die Ergebnisse dieser Analyse befinden sich im **Zusatzmaterial 1**, S. 119.
4 Heizmann (2008), S. 42
5 Vgl. Heizmann (2008), S. 43.

nunmehr eingeschlagenen Weges unmöglich geworden, weshalb das hartnäckig klingelnde Telefon nach einem kurzen Moment des Wankens letztlich ignoriert wird (vgl. S. 108f.).

Mithilfe der folgenden Arbeitsaufträge, die entweder alternativ oder arbeitsteilig erteilt werden und in Einzelarbeit erfolgen sollten, kann die intensivere Auseinandersetzung der Kursteilnehmer mit diesem Untersuchungsaspekt angeregt werden:

- *Neben den Anspielungen auf die Literatur sind in der Erzählung zudem intertextuelle Bezüge zur Musik festzustellen.*
  Untersuchen Sie deren Bedeutung mithilfe der Seiten 27, 43, 52–55, 83 f. und 95ff.
- *Neben den Anspielungen auf die Literatur sind in der Erzählung zudem intertextuelle Bezüge zur Religion festzustellen.*
  Untersuchen Sie deren Bedeutung mithilfe der Seiten 103 und 106ff.

Notizen

Erzähltheorie I: Analyse der Erzähltechnik

Das Ziel der Erarbeitung ist es, die Erzähltechnik in Vanderbekes Erzählung „Das Muschelessen" zu analysieren. Aus diesem Grund ist es erforderlich, sich mit den erzähltheoretischen Kriterien

- Erzählform,
- Erzählperspektive und Erzählerstandort,
- Erzählverhalten,
- Erzählhaltung sowie
- Darbietungsformen

vertraut zu machen, derer sich die Literaturwissenschaft bedient (vgl. Zusatzmaterial 3). Da diese Begriffe abstrakt sind, ist es sinnvoll, diese zunächst exemplarisch auf ausgewählte Textstellen der Erzählung anzuwenden:

Mein Vater ist aus armen Verhältnissen, und da hat er schon gewusst, wie leicht man herunterkommt. […] Mein Vater hat den Armeleutegeruch nicht ertragen können, daher ist er auch immer sehr großzügig gewesen, später, und hat gigantische Trinkgelder gegeben, wenn er im Lokal bezahlt hat, das hat nämlich er immer gemacht, weil es sich so gehört, dass der Mann bezahlt […] (S. 32)

[…] es ist unser dauerndes, ihm das Leben verderbendes Dasein gewesen, das meinem Vater am Ende jegliches Verständnis ausgetrieben hat, wie er auch manchmal gesagt hat, ich wünschte, ihr wäret nicht auf der Welt, hat er einmal gesagt und erklärt, dass er zutiefst bereute, zuerst versehentlich mich und hernach planmäßig meinen Bruder gezeugt zu haben, […] sein Sohn ein vollständiger und kompletter Versager, was er darauf zurückgeführt hat, dass meine Mutter und unser Schulsystem meinen Bruder fortwährend aufs Verantwortungsloseste verhätschelt haben, während er meine Verstocktheit, das Uncharmante an mir, wie er gesagt hat, von Anfang an gleich nicht gerne gehabt hat, […] ich bin von so abstoßender Hässlichkeit bei meiner Geburt gewesen, dass meinen Vater mein Anblick gleich abgestoßen hat, […] die Haare sind nach ein paar Tagen ausgegangen, und danach habe ich ausgesehen wie alle anderen Säuglinge auch, da ist es aber zu spät gewesen, weil mein Vater bereits einen sehr ungünstigen Eindruck von mir gehabt hat, dieser Eindruck ist nicht mehr zu retten gewesen […]; man muss sich ja schämen für so einen Affenbalg, soll mein Vater gesagt haben und untröstlich gewesen sein, dass einem so schönen Menschen ein derartig hässliches Kind widerfahren muss, und tatsächlich ist das Uncharmante an mir, wie er häufig gesagt hat, von Tag zu Tag immer deutlicher hervorgetreten. (S. 68 ff.)

[…] wir haben natürlich gewusst, dass mein Vater aus armen Verhältnissen kam und sich nach oben empor hat kämpfen müssen, was er allein kraft seiner großen Begabung und Intelligenz geschafft hat, das macht ihm so leicht keiner nach, hat meine Mutter gesagt, die es leichter gehabt hat, weil sie nicht von ganz unten gekommen ist […], und sie hat die Hypotheken bezahlen müssen und ihren Brüdern das Studium, es sind beide Brüder von meiner Mutter Musiker geworden, wie sie es sich gewünscht hatten und meine Mutter es sich auch gewünscht hatte, aber meine Mutter ist dann doch schnell Lehrerin geworden, während mein Vater Naturwissenschaftler hat werden wollen und Mathematik studieren, wo er von ganz unten gekommen ist und unehelich gewesen ist in dem Dorf, […] (S. 75)

Aus: Birgit Vanderbeke: Das Muschelessen.

1. *Lesen Sie die den zweiten Abschnitt zur Erzähltheorie, der sich im Zusatzmaterial 3 befindet, und analysieren Sie exemplarisch die ausgewählten Textstellen mithilfe der dort angegebenen Kriterien.*
2. *Erläutern Sie anschließend die Wirkung der Erzähltechnik Vanderbekes auf den Leser.*
3. *Ziehen Sie aus Ihren Ergebnissen Rückschlüsse, wie die Ich-Erzählerin die Erlebnisse während ihrer Kindheit und Jugend insgesamt beurteilt.*

Erzähltheorie II: Die Muschel als Symbol

Schale der Jakobsmuschel

Muscheln werden volkstümlich oft nicht von Schneckenhäusern unterschieden; so wird oft von der Kaurimuschel gesprochen, obwohl es sich um das (als Zahlungsmittel verwendete) Gehäuse der Kaurischnecke handelt. Symbolkundlich steht bei der Muschel die Ideenverbindung zu Geburtsorganen (vgl. Perle) und der Vulva[1] im Vordergrund (lat. *concha* bedeutet beides); freilich waren in der Antike einzelne Muschelarten wohlbekannt (*Ostrea*: Auster; *Pecten*: Pilgermuschel, [Jakobsmuschel]; *Teredo*: Pfahlbohrmuschel u.a.).
Muscheln waren nach dem Ende der Eiszeit ein Hauptnahrungsmittel von Küstenbewohnern, wie mehrere Meter hohe Muschelabfallhaufen (dänisch *Kjökkenmöddinger*, spanisch *concheros*) aus dieser Epoche beweisen. In der altindischen Bilderwelt trägt Gott Vishnu eine Muschel, Symbol des Ozeans wie auch des ersten Lebenshauches und Urlautes. Die Geburt der Venus (Aphrodite) aus dem Meeresschaum wird bereits in pompejanischen[2] Fresken,[3] später von Botticelli in der Form dargestellt, dass die Göttin auf der Muschelschale steht, ebenso bei Tizian. Die Muschel als Wasserwesen verbindet die Sexualsymbolik mit dem Begriff von Zeugung und Fruchtbarkeit, was sie zum Attribut der Liebesgöttin macht. Die christliche Symbolik wollte davon nichts wissen, sondern betrachtete die Muschelschale als Bild des Grabes, das den Menschen nach dem Tod umschließt, ehe er auferstehen darf. Die Vorstellung der Befruchtung der als zweigeschlechtlich angesehenen Muscheln durch den Tau vom Himmel machte sie auch zum Mariensymbol[4] (vgl. Perle). Die Pilgermuschel (*Pecten pilgrimea*) war das Abzeichen von Wallfahrern und Attribut von Heiligen wie Jakobus d. Ä., span. *Santiago*, zu dessen Heiligtum in Santiago de Compostela viele Pilger zogen; ebenso von St. Sebaldus, Rochus, Koloman, aber auch des Erzengels Raphael als Begleiter des Tobias. Das mittelalterliche Tierbuch (*Bestiarium*) erwähnt, dass „die Natur nach göttlichem Gebot die Weichheit des Muschelfleisches mit festen Mauern gesichert hat, so dass es im Innern der Schalen wie in einem Schoß geborgen ist“ […]. Krebse, Symbole von verführerischen und ruchlosen Menschen, überwinden jedoch den Schutzwall, indem sie Steinchen zwischen die Schalen klemmen und die Muscheln auffressen.

Aus: Hans Biedermann: Lexikon der Symbole

1 Vulva = äußere, primäre Geschlechtsorgane weiblicher Säugetiere

2 Pompeji = antike Stadt am Golf von Neapel, die beim Ausbruch des Vesuvs 79 n. Chr. untergegangen ist

3 Freske (ital. al fresco = ins Frische) = Wand- oder Deckenbild; bei der Freskenmalerei werden die Farben auf den frischen Putz aufgetragen, wobei sie in einer chemischen Reaktion mit dem Putz verkieseln und sich so unlöslich mit dem Untergrund verbinden.

4 Mariensymbol (auch marianisches Symbol) = Sinnbild, das sich auf die Person der Jungfrau Maria bezieht

1. *Ergänzen Sie Ihre bisherigen Überlegungen zum Motiv der Muschel, indem Sie die unterschiedlichen Bedeutungsebenen zusammenfassen.*
2. *Untersuchen Sie mithilfe der folgenden Textstellen, welche Assoziationen die Muschel bei den Figuren der Erzählung hervorruft.*
   Vater und Mutter: S. 6, S. 8
   Tochter: S. 8, S. 13–17, S. 29, S. 41, S. 109f.

Erzähltheorie III: Sprachanalyse ausgewählter Textstellen

Im Folgenden werden Ihnen zwei Textstellen aus der Erzählung „Das Muschelessen" vorgegeben, die Sie sprachanalytisch untersuchen sollen:

Text 1

[…] schließlich hätte er sich aber nicht mehr zu helfen gewusst und meine Verstocktheit bestrafen müssen, weil keine Einsicht und keine Antwort gekommen wären, mein Vater hätte gesagt, das lasse ich mir nicht bieten, das machst du nicht mit mir, und er hätte noch einen Cognac getrunken und schließlich gesagt, nimm die Hand vom Gesicht, ich hätte schon nach dem zweiten Cognac die Hände vor mein Gesicht gelegt, mein Gesicht in den Händen versteckt, […] es hätte ihn sehr in Wut gebracht, dass ich die Hand vorm Gesicht nicht heruntergenommen hätte, das bringt mich in Rage, hat er eins ums andere Mals gesagt, ich lasse mir das nicht bieten, […] er hat mit Gewalt versucht, mir die Verstocktheit auszutreiben, wie er mit Gewalt versucht hat, meinem Bruder die Weichlichkeit auszutreiben, […] aber meine Verstocktheit wäre eine vollständige gewesen, erst später in meinem Zimmer, in das er mich eingesperrt hätte, wären die Wörter wiedergekommen, und es wären böse und rachsüchtige Wörter ohne Einsicht gewesen, die mir gekommen wären, mein Bruder, wenn er hinterher in sein Zimmer eingesperrt war, hat immer laut gesungen, immer hat er gesungen, immer dasselbe Lied, nämlich Hänschenklein, was meinen Vater erbittert hat, und oft hat er ihn dann nochmal reingeholt, aber mein Vater hat meinem Bruder das Hänschenklein nicht austreiben können, die Weichheit hat er ihm austreiben können, aber nicht das Hänschenklein, er hat meiner Mutter die schwersten Vorwürfe deshalb gemacht, meine Mutter hat gesagt, ich tue doch, was ich kann, sei nicht so hart mit ihnen, aber mein Vater hat gesagt, das lasse ich mir nicht bieten, das machen sie nicht mit mir, die sollen mich kennenlernen, wir haben meinen Vater viele Jahre lang sehr kennengelernt, nur hat er es nicht mehr machen können, als meine Großmutter starb, weil ich volljährig war […]. (S. 83 f.)

Text 2

Es ist uns allen die Schönheit dieser Schlüsse durch und durch fremd geblieben, er ist der Einzige in der Familie gewesen, der diese Schönheit empfunden hat, und an diesem Abend, als die Muscheln in ihrer Schüssel vor uns auf dem Tisch gestanden haben, ist es uns immer schleierhafter geworden, das Schönheitsproblem, aber die Mutter hat uns noch immer gemäßigt und gesagt, wir haben doch auch viel Freude zusammen, und hat uns erinnert, wie wir sonst immer Muscheln gegessen haben, schon die Vorbereitung zum Muschelessen, hat sie gesagt, ist doch immer ein großer Spaß, ist es nicht immer ein großer Spaß, aber dann ist sie nicht mehr so sicher gewesen, weil sie sich nicht viel aus Muscheln macht, und ich habe gesagt, ich jedenfalls esse nie wieder Muscheln, dieser Spaß ist vorbei, dabei ist es mir wieder über die Haut gelaufen, und die Haare an meinen Armen haben sich aufgestellt, wie ich die Muscheln in ihrer Schüssel gesehen habe und mir dabei wieder eingefallen ist, wie sie sich da im Topf geöffnet hatten, ihre Ergebenheit, dabei kann man natürlich nicht von Ergebenheit sprechen, das Öffnen und Schließen geht rein mechanisch, trotzdem ist mir Ergebenheit eingefallen. Ich finde Ergebenheit widerlich. Ich habe immer stark sein wollen und mutig, und ich habe dann probeweise gesagt, was ich schon oft gedacht habe, warum muss es eigentlich immer weitergehen in der Welt, kann das nicht aufhören, das Weitergehen, ich finde, dass es aufhören soll, und mein Bruder hat noch dazugefügt, besonders das Quälen, das Menschenquälen, meine Mutter hat pssst gemacht, weil sie Angst hatte, er könnte uns hören, dabei war er doch gar nicht da, aber so ist das bei uns gewesen, jeder hat gedacht, er weiß alles und hört alles und sieht alles, obwohl wir gewusst haben, dass das ja gar nicht geht, und wirklich hat er ziemlich viel herausgekriegt, weil jeder jeden verpetzt hat; die Mutter hat immer gesagt, wir müssen alle zusammenhalten, und das hat sie an dem Abend auch gesagt, denn wenn alle zusammenhalten, dann ist es eine richtige Familie […]. (S. 29 f.)

1. a) *Ordnen Sie die angegebene Textstelle (Text 1) in den Handlungszusammenhang der Erzählung ein und analysieren Sie die Sprache des Vaters und der Mutter im Hinblick auf besondere Auffälligkeiten in*
   - *ihrer Wortwahl,*
   - *ihrer Syntax und/oder*
   - *ihrem Gebrauch rhetorischer Figuren (Stilmittel).*

   b) *Verfahren Sie analog mit der Figur der Tochter (Texte 1 und 2).*

2. *Erläutern Sie mithilfe geeigneter Beispiele aus der gesamten Erzählung weitere sprachliche und stilistische Besonderheiten Vanderbekes.*

3. *Ziehen Sie aus den Ergebnissen Ihrer Sprachanalyse Rückschlüsse auf die Funktion der Sprache in dieser Erzählung.*

BS 4

Erzähltheorie IV: Postmodernes Erzählen

Die Achtzigerjahre des 20. Jahrhunderts sind gekennzeichnet durch einen weitreichenden und immer schnelleren Wandel in allen Bereichen menschlicher Kultur. [...] Es entsteht ein neues, diffuses Lebensgefühl, das gekennzeichnet ist durch den Verlust aller Bildungsideale und ein Unbehagen gegenüber dem technisch Machbaren. Mit der *Parole „anything goes"* wird eine Beliebigkeit ausgerufen, die alles Verbindliche zum Spiel werden lässt. Aus diesem Zeitgeist heraus, der mit dem umstrittenen Begriff „Postmoderne" etikettiert werden kann, tritt eine neue Generation von Schriftstellern auf den Buchmarkt, die mit den ästhetischen Normen der klassischen Moderne brechen. [...]

Diesen postmodernen Schriftstellern [...] geht es nicht mehr um eine erkenntnisorientierte Weltinterpretation oder die Problematisierung des herkömmlichen Geschichtenerzählens. Ihre Romane [...] lassen sich auf der Textoberfläche fast durchgängig als Unterhaltungsliteratur, bisweilen an der Grenze zum Trivialen, lesen. Ihr Stoff ist reizvoll, die Handlung spannend konstruiert und die sprachliche Darbietung voller Effekte. Sie bieten für jeden etwas: historische Belehrung, fantastische Geschichte, Sex and Crime im *virtuosen Bestsellermix*[1]*:* Sie sind die Autoren einer *Massenkultur.*

Trotzdem handelt es sich hierbei nicht um Trivialliteratur im eigentlichen Sinne. Von gehobener amerikanischer Trivialliteratur etwa, wie z. B. „Die Nebel von Avalon" (1982) von Marion Zimmer Bradley oder „Der Medicus" (1986) von Noah Gordon, unterscheiden sich die postmodernen Schriftsteller u. a. durch die weniger holzschnittartige Charakterisierung der Figuren, die größere Komplexität der Handlung und vor allem durch das höhere sprachlich-stilistische Niveau. Intelligent, belesen und geistreich streuen sie literarische, historische und geistesgeschichtliche Anspielungen in ihre Texte, um auch dem Belesenen etwas zu bieten. Diese Anspielungen bezeichnet man mit dem Begriff *Intertextualität,*[2] wenn sie auf andere, zum kulturellen (Bildungs-) Wissen gehörende Texte beziehbar sind.

Ein wichtiges Element dieser Literatur ist das Erzeugen von Spannung beim Leser; das gelingt häufig durch Anleihen beim Kriminalroman. Postmoderne Schriftsteller spielen mit literarischen Formen und Genres[3], wobei der *Unterhaltung als literarischem Wert* eine besondere Rolle zukommt. Wie postmoderne Architekten treiben sie geschickt ein Spiel mit den bekannten literarischen Mustern. Bewusst – und mit Erfolg – schreiben sie an der Grenze zwischen ernster und unterhaltender Literatur.

Die Handlung wird gern in *vergangene Zeiten* verlegt. Aber der Leser wird durch diese historische Perspektive nicht direkt zu einer bewussten Auseinandersetzung mit der eigenen Geschichte veranlasst. Die Handlung spielt häufig *an entlegenen, manchmal recht exotischen Orten.* Der Leser kann sich gemütlich zurücklehnen; mit seiner eigenen Welt haben diese Orte – zunächst einmal – nichts zu tun.

Der Held macht – ganz traditionell – eine Entwicklung durch. Anders aber als bei der Nabelschau und psychologisierenden Selbstverständigung, die die Lektüre vieler deutschsprachiger Texte der Siebzigerjahre so mühsam machte, kann der Leser diese Entwicklung aus einer *angenehmen Distanz* verfolgen. Er muss sich nicht unbedingt mit dem Helden identifizieren.

Der *postmoderne Erzähler* ist in den Texten *kaum mehr greifbar.* Er hat keinen ausgeprägten Charakter mit Stärken und Schwächen und Eigenheiten. Er ist zumeist ironisch-distanziert, liebt das Parodistische, das Übertreibende und ist weltanschaulich nicht festgelegt. Interpretierende Rückschlüsse vom Erzähler auf den Autor, so problematisch sie immer schon waren, sind nun kaum mehr möglich.

Das Erzählte problematisiert zwar durchaus individuelle Verhaltensweisen und politische Zustände. Der Erzähler drängt aber dem Leser *keine didaktisch-moralisierende Botschaft* auf. Der Roman als Instrument der Aufklärung ist tot, denn es gibt keine absolut zu setzenden moralischen Standpunkte mehr: „anything goes". Der postmoderne Schriftsteller verzichtet darauf, sich zum moralischen Gewissen seiner Leserschaft zu erklären. Diese Literatur hat, man mag es bejubeln oder beklagen, ihren Appellcharakter verloren. Die Frage „Was will der Autor uns damit sagen?" verfehlt die Intention dieser Schriftsteller.

Aus: Alexander Raab/Ellen Oswald: Patrick Süskind: Das Parfum. Inhalt, Hintergrund, Interpretation. mentor Lektüre Durchblick plus. München (mentor Verlag) 2010, S. 28–31

---

1 In der Literaturwissenschaft wird von der sogenannten Mehrfachcodierung eines Textes immer dann gesprochen, wenn dieser mehrere literarische Gattungen in sich vereint und auf diese Weise unterschiedliche Lesarten ermöglicht.

2 Als gängige Formen der Intertextualität gelten insbesondere das Zitat (wörtlich übernommene Stelle eines anderen Textes), die Collage bzw. Montage (Zusammenfügen von Textfragmenten zu einem neuen Text), die Parodie (komische bzw. satirische Nachahmung der literarischen Vorlage) sowie der Pastiche (Sonderform der Parodie, bei der das Komische bzw. Satirische völlig fehlt und die folglich von Hochachtung für das Original gekennzeichnet ist).

3 Genre = mehrdeutiger Begriff der (antiken) Literaturwissenschaft: Genre als Synonym für (Literatur-)Gattung bzw. als Bezeichnung für besonders stark typisierte, kommerziell ausgerichtete Trivialliteratur (z. B. Arztroman)

- *Fassen Sie die wesentlichen Merkmale postmoderner Literatur zusammen.*
- *Überprüfen Sie, ob Birgit Vanderbekes Erzählung „Das Muschelessen" ein typisches Werk der Postmoderne ist. Gehen Sie in diesem Zusammenhang auch darauf ein, was an diesem Werk aus Ihrer Sicht neu oder andersartig ist.*

Erzähltheorie V: Intertextuelle Bezüge in der Erzählung (Gruppenpuzzle)

Phase 1

Erschließen Sie sich die verschiedenen intertextuellen Bezüge in der Erzählung „Das Muschelessen" in arbeitsteiliger Gruppenarbeit (**Expertengruppen**). Wenn Sie fertig sind, erhalten Sie ein Lösungsblatt, sodass Sie Ihre Ergebnisse vergleichen und ggf. vervollständigen können.

Phase 2

Anschließend sollen Sie neue Gruppen bilden, in denen jeweils mindestens ein Vertreter jeder Expertengruppe sein muss (**Mischgruppen**). Hier sollen Sie Ihre Arbeitsergebnisse untereinander austauschen und sich gegenseitig erläutern, sodass am Ende dieses sogenannten **Gruppenpuzzles** jeder von Ihnen mit allen Teilaspekten vertraut ist. Diese lauten im Einzelnen wie folgt:

Expertengruppe 1:	Theodor Storm: Pole Poppenspäler (1874) S. 63
Expertengruppe 2:	Thomas Mann: Die Buddenbrooks (1901) S. 98f.
Expertengruppe 3:	Theodor Fontane: Effi Briest (1895) S. 103f.
Expertengruppe 4:	Euripides: Medea (431 v. Chr.) S. 104f.

Aufgabenstellungen für die Expertengruppen (Phase 1)

1. *Informieren Sie sich mithilfe Ihnen zugänglicher Quellen (Schulbibliothek, Internet usw.) über den Inhalt dieses Werkes.*
2. *Interpretieren Sie die angegebene Textstelle auf Grundlage dieser Hintergrundinformationen.*
3. *Halten Sie Ihre Arbeitsergebnisse auf Ihrem Teil des Auswertungsbogens (s. Anlage) fest.*
4. *Überlegen Sie, wie Sie Ihre Arbeitsergebnisse in den Mischgruppen strukturiert erklären können, sodass alle Kursteilnehmer diese verstehen. Machen Sie sich geeignete Notizen.*

Aufgabenstellungen für die Mischgruppen (Phase 2)

1. *Tauschen Sie Ihre Ergebnisse aus den verschiedenen Expertengruppen untereinander aus und erläutern sie diese entsprechend.*
2. *Vervollständigen Sie den Auswertungsbogen, indem Sie die Ergebnisse der anderen Expertengruppen übernehmen (s. Anlage).*
3. *Diskutieren Sie in Ihrer Gruppe, welche Bedeutung die intertextuellen Bezüge haben.*

Lösungs-/Kontrollbogen mit den Ergebnissen der Textanalyse

Intertextueller Bezug 1: Pole Poppenspäler (S. 63)

Inhalt der literarischen Vorlage:

- äußere Handlung: Ich-Erzähler berichtet von dem Kunstdrechsler und Mechanikus Paul Paulsen und seiner Frau Lisei, Tochter eines Puppenspielers
- innere Handlung:
  - Mit Paul Paulsen (Vertreter des Bürgertums) und Lisei (Vertreterin des Künstlertums) treffen zwei gegensätzliche Welten aufeinander.
  - Die sich entwickelnde Beziehung der beiden wird auf harte Bewährungsproben gestellt (Gesellschaftskonflikt).
  - Die Väter unterstützen das Glück der Liebenden durch ihr Verständnis und ihre Tatkraft.

Bezug zur Erzählung:

- Das Werk ist möglicherweise eine Schullektüre der Tochter.
- Sie findet sichtlich großen Gefallen an der Geschichte.

Die Literatur fungiert als Offenbarung und Ersatz einer Lebens- und Gefühlswelt, welche der Tochter in ihrer Familie versagt bleibt.

✂ -

Intertextueller Bezug 2: Die Buddenbrooks (S. 98 f.)

Inhalt der literarischen Vorlage:

- Darstellung des Lebens einer ehemals angesehenen und wohlhabenden Kaufmannsfamilie
- „Der Verfall einer Familie" als bezeichnender Untertitel
  - vordergründig: Der einzige männliche Nachkomme verstirbt früh, weshalb kein Nachfolger für das Geschäft zu finden ist.
  - tatsächlich: moralischer und/oder sittlicher Verfall der einzelnen Familienmitglieder
- Christian Buddenbrook
  - ist ein vielseitig begabter, für das Kaufmännische jedoch nicht geschaffener junger Mann.
  - gilt in seiner Familie als wenig nützliches Mitglied der Gesellschaft und Sonderling.
  - endet schließlich in einer Nervenheilanstalt.

Bezug zur Erzählung:

- Der Sohn wird von der Familie mit Christian Buddenbrook verglichen.
- Aus Rücksicht auf das Ansehen der Familie in der Öffentlichkeit verbittet es sich der Vater, einen Christian Buddenbrook in der Familie zu haben.
- Der Zwang, den obersten Hemdknopf während der Abonnementkonzerte schließen zu müssen, wird für den Sohn zur Qual und löst Ticks wie ständiges Hin- und Herdrehen des Halses und Räuspern aus.
- Der Sohn ist „von dem Augenblick an […] für alle Musik verloren gewesen" (S. 98).

Die falsche Erziehung bewirkt, dass genau die Fehlentwicklung eintritt, die der Vater um jeden Preis vermeiden wollte.

Intertextueller Bezug 3: Effi Briest (S. 103 f.)

Inhalt der literarischen Vorlage:

- Die noch sehr junge, unbekümmerte und lebensfrohe Effi wird mit dem viele Jahre älteren Baron von Innstetten verheiratet.
- Fortan fristet sie für viele Jahre ein einsames und ereignisloses Dasein in der Provinz Kessin, bis ihr Ehemann befördert und nach Berlin versetzt wird.
- Hier erfährt er zufällig von der eher aus Langeweile begonnenen und längst beendeten Affäre Effis mit Major Crampas zu Kessiner Zeiten, weshalb er sie aus Rücksicht auf die gesellschaftlichen Konventionen verstoßen muss.
- Mit seiner Prinzipientreue, Verständnis- und Herzlosigkeit richtet er Effi letztlich zugrunde.
- Kurz vor ihrem Tod kommt Effi mit sich selbst ins Reine und verzeiht ihrem ehemaligen Gatten.

Bezug zur Erzählung:

- Die Mutter zitiert ihren Lieblingssatz aus dem Roman: „Er hat viel Gutes in seiner Natur und ist so edel, wie jemand sein kann, der ohne rechte Liebe ist." (S. 103 f.)
- Die Mutter vergleicht ihre eigene Lebenssituation mit der Effi Briests und projiziert infolgedessen die Eigenschaften der zentralen Männerfigur auf ihren Ehemann.

Die Mutter nimmt sich die Milde und das Verständnis der literarischen Figur zum Vorbild für das eigene Denken und Handeln.

✂ -

Intertextueller Bezug 4: Medea (S. 104 f.)

Inhalt der literarischen Vorlage:

- Die Zauberin Medea verlässt ihre Heimat, um ihrem Geliebten Iason zu folgen.
- Sie unternimmt fortan alles, um ihm zu der angestrebten Machtposition zu verhelfen.
- Dieser verlässt Medea aus politischen Gründen schließlich, um eine Jüngere zu heiraten.
- Aus Rache an ihrem untreuen Ehemann ermordet sie nicht nur die Nebenbuhlerin, sondern insbesondere auch die gemeinsamen Kinder aus ihrer Ehe mit Iason.

Bezug zur Erzählung:

- Die Mutter bekennt sich offen zu ihrer tiefen Verehrung und Bewunderung dieser Frauengestalt.
- Sie offenbart ihre bislang geheimste „Phantasie […], alle vergiften [zu wollen], und dann ist Ruhe."
- Die Tochter ist zunächst sehr erschrocken, da ihr bewusst ist, dass es sie und ihren Bruder „erwischt hätte", bevor anschließend jedoch die Erleichterung überwiegt.

Medea als Vorbild ist ein Zeichen für den von den Kindern ersehnten und nunmehr vollzogenen Emanzipationsprozess der Mutter gegenüber ihrem Ehemann.

Baustein 5

Rezeption und Wirkung

Im Sommer 1990 tritt Birgit Vanderbeke im österreichischen Klagenfurt bei einem mehrtägigen Literaturwettbewerb an, um den Ingeborg-Bachmann-Preis zu gewinnen, welcher als eine der wichtigsten Auszeichnungen für junge Autoren deutschsprachiger Gegenwartsliteratur gilt. Vor der elfköpfigen Jury liest die Nachwuchsautorin Ausschnitte aus ihrer bis dahin unveröffentlichten Erzählung „Das Muschelessen".[1] Vanderbeke überzeugt die Jury schließlich und setzt sich in einer Stichwahl gegen ihre Konkurrenz durch, weshalb ihr zum Abschluss dieser in vierzehnter Auflage stattfindenden Veranstaltung der begehrte und mit 150.000,00 öS (ca. 21.000,00 EUR) dotierte Preis verliehen wird.
Der für viele überraschende Gewinn dieses bedeutenden Literaturpreises und die damit einhergehende Publizität haben sicherlich den späteren Erfolg der bis dahin unbekannten Autorin mitbegründet, wenngleich die Kritiken zwischen Bewunderung und großer Ablehnung schwanken.[2] Zentrale Themen, die dabei immer wieder kontrovers diskutiert werden, sind einerseits die Auseinandersetzung mit der Figur des Vaters sowie die – für einige offenbar gewöhnungsbedürftige – Sprache Vanderbekes. Die zeithistorischen Bezüge in der Erzählung (SED-Diktatur, Untergang der DDR) finden überraschenderweise weitestgehend keine Berücksichtigung.
Rückblickend ist aus heutiger Sicht jedoch festzustellen, dass Vanderbeke im deutschsprachigen Literaturbetrieb Anerkennung gefunden und ihr Prosadebüt Interesse nach weiteren Werken dieser Autorin geweckt hat. Dies belegt nicht nur der Erfolg ihrer Erzählung „Das Muschelessen", welche nach ihrer Veröffentlichung schnell zum Bestseller avanciert und allein als Taschenbuchausgabe 2009 bereits die 17. Auflage erreicht, sondern auch der 2006 erschienene Sammelband „Ich hatte ein bißchen Kraft drüber"[3], in welchem diverse Aufsätze, Rezension usw. zum Gesamtwerk Vanderbekes zusammengefasst sind.

Bevor zum Abschluss dieser Unterrichtsreihe die Wirkung der Erzählung auf die Schülerinnen und Schüler beleuchtet wird und diese sich ein eigenes Urteil bezüglich deren Qualität bilden (vgl. Abschnitt 5.3, S. 108), soll zunächst exemplarisch die Rezension Rolf Michaelis, Literaturkritiker für die Wochenzeitung „Die Zeit", zu Vanderbekes Erzählung „Das Muschelessen" ausführlich besprochen werden (vgl. Abschnitt 5.1.1, S. 104). Da die Autorin mit diesem Werk den Ingeborg-Bachmann-Preis 1990 gewinnen konnte (s. o.), soll den Kursteilnehmern zudem ein Auszug aus der Diskussion der Jury, welche letztlich die Grundlage für die im Anschluss zu fällende Entscheidung bildet, vorgelegt werden (vgl. Abschnitt 5.1.2, S. 105). Einen Exkurs stellt hingegen die Frage nach den autobiografischen Bezügen in der Erzählung sowie dem Selbstverständnis Vanderbekes als Autorin dar (vgl. Abschnitt 5.2, S. 106).

1 Auszug I: S. 10–17; Auszug II: S. 40–47; Auszug III: S. 52–63
2 Vgl. Wagner (2006), S. 197–210
3 Wagner (2006)

5.1 Zeitgenössische Kritik

5.1.1 Rezension von Rolf Michaelis aus „Die Zeit" vom 9. November 1990

Zur Einführung in die Wirkung der Erzählung auf zeitgenössische Literaturkritiker lesen die Schülerinnen und Schüler exemplarisch die auf dem **Arbeitsblatt 16**, (S. 110) abgedruckte Rezension von Rolf Michaelis, welche am 9. November 1990 in der Wochenzeitung „Die Zeit" unter dem Titel „Altneudeutsche Wörtersuppe" erschienen ist, und entnehmen die wesentlichen Aussagen dieses Textes. Zudem sollen sie zur Position des Rezensenten Stellung beziehen.

- *Lesen Sie Rolf Michaelis' Literaturkritik zur Erzählung „Das Muschelessen" vom 9. November 1990 und stellen Sie die aus Sicht des Rezensenten positiven und negativen Aspekte des Werkes tabellarisch gegenüber.*
- *Nehmen Sie kritisch zu der Position des Rezensenten Stellung.*

Die Ergebnisse können in sprachlich reduzierter Form an der Tafel gesammelt werden:

„Das Muschelessen": Rezension vom 9. November 1990 (Rolf Michaelis)

positive Kritik	**negative Kritik**
• Autorin: – gebildet und sprachlich versiert (vgl. Z. 37 f.)	• Erzähltechnik: – bestimmter Erzählstil wird einem Thema trivialer „Betroffenheits-Literatur" übergestülpt (vgl. Z. 45 ff.) – Muschel ausgerechnet als Sexual-Symbol erscheint wenig originell (vgl. Z. 84 f.) – Überfrachtung durch weitere Dingsymbole (Wohnzimmerschrank, Briefmarkensammlung usw.) (vgl. Z. 100 ff.) • Sprache: – „Sprach-Litaneien" bzw. „Wort-Schaum-Schlägerei[en]" sind ermüdend und schenken keine Einsicht in die Gestalten" oder „in den lesenden Mitarbeiter selber" (Z. 14 ff. und 34) – insgesamt misslungene Stilübung (vgl. Z. 123 ff.) • Handlung: – vorhersehbar (vgl. Z. 45 ff. und 65) – langweilig durch klischeehafte Figurenkonstellation (vgl. Z. 55 ff.) – weder psychologisch-einfühlende noch realistische Darstellung (vgl. Z. 4 ff.) – daher insgesamt unglaubwürdig (vgl. Z. 121 ff.), weshalb es schwerfällt, die Erzählung „als Geschichte eines – deutschen – Aufstandes gegen Unterdrückung zu verstehen" (Z. 124 ff.) • Figuren: – widersprüchliche Charakterzeichnung des Vaters (vgl. Z. 67 ff.)

↓

Debütantin adaptiert den Stil Thomas Bernhards, erreicht jedoch nicht dessen Qualität.
➜ „Verriss" der Erzählung Vanderbekes

Abschließend können die Kursteilnehmer untereinander diskutieren, welche Aussagen über Birgit Vanderbekes Erzählung „Das Muschelessen" sie nachvollziehen können. Unerheblich ist letztlich, ob und inwiefern dem Literaturkritiker zugestimmt wird. Entscheidend ist, dass die eigene Position fachlich fundiert begründet wird und die Argumentation in sich schlüssig ist.

5.1.2 Diskussion der Klagenfurter Jury anlässlich des Ingeborg-Bachmann-Preises 1990

Der hier angebotene Text (vgl. **Arbeitsblatt 17**, S. 112) kann alternativ oder aber ergänzend behandelt werden und soll das zuvor dargelegte und doch sehr einseitig-negative Bild relativieren, zumal Vanderbeke für ihr Prosadebüt in den Kritiken letztlich überwiegend gelobt wurde.

- *Fassen Sie die positiven und negativen Aspekte der Jury zu Vanderbekes Vortrag zusammen.*
- *Nehmen Sie kritisch zu den Positionen der Jury-Mitglieder Stellung.*

Die Ergebnisse können in sprachlich reduzierter Form an der Tafel gesammelt werden.

„Das Muschelessen": Diskussion der Klagenfurter Jury anlässlich des Ingeborg-Bachmann-Preises 1990

positive Kritik	negative Kritik
• Handlung: – weckt Interesse, mehr zu erfahren (vgl. Z. 2 ff.) – „Geschichte eines Aufstandes", wobei der Wein der „Moment der Freiheit" bzw. der „Französische[n] Revolution dieser Familie" (Z. 36 ff.) darstellt – „Bericht über eine ruinierte Kindheit" (Z. 56 f.) – Spannung zwischen der „Wunschangst", dass „der Tyrann tot" sein möge, und der Möglichkeit, dass er zurückkommen wird (vgl. Z. 69 ff.) • Erzähltechnik: – „außerordentlich gut gebaut" (Z. 7) – gelungene Komposition des Muschel-Motivs (vgl. Z. 100 ff.) – „Drive und […] volle[r] Ton der Erzählstimme" (Z. 19 f.) zu Beginn • Sprache: – „ganz eigene, sehr gute Sprache" (vgl. Z. 9 f.) der Autorin – „sehr schöne, gediegene, gut gearbeitete Sprache" (Z. 122 f.)	• Erzähltechnik: – Bruch in der Erzählung, nachdem das Muschel-Motiv hinreichend abgehandelt worden ist (vgl. Z. 23 ff.) – Atmosphäre des Moments und die Reflexion bzw. Deutung fallen dann auseinander (vgl. Z. 27 ff.) – „Aufstand, der in der zweiten Hälfte […] stattfindet, [wird] ohne psychologische Plausibilität ins Werk gesetzt" (Z. 59 ff.) – anfängliches Spiel mit dem rätselhaften Muschel-Motiv wird nicht konsequent bis zum Ende durchgehalten; Homogenität des Textes geht verloren (vgl. Z. 110 ff.) • Figuren: – fehlende Ambivalenz der Figur des Vaters (vgl. Z. 126 ff.), der eindeutig ein „Ekelpaket" (Z. 129) ist ➜ Argument wird durch Karasek widerlegt (vgl. Z. 134 ff.)

5.2 *Exkurs:* Autobiografische Bezüge in der Erzählung

Obgleich jedem Literaturanhänger und -kenner bewusst ist, dass Poesie und Wirklichkeit strikt voneinander zu trennen sind und jegliche Gleichsetzung von Dichtern und dessen Charakteren äußerst problematisch ist, stellt sich bei der Rezeption eines Werkes dennoch immer wieder die Frage nach dessen Verhältnis von Dichtung und Wahrheit. Auf Vanderbekes Erzählung bezogen hieße dies mit anderen Worten: Inwiefern hat die Autorin eine vergleichbare Kindheit und Jugend im Kreise ihrer Familie durchlebt wie die Figur der Tochter?

Hierzu äußert sich die Autorin wie folgt: „Eine Grunderfahrung geht aus meiner Biografie hervor: Meine Familie ist 1961, kurz vor dem Bau der Mauer, vom Osten in den Westen gegangen. Ich war praktisch von eben auf jetzt fremd. […] Ich bin lange ein Ostkind gewesen. So kam das ‚Muschelessen' in Gang. Ich habe es im August 1989 geschrieben, als ich mir klarmachte, dass all diese Leute, die vom Osten in den Westen kommen, ‚Ostmenschen' sein werden (das Wort ‚Ossi' gab es noch nicht). Das ist eine tiefgehende Erfahrung, die inzwischen der ganze Osten macht. Das Fremdsein ist mit Sicherheit häufig ein Schreibanlass, denn auch im Vertrautsein liegt eine große Fremdheit, die katastrophal werden oder die gemeistert werden kann."[1]

Ausgehend von ihren eigenen Adoleszenzerfahrungen zeichnet Vanderbeke demzufolge die Figur der Tochter, deren Charaktereigenschaften sowie familiäre Situation mehrere Parallelen aufweist: Vanderbeke, die sich das Lesen mit fünfeinhalb Jahren selbst beigebracht hat, stattet auch ihre literarische Figur mit Intelligenz und einem altersmäßig hohen Grad an Selbstständigkeit (vgl. S. 25 und S. 38f.) aus, welche überdies gerne und viel liest (vgl. S. 84f.). Ebenso wie die Autorin selbst ist auch die fiktive Familie 1961 kurz vor dem Bau der Berliner Mauer in den Westen gegangen und findet dort übergangsweise Zuflucht in einem Flüchtlingslager (vgl. S. 30).

Während Vanderbeke hier jedoch keine Kinder zum Spielen hat und somit für längere Zeit isoliert aufwächst, gibt es in der Erzählung, spätestens seit dem Einzug in eine eigene Wohnung, Kinder in der Nachbarschaft. Allerdings darf die Tochter nicht mit ihnen Raumschiff Orion spielen, da der Sonntag ausschließlich gemeinsamen Familienausflügen vorbehalten ist (vgl. S. 57ff.). Deren Isolation ist nicht lediglich in sachlichen Zwängen begründet, vielmehr ist die Ursache in der Dominanz des Vaters zu finden, wodurch der soziale Konflikt in der Erzählung zusätzlich verschärft wird.

Ihr Fremdsein im Westen konkretisiert Vanderbeke in der Figur der Tochter, indem sie mithilfe alltäglicher Begebenheiten wie etwa der väterlichen Unterweisung in das Sammeln von Briefmarken (vgl. S. 47) oder deren skeptischer Haltung einem ausschließlichen Leistungsstreben gegenüber (vgl. S. 79) die Anpassungsschwierigkeiten von „Ostmenschen"[2] an ein nunmehr gänzlich neues Leben veranschaulicht.

Die Funktion dieser autobiografischen Bezüge in ihrer Erzählung „Das Muschelessen" liegt somit auf der Hand, welche die Autorin zu folgender Formel zusammenfasst: „Wenn ich weiß, ein Stoff ist mir wichtig, stelle ich ihm Teile meiner Biografie zur Verfügung. Das ist wie ein Leihvorgang. Ich borge der Erzählung Teile meiner Biografie."[3]

Um die Schülerinnen und Schüler an das Problem der autobiografischen Bezüge der Erzählung heranzuführen, sollen sie sich in einem <u>ersten Schritt</u> mit Vanderbekes Leben und Werk im Allgemeinen auseinandersetzen. Hierfür sollen relevante Lebensstationen (vgl. **Zusatzmaterial 10**, S. 152) in Gruppen erarbeitet und in Form eines fiktiven Radiointerviews mit

---

1 Vanderbeke (1998), zitiert nach: www.medienbuero-niessen.de/91-0-Birgit-Vanderbeke-1998.html (Stand: 28.06.2010)

2 Ebenda

3 Ebenda

der Autorin präsentiert werden. Durch den Anreiz der produktionsorientierten Aufgabenstellung soll eine intensivere Auseinandersetzung mit der Biografie Vanderbekes erfolgen.
Die Kursteilnehmer werden in vier bis fünf Gruppen aufgeteilt, von denen jede ein etwa fünfminütiges Radiofeature produziert. Da Leben und Gesamtwerk dieser zeitgenössischen Autorin längst nicht abgeschlossen und somit nicht besonders umfangreich sind, muss hier eine arbeitsgleiche Vorgehensweise gewählt werden. Je nach Kursgröße sind dementsprechend etwa vier bis fünf Gruppen zu bilden, die sich mit den wichtigsten Stationen aus dem bisherigen Leben einschließlich des Gesamtwerkes Vanderbekes befassen.

- *Informieren Sie sich über das bisherige Leben und Werk Birgit Vanderbekes (Zusatzmaterial 10). Ergänzen Sie die vorliegenden Daten mithilfe anderer Ihnen zugänglicher Quellen (Schulbibliothek, Büchertisch, Internet usw.).*
- *Entwickeln Sie im Auftrag des Deutschlandradios Kultur (DRadio) ein etwa fünfminütiges Interview mit Birgit Vanderbeke, indem Sie*
  - *die Fragen des Moderators und die jeweiligen Antworten der Autorin zu den wichtigsten Stationen ihres Lebens einschließlich ihres Gesamtwerkes erarbeiten,*
  - *das Konzept der Sendung planen (zeitlicher Ablauf, Musik, Geräusche usw.),*
  - *festlegen, wer in dem Interview die Rolle des Moderators und des Gastes spielen wird, und*
  - *das Interview mithilfe eines geeigneten Aufnahmegerätes aufzeichnen.*[1]

In chronologischer Reihenfolge präsentieren die Gruppen nacheinander ihre Handlungsprodukte, wobei sich die Zuhörer während der Interviews stichwortartige Notizen bei eventuell auftretenden Verständnisschwierigkeiten machen. In der Reflexion soll schwerpunktmäßig auf die Fragen der Schülerinnen und Schüler eingegangen werden. Da die Gruppen arbeitsgleich vorgegangen sind, bietet es sich zudem an, die Zuhörer jeweils zu befragen, ob die dargebotenen Informationen ergänzt werden müssen und/oder bestimmte Teilaspekte entbehrlich sind.
Mit den nunmehr vorliegenden Handlungsprodukten ist die notwendige Basis gelegt, auf der vertiefend weitere Details aus der Biografie Birgit Vanderbekes erschlossen werden müssen.
Nach diesem Überblick über Birgit Vanderbeke als Person sollen in einem zweiten Schritt die individuellen Eigenarten und Lebenserfahrungen der Autorin, die teils originalgetreu, teils in abgewandelter Form in der Figur der Tochter verwirklicht wurden, in der Erzählung aufgespürt werden. Zu diesem Zweck bearbeiten die Schülerinnen und Schüler das **Arbeitsblatt 18**, S. 115, das folgende Arbeitsanweisungen bereithält:

- *Untersuchen Sie auf der Grundlage des vorliegenden Gesprächs das Verhältnis zwischen Dichtung und Wahrheit in der Erzählung „Das Muschelessen", indem Sie Gemeinsamkeiten und Unterschiede zwischen Birgit Vanderbeke und der Figur der Tochter herausstellen. Ergänzen Sie die vorliegenden Daten mithilfe anderer Ihnen zugänglicher Quellen (Schulbibliothek, Internet usw.).*
- *Erläutern Sie zudem die Funktion autobiografischer Bezüge aus Sicht der Autorin.*

[1] Alternativ kann hier auch die Methode des szenischen Spiels eingesetzt werden, indem die Schülerinnen und Schüler ihre Interviews vortragen. In jedem Falle sollte das Ergebnis in irgendeiner Form aufgezeichnet werden.

Die Ergebnisse können zu folgendem Tafelbild zusammengefasst werden:

**Verhältnis von Wirklichkeit und Poesie:
Autobiografische Bezüge in der Erzählung**

Birgit Vanderbeke	Tochter
• hat sich das Lesen mit fünfeinhalb selbst beigebracht (vgl. Z. 3 ff.)	• ist intelligent, für ihr Alter sehr selbstständig und liest gerne (vgl. S. 25, S. 38 f. und S. 84 f.)
• will bereits als Kind einen künstlerischen Beruf ergreifen und Schriftstellerin werden (vgl. Z. 3 f.)	• würde gerne Musik studieren, wenn ihr Vater einverstanden wäre (vgl. S. 52)
• hatte im Flüchtlingslager keine Kinder zum Spielen (vgl. Z. 7 f.)	• darf nicht mit den anderen Kindern Raumschiff Orion spielen (vgl. S. 57 ff.)
• 1961: Familie geht kurz vor dem Bau der Berliner Mauer in den Westen, wo sie sich als „Ostkind" über Jahre fremd fühlt (vgl. Z. 103 ff.) ➡ Isolation als Schreibanlass für „Das Muschelessen" (Schreiben als Therapie)	• hat nach dem Gang in den Westen ebenfalls Anpassungsschwierigkeiten: Briefmarkensammlung (vgl. S. 47), Leistungsorientierung (vgl. S. 79) usw.
• hält „Humor für eine erkenntnisfördernde Haltung" (vgl. Z. 98 f.)	• Reflexion der eigenen Lebenssituation und Erkenntnisgewinn durch Selbstironie (vgl. S. 30, S. 51 f., S. 58 f., 84 usw.)

↓

Birgit Vanderbeke ≠ Tochter
Zur Darstellung des Themas eines Werkes stellt die Autorin lediglich bestimmte Teile ihrer Biografie zur Verfügung (vgl. Z. 55 ff.).

➡ hier: Problem der Anpassung von „Ostmenschen" an ein neues Leben im Westen

5.3 Eigene Rezeption

Während bei den Schülerinnen und Schülern zu Beginn der Unterrichtsreihe eine ausschließlich emotional begründete Bewertung der Erzählung zu erwarten ist (vgl. Baustein 1), sind sie nach intensiver Behandlung des Werkes im Unterricht nun in der Lage, zu einer fachlich fundierten und somit objektiveren Einschätzung zu gelangen. Ein folgerichtiger und zugleich interessanter Abschluss dieser Unterrichtsreihe ist es daher, die Lernenden zu diesem späteren Zeitpunkt erneut über das Werk urteilen zu lassen.
Im Folgenden sollen dafür zwei alternative Vorgehensweisen vorgestellt werden, um die Schülerinnen und Schüler an die Reflexion der eigenen Rezeption sowie die literaturkritische Bewertung von Birgit Vanderbekes Prosadebüt mit „Das Muschelessen" heranzuführen:[1]

[1] Je nachdem, wie viel Zeit im Unterricht für diesen Baustein zur Verfügung steht, können auch beide Varianten miteinander kombiniert werden, indem z. B. zunächst ein Poetry Slam organisiert, anschließend die Rezension von Rolf Michaelis (vgl. **Arbeitsblatt 16**, S. 110 f.) besprochen und im letzten Schritt den Schülern das Verfassen einer eigenen Rezension als Hausaufgabe erteilt wird. Gegebenenfalls kann dieser produktive Schreibauftrag auch für eine Klausur genutzt werden.

Verfassen einer Rezension

Nachdem die Schülerinnen und Schüler exemplarisch bereits eine Rezension kennengelernt und bearbeitet haben (vgl. Abschnitt 5.1, S. 104), sind sie nun gefordert, selbst fachlich fundiert Literaturkritik zu üben. Entsprechende Hilfestellungen für diesen produktiven Schreibauftrag hält das **Arbeitsblatt 19** auf S. 116 bereit.

- *Verfassen Sie eine Rezension zu Birgit Vanderbekes Erzählung „Das Muschelessen".*

Abschließend können die Kursteilnehmer ihre Argumente mit denen des Rezensenten Rolf Michaelis vergleichen und gegebenenfalls erneut darüber diskutieren, welchen Aussagen über das Werk sie zustimmen bzw. nicht zustimmen können.

Einen Poetry Slam organisieren

Im Rahmen eines Poetry Slams sollen sie ihre Gedanken zur Erzählung „Das Muschelessen" äußern, die sie während der Unterrichtsreihe beschäftigt haben. Hierfür verfassen sie eigene Slam-Texte in ihrer eigenen Sprache, die sie anschließend auf die (Theater-)Bühne bringen. Die einzelnen Kunstwerke werden gegenseitig beurteilt, der Sieger der „Dichterschlacht" wird bekanntgegeben und geehrt.[1] Letzteres soll zugleich die Motivation der Lernenden fördern, sich nochmals intensiv mit Vanderbekes Erzählung auseinanderzusetzen.

Je nachdem, wie viel Raum der Poetry Slam einnehmen soll, ist es sinnvoll, die Schülerinnen und Schüler an der Planung zu beteiligen, indem entsprechende Teams gebildet werden, die für bestimmte Bereiche (Ablauf, Räumlichkeiten, Musik usw.) zuständig sind. Eine Checkliste für die Organisation dieses Wettstreites ist dem **Zusatzmaterial 10**, S. 152, zu entnehmen, während entsprechende Hilfestellungen für den eigentlichen produktiven Schreibauftrag das **Arbeitsblatt 20**, S. 119 bereithält.

- *Verfassen Sie Ihren Slam-Text zu Birgit Vanderbekes Erzählung „Das Muschelessen" und lernen Sie diesen möglichst auswendig. Planen Sie zudem Ihre Live-Performance einschließlich der Begrüßung des Publikums und des Bühnenabganges.*

Idealtypischerweise sollten die Kursteilnehmer die Kriterien für die spätere Bewertung ihrer Live-Auftritte gemeinsam festlegen. Sofern dies aus zeitlichen und/oder organisatorischen Gründen nicht erfolgen kann, enthält das **Zusatzmaterial 11**, S. 153) einen möglichen Vorschlag zur Bewertung der jeweiligen Performance.
Die Beurteilung wiederum schafft vielfältige Anlässe für eine Anschlusskommunikation über die persönliche Einschätzung des besprochenen Films, etwaige Schwierigkeiten bei der schauspielerischen Umsetzung des Slam-Textes usw. Gleichzeitig stellt auch die Bewertung der Darbietungen der „Slammer" eine Einführung in den Bereich der Literaturkritik dar.

---

1 Nähere Informationen zum Poetry Slam sind im Internet unter www.arte.tv/de/Kultur-entdecken/Poetry-Slam/Poetry-Slam-von--A-Z-/1773528,CmC=1763232.html (Stand: 23.08.2010) zu finden.

Zeitgenössische Kritik I

Altneudeutsche Wörtersuppe

Wenn im ersten (über sieben Zeilen ausgespannten) Satz die Stabreim-Wörter[1] „Zeichen"/„Zufall" und der Nebensatz: „wie wir hinterher manchmal gesagt haben" gleich zweimal erscheinen, ist klar, dass nicht psychologisch einfühlend, schon gar nicht realistisch erzählt wird.

Bei ihrem Debüt schielt die 1956 in Dahme (damals DDR) geborene Erzählerin, die Jura und Romanistik studiert hat und seit 1963 in Frankfurt am Main lebt, nach dem seine Sprach-Mühle bis in den Wahnsinn höherer Erkenntnis treibenden Thomas Bernhard.[2] Birgit Vanderbekes immer wieder verrührte Silben, Wörter, Halbsätze bekommen nie Flügel. Ihre Wortwiederholungen, ihre Sprach-Litaneien schenken keine Einsicht in die Gestalten – schon gar nicht, wie bei Bernhard, in den lesenden Mitarbeiter selber. Hier verdicken sich immer wieder nachgestopfte Wörter zu einem Sprach-Eintopf. Das 110-Seiten-Werk eines Erzähl-Debüts entsinkt den Händen, als hätte man einen 1000-Seiten-Roman durchgeackert.

Was bei Thomas Bernhard im 1986 in Salzburg uraufgeführten Sprechstück *Ritter, Dene, Voss* die „Brandteigkrapfen", sind bei Birgit Vanderbeke die Muscheln: Leib- und Magen-Speise, mit der Insassen des Familien-Gefängnisses ihre Mithäftlinge foltern. Bei Bernhard spuckt Ludwig die ihm aufgenötigte Leckerei wieder aus. Bei Vanderbeke landen die Muscheln im Müll.

Bernhard konnte gar nicht anders, als seine Personen [...] ihre Daseinswut, ihren Lebensekel in rauschhaften Tiraden aussingen zu lassen. Birgit Vanderbeke könnte ihre Abrechnung mit dem Vater (dem Mann?) auch ganz anders erzählen. Die Erschöpfung des Lesers rührt daher, dass er nach etwa zweieinhalb Seiten alles weiß, aber die Wort-Schaum-Schlägerei der gebildeten, sprachlich versierten Autorin noch gute 100 Seiten erleiden muss.

Bei Bernhard weiß der Leser nie, wer wirklich verrückt ist: der Autor, der Ich-Erzähler – der Leser selber? Im wilden Kreiseln der verschlungenen Sätze gelingt es Thomas Bernhard, eine neue, eine andere Welt zu erschaffen, die ein Spiegel unseres im Wahn befangenen Daseins, des unter Lügen erstickten Lebens ist. Bei Vanderbeke merkt der Leser rasch: Hier wird ein Erzähl-Stil der hintereinandergereihten Sätze, der Wort-Wiederholungen, der parataktischen[3] Parade-Kolonnen einem Thema übergestülpt, das der Leser aus der „Betroffenheits"-Literatur, der autobiografischen Weinerlichkeit, der Familien-Beichte und späteren Väter-Rache kennt.

Bei Bernhard geraten alle Personen in den Sog des Bösen, in den Taumel eines gnadenlosen Untergangs. Bei Vanderbeke hält eine Familie von eigentlich netten, harmoniesüchtigen Menschen (Ehefrau/Mutter, Tochter, Sohn) Gericht über den zufällig abwesenden Mann/Vater, der gerade wegen seiner bis ins Sportlich-Nebensächliche ausstrahlenden Tüchtigkeit zum gehassten Familien-Tyrannen wird. Brav dreht die Autorin die Klischee-Mühle vom bösen, schwarzen Mann und Vater, von der tapfer strahlenden Mutter und den lieben Kindern, die aufsässig nur werden, weil sie sich der Übermacht des Patriarchen erwehren müssen. Bei so schematischen Vorgaben sind alle Ereignisse vorherzusehen: Die Erzählung verödet.

So wird der Vater weniger zum allwissenden Gott stilisiert als zum familiären Geheimdienst-Chef, der totale Information, also Kontrolle hat: „Jeder hat gedacht, er weiß alles und hört alles und sieht alles." Dass der Vater/Mann keineswegs auch alles *kann*, dass er zu blöd ist zum Schmuggeln von Bananen durch die Grenzkontrollen der DDR, dass er beim Spekulieren mit japanischen Aktien „unser gesamtes Geld mehrfach [...] verloren" hat (bei einem Angestellten ohne Finanz-Reserven wenig glaubhaft) – dies macht ihn nun nicht etwa ein bisschen menschlich, sondern vollends zur Fratze.

Natürlich „hat er auch alle niedrige Arbeit verabscheut und tief verachtet". Weshalb stellt er sich dann aber hin und putzt mit der sonst auf den Status einer Putzfrau reduzierten Ehefrau „eine gute Stunde lang" Muscheln über der Badewanne?

Nicht eben originell setzt Birgit Vanderbeke die Muschel als Sexual-Symbol in ihre Erzählung. Da „schallt eine gute Stunde lang das Lachen von meinem Vater und ein Quietschen von meiner Mutter aus dem

[1] Stabreim = deutsche Bezeichnung für Alliteration; rhetorische Figur, bei der ein sprachlicher Ausdruck durch gleiche Anlaute der einzelnen Wörter besonders hervorgehoben werden soll (z. B. „Milch macht müde Männer munter.")

[2] Der Österreicher Thomas Bernhard (1931–1989) zählt zu den bedeutendsten deutschsprachigen Autoren der zweiten Hälfte des 20. Jahrhunderts. Viele Romane und Erzählungen bestehen überwiegend aus Monologen des Ich-Erzählers und seinem fiktiven, (beinahe) stummen Zuhörer. Ein besonderes stilistisches Merkmal ist dabei die Technik des Steigerns bzw. Sich-Hineinsteigerns in fixe Ideen durch kunstvoll inszenierte Wiederholungen.

[3] Parataxe = einfache Aneinanderreihung von selbstständigen Hauptsätzen, Wortgruppen oder Wörtern

Badezimmer", aus dem „sie beide mit hochroten Händen herauskommen". Dann sei ihnen „etwas schamig zumute gewesen". Eine Erzählerin ließe es bei solchen Andeutungen bewenden. Die Literaturwissenschaftlerin, die hier erzählt, vertraut nicht ihrer Kraft zur Erfindung, sondern schiebt den Kommentar nach, der das Werk beschwert: Ein Onkel, „zu dem sie ihre verspätete Hochzeitsreise gemacht hatten, hatte ein Muschelessen für sie gekocht [...] und dann haben sie daran auch eine gewisse Anzüglichkeit entdeckt, etwas Frivoles, und immer geschäkert, wenn es Muscheln gab".

Die Muscheln und das gescheiterte Muschelessen, das der Titel beschwört: wären sie nicht Thema und Symbol genug für eine kleine Erzählung? Birgit Vanderbeke schwemmt die Geschichte auf – und zerstört so die zentrale Metapher. Umständlich wird der „Wohnzimmerschrank" in seinem „neudeutschen Altdeutsch" als weiteres Ding-Symbol ins Blickfeld gerückt, auch die „Briefmarkensammlung", die natürlich so „vollständig" sein muss wie der *Spiegel* oder „der Ziegler, ein zwanzigbändiges Geschichtslexikon".

Zwischen der Erzählerin („Ich bin logisch und denke") und dem Vater, der „logisch abstrakt" war, hätte es keine Beziehung geben können? In diesem denunziatorischen[1] Buch verrät die Erzählerin auch ihr anderes, das erzählende Ich, die skeptische, rational argumentierende Frau. Als am Vater gemäkelt wird und das Wort für Gotteslästerung, „Blasphemie", herhalten muss, „wundert" sich das kluge Vaterkind, „dass nicht sofort ein Blitz aus dem Himmel gekommen ist und mich erschlagen hat".

Nach psychologischer oder erzählerisch-realistischer Glaubwürdigkeit zu fahnden verbietet sich indes bei einem Text, der sich als – bemühte – Stilübung versteht und darbietet. So schwinden die Chancen, die Erzählung auch als Geschichte eines – deutschen – Aufstandes gegen Unterdrückung zu verstehen, wenn – weniger sprachverliebt als wortschäkernd – ein „altneuhochdeutscher Wohnzimmerschrank" erfunden oder berichtet wird: „*Wochen*lang sind wir am *Wochen*ende mucksmäuschenstill gewesen", wenn (bewusst „falsch" formulierend) gesagt wird: „Ich habe den ganzen Tag Stunden gegeben", wenn dem Kalauer[2] nicht ausgewichen wird, die Mutter sei gefragt worden, „ob sie den Martini trocken will, und sie hat gesagt, ich kenne Martini eigentlich eher nass", oder die Banalität gewagt wird: „Eine Nierenbeckenentzündung ist aber kein Abonnementkonzert."

Rolf Michaelis: Altneudeutsche Wörtersuppe, DIE ZEIT vom 9.11.1990

---

1 denunzieren = aus niedrigen Beweggründen anschwärzen

2 Kalauer = einfaches, wenig originelles Wortspiel; schlechter Witz

1. *Lesen Sie Rolf Michaelis' Literaturkritik zur Erzählung „Das Muschelessen" vom 9. November 1990 und stellen Sie die aus Sicht des Rezensenten positiven und negativen Aspekte des Werkes tabellarisch gegenüber.*

2. *Nehmen Sie kritisch zu der Position des Rezensenten Stellung.*

Zeitgenössische Kritik II

Im Sommer 1990 tritt Birgit Vanderbeke im österreichischen Klagenfurt bei einem mehrtägigen Literaturwettbewerb an, um den Ingeborg-Bachmann-Preis zu gewinnen, welcher als eine der wichtigsten Auszeichnungen für junge Autoren deutschsprachiger Gegenwartsliteratur gilt. Vor der elfköpfigen Jury liest die Nachwuchsautorin Ausschnitte aus ihrer bis dahin unveröffentlichten Erzählung „Das Muschelessen".[1] Vanderbeke überzeugt die Jury schließlich und setzt sich in einer Stichwahl gegen ihre Konkurrenz durch, weshalb ihr zum Abschluss dieser zum vierzehnten Mal stattfindenden Veranstaltung der begehrte und mit 150 000,00 ATS[2] (ca. 21 000,00 EUR) dotierte Preis verliehen wird.

Auszüge aus den Diskussionen der Jury

Helga Schubert:
Es ist schade, in diesem Fall wirklich, dass wir die Begrenzung von 30 Minuten haben, die hätte ich gerne im Ganzen gehört die Geschichte, weil mich hier natürlich wirklich interessiert, was Sie weggelassen haben. [...] Denn, was Sie uns hier vorgelesen haben, ist außerordentlich gut gebaut. Ich habe nur beim ersten Satz einen Schreck gekriegt, weil es so nach Christa Wolf[3] klang. [...] Sie haben eine ganz eigene sehr gute Sprache. Ich habe das sehr gut gefunden, dass Sie diese Komposition gemacht haben mit den Muscheln, die ja schließlich tot sind. Und die Leute in der Familie sind ja auch solche Muscheln, die sich öffnen und vor dem Vater doch irgendwie, auf irgendeine Weise verschließen. Ich finde die Geschichte sehr gut.

Andreas Isenschmid:
Es ist eine Geschichte, die mir am Anfang sehr gut gefallen hat, weil ich den Drive und den vollen Ton dieser Erzählstimme sehr mochte. Ich finde, es geht sehr schnell. Die Stimme versteht es, Details zu nennen, und die Details einzubauen in die Befindlichkeit der Erzählung und in die Stimmung. Im Moment aber, wo das Muschelmotiv ausgekocht ist, hat die Geschichte mich verloren. Und ich glaube, das liegt daran, dass die Geschichte ihre Balance dann missachtet. Am Anfang war für mich die Stimmung so stark, weil die Reflexion, die Erinnerung, die Deutung verwoben war mit der Atmosphäre dieses Moments, des Wartens auf den Vater. In der 2. Hälfte, wo an sich dieser Rahmen immer noch da ist, nun ist die Spätlese eher an die Stelle der Muscheln getreten, verlieren das, was erzählt ist, und die Atmosphäre des Rahmens den Kontakt miteinander. [...]

Hellmuth Karasek:
Ganz im Gegenteil, muss ich da nur sagen. Es ist die Geschichte eines Aufstandes. Ein Aufstand, in den die Mutter miteinbezogen ist. Der Rest der Familie erhebt sich gegen die Autorität. Dieser Aufstand wird ausgelöst durch ein Moment, nämlich durch das Geräusch der Muscheln. In diesem Moment beginnen die alle nachzudenken, und die Unheimlichkeit richtet sich jetzt nicht nur nach außen, sondern richtet sich nach innen, in die Familie. Und da sie warten müssen, entkorken sie dann den Wein. Und der Wein ist der Moment der Freiheit, wenn Sie so wollen, die Französische Revolution dieser Familie, indem sie das ergreifen, was der Vater immer selbst bestimmen konnte. Und in diesem Moment erkennen sie das ganze Bild der Familie, wie es immer abgelaufen ist [...], wie die Fürsorge des Vaters eine totale Tyrannei war. Und wir erkennen, dass das System des Vaters in Wahrheit ein völliger Schwachsinn ist, weil er die Leute dazu abrichtet, keine frische Luft zu bekommen, kein Vergnügen zu haben usw. Ich finde das eine gelungene Erzählung über den Aufstand in einer Familie, und damit ein Bericht über eine ruinierte Kindheit.

Andreas Isenschmid:
Ich finde das alles ganz präzise beschrieben. Ich glaube nur, dass dieser Aufstand, der in der zweiten Hälfte dann stattfindet, ohne psychologische Plausibilität ins Werk gesetzt wird. Ich glaube nicht, dass ein so tief in der Familie verankerter Tyrann sich durch ein Tröpfchen Wein und dann noch unter der Stimmung der Angst dermaßen schnell in ein klares Bild dessen, worunter man leidet, verwandeln kann. Das ist mein Zweifel.

Hellmuth Karasek:
Die Hoffnung, dass der Tyrann tot ist, das ist ja das Schöne an der Erzählung. Das ist so eine Wunschangst, der Papa ist auf der Autobahn verunglückt. Dann sagen sie: O Gott, er könnte auch nur im Krankenhaus sein.

1 Auszug I: S. 10–17; Auszug II: S. 40–47; Auszug III: S. 52–63

2 ATS = offizielle Abkürzung für den österreichischen Schilling

3 Die ostdeutsche Schriftstellerin Christa Wolf (geb. 1929) war mehrere Jahre Vorstandsmitglied des Schriftstellerverbands der DDR, aus welchem sie nach Unterzeichnung eines Protestbriefes gegen die Ausbürgerung eines Kollegen ausgeschlossen wurde; ihre Werke konnte sie danach in der DDR nicht mehr veröffentlichen. Sie gilt heute als eine der bedeutendsten deutschen Schriftstellerinnen der Gegenwart.

Andreas Isenschmid:
Wann wird das Rätsel gelöst? Was passiert denn tatsächlich?

Birgit Vanderbeke:
Es wird nicht gelöst. Dieses Rätsel wird nicht gelöst.

[...]

Peter von Matt:
Ich finde den Text auch im ersten Fall ganz außerordentlich und im zweiten Fall souverän zu Ende geführt. Aber diese Zweiteilung hat sich mir schon auch aufgedrängt, und zwar würde ich jetzt weniger sagen, aufgrund der psychologischen Analyse, sondern des eigentlichen künstlerischen Verfahrens. Das, für mich, ganz Außerordentliche des ersten Teils, also wo die Muscheln wieder schreien, besteht darin, dass hier offensichtlich eine Art symbolischer Gegenstand aufgebaut wird. Das ist ja eigentlich noch nichts Besonderes. Meistens merkt man ja bald, worauf so etwas hinausläuft. Aber je länger der beschrieben wird, umso weniger wissen wir, wofür er steht. Wir wissen nicht, die Muscheln, na gut, da hat man so die Skala der Semantik.[1] Aber wir können nicht festlegen, war es jetzt erotisch oder geht es auf den Tod oder hat es mit dem Topf und der Kindheit etwas zu tun. Und je intensiver der Text wird, umso rätselhafter wird der Gegenstand. Und ganz ähnlich ist es nachher beim Schrank. Es kommt ein surrealer Zug hinein. Diese Dinge werden größer, sie wachsen, [...] wo zuletzt der Text eigentlich von diesen Dingen ausgefüllt wird. Mit der Zeit merkt man dann, es ist vielleicht doch die Präsenz des Vaters, der diese Familie ausfüllt. Also dieses Spiel mit dem figurativen Gegenstand, dem metaphorisch aufzulösenden Gegenstand, der nicht ohne Weiteres aufzulösen ist, dieses Spiel wird im zweiten Teil meines Erachtens nicht mehr durchgeführt. Dann wird es konventioneller und auch durchaus deutlicher. Wir können jetzt auch zurückschließen. Aber wenn das in einem dritten Schritt auch noch um eine solche Mitte herum geschehen wäre, glaube ich, hätte der Text an Homogenität gewonnen.

Volker Hage:
Also mir gefällt die Geschichte auch sehr gut. Sie hat eine sehr schöne, gediegene, gut gearbeitete Sprache. Dennoch, ich bin auch der Meinung, diesen Vorbehalt, den Isenschmid formuliert hat, den empfinde ich auch so. Mir ging es vielleicht noch etwas in eine andere Richtung. Mich stört an der Geschichte, dass dieser Vater so gar keine Ambivalenz[2] hat. Ich finde, da macht es sich die Geschichte etwas zu leicht, das ist so klar ein Ekelpaket, und [...] da ist die Erzählerin doch zu sehr Kommentatorin der eigenen Geschichte.

[...]

Hellmuth Karasek:
Einen Satz Einspruch. Also der Vater ist nicht als Ekel gemeint. Das Eklige ist, dass er es so schrecklich gut meint, er will die Zukunft sichern, er will die in die gesunde Umgebung bringen, er möchte, dass sie Instrumente spielen. Wir sollten mal gemeinsam, wir sind auch beide gemeinsam Väter, wir sollten mal gemeinsam überlegen, ob wir nicht eines Tages durch unser Guttun furchtbaren Schaden angerichtet haben.

Aus: Heinz Felsbach/Siegbert Metelko (Hrsg.): Klagenfurter Texte. Ingeborg-Bachmann-Wettbewerb 1990. Mit Texten der Preisträger Birgit Vanderbeke, Franz Hodjak, Ludwig Roman Fleischer. R. Piper GmbH. München/Zürich 1990, S. 165–169. Mit freundlicher Genehmigung des ORF

[1] Semantik = Lehre von der Bedeutung von sprachlichen Zeichen

[2] Ambivalenz = Zwiespältigkeit, Zerissenheit

1. *Fassen Sie die positiven und negativen Aspekte der Jury zu Vanderbekes Vortrag zusammen.*

2. *Nehmen Sie kritisch zu den Positionen der Jury-Mitglieder Stellung.*

Dichtung und Wirklichkeit: Die Funktion autobiografischer Bezüge in der Erzählung

Im Gespräch mit Birgit Vanderbeke „Ich glaube, dass man als Autor nicht das Recht hat, Erfahrungen aus dem Weg zu gehen." (1998)

Wann kam Ihnen zum ersten Mal der Gedanke, Schriftstellerin zu werden?
Als kleines Mädchen. Ich habe mein erstes Buch im Flüchtlingslager[1] bekommen, zu Nikolaus, da war ich fünfeinhalb. Das waren „Die Kinder von Bullerbü".[2] Ich hatte mir das Lesen schon früh beigebracht, weil ich im Lager keine Kinder zum Spielen hatte. Von dem Moment an wusste ich, dass ich auch so etwas Schönes machen können will.

Mit „Alberta empfängt einen Liebhaber" erzielten Sie vor zwei Jahren Ihren großen Durchbruch, in der Wahrnehmung der Kritiker und in der Öffentlichkeit. Wie war das, als Sie mit „Ich sehe was, was Du nicht siehst" begannen? Fühlten Sie sich unter Erwartungsdruck?
Nein. Schon nach dem „Muschelessen" haben mich viele Leute danach gefragt. Das ist bei mir nicht so. Die Geschichten sind drin, und sie wollen irgendwann heraus, und das hat wenig mit den Reaktionen und Stimmungen draußen zu tun. Das ist dieselbe Sache wie mit dem Roman, nach dem die Kritik ruft. Das interessiert mich einfach nicht. Wenn ein Roman herauskommt, dann war er drin, und wenn er nicht drin ist, kommt auch keiner heraus.

Gibt es eine Art Initialzündung für Ihre Geschichten?
Sagen wir mal so, es gibt ein paar Schritte: Ich weiß bei dem Buch, an dem ich gerade sitze, immer schon den Stoff vom nächsten. Dann weiß ich irgendwann auch den Titel. Dann komme ich so langsam in die Nähe des Personals. Die Figuren müssen entstehen. Und wenn ich deren Namen habe, dann bin ich schon ziemlich weit. Bei Namen kann man sich ganz böse bis fatal vertun. Solange ich die Namen nicht weiß, würde ich nie losschreiben. Und dann taucht irgendwann ganz spät der erste Satz auf. Den probiere ich ein bisschen, der muss schmecken. Danach läuft es los.

Das ist eine sehr sinnliche Art, sich dem eigentlichen Schreiben zu nähern. Der erste Satz muss schmecken, der Name muss stimmen …
… ja, und ich muss wissen, wo die Geschichte hin will. Wenngleich ich dann noch nicht unbedingt weiß, ob es ein Happy End oder ein fatales Ende geben wird.

Sie überraschen sich also selber?
Beim Schreiben überrascht sich jeder, denke ich. Solange die Geschichte im Kopf entsteht, ist sie noch nicht wirklich. Das wird sie erst auf dem Papier. Ich mache mir keine Notizen. Insofern hat das Aufschreiben tatsächlich seine verblüffenden Momente. Manchmal sitze ich am Computer und muss laut lachen.

Zwischen den Themen Ihrer Bücher und den mageren biografischen Daten scheint es Parallelen zu geben. Die Biografie als Ausgangspunkt?
Nein, ich mache etwas anderes. Wenn ich weiß, ein Stoff ist mir wichtig, stelle ich ihm Teile meiner Biografie zur Verfügung. Das ist wie ein Leihvorgang. Ich borge der Erzählung Teile meiner Biografie. Es ist ganz offensichtlich, dass das jetzige Buch[3] eines meiner privatesten ist.

Als Stichworte ließen sich Trennung, Wahrnehmung, Perspektive nennen – der Titel drückt aus, dass es um Standpunkte geht.
Es geht um Differenz. Um die kulturelle Differenz zwischen Franzosen und Deutschen und um die Differenz zwischen Menschen, die sich in dem „Ich sehe was, was Du nicht siehst"-Spiel zwischen der Hauptperson und ihrem Mann ausdrückt, also um die Frage: Wieweit sehen wir dasselbe und wieweit können wir akzeptieren, dass wir nicht dasselbe sehen?

Van Gogh spielt ebenfalls eine große Rolle in dieser Geschichte.
Van Gogh beschäftigt mich, seit ich 13 war. Das hat sich enorm intensiviert, als wir nach Südfrankreich zogen. Ich habe seine Briefe nochmal gelesen und wusste sehr schnell, dass ich um das Bild „Sternennacht über der Rhône", das jetzt das Cover bildet, eine Geschichte erzählen würde. Es ist mein Lieblingsbild. Und dann musste die Geschichte erst einmal einige Jahre wachsen. Es war mir aber die ganze Zeit klar, es wird eine Geschichte über das Sehen,

---

1 Gemeint ist hier eine Notunterkunft in der Bundesrepublik, in der DDR-Staatsbürger nach ihrer Flucht aus dem Osten aufgenommen wurden.

2 „Die Kinder aus Bullerbü" ist eine dreibändige Kinderbuchreihe der Schwedin Astrid Lindgren, einer der bekanntesten Kinderbuchautorinnen der Welt. Die Ich-Erzählerin, die fast 8-jährige Lisa, beschreibt hier ihre sorglose Kindheit und ihre Abenteuer zusammen mit den anderen Kindern in dem kleinen Dorf Bullerbü, welches lediglich aus drei Höfen besteht, in denen die Familien mit ihren Mägden und Knechten leben.

3 Gemeint ist hier Vanderbekes autobiografisch gefärbte Erzählung „Ich sehe was, was Du nicht siehst" (1999).

über die Wahrnehmung. Weil die Blicke sich ändern, wenn man in ein anderes Land zieht.

Sie sind aus Deutschland weggegangen, nachdem Sie „Gut genug" geschrieben hatten. Hatte diese Entscheidung etwas mit dem Buch zu tun?
„Gut genug" ist mir unter all meinen Büchern das liebste. Ich glaube, es hat mir nochmal erzählt, warum ich weggehen sollte. Ich habe es fertiggeschrieben, bin aufgebrochen und habe in Südfrankreich das Haus gefunden.

Sie spannen den Bogen sehr weit: Das Leben als Stoff, verdichtet in Geschichten …
… ich nenne es Maggiwürfel.

… traurigen, tragischen Geschichten, die Sie aber so komisch erzählen, dass man immer lachen muss.
Das hoffe ich. Ich halte Humor für eine erkenntnisfördernde Haltung. Ich schaue mir an, was und wie etwas zwischen Menschen schiefgehen kann, also Trennungen – versuchte, gelungene oder nicht gelungene. Eine Grunderfahrung geht aus meiner Biografie hervor: Meine Familie ist 1961, kurz vor dem Bau der Mauer, vom Osten in den Westen gegangen. Ich war praktisch von eben auf jetzt fremd, erst im Lager, dann in der Umgebung, wo ich aufgewachsen bin. Ich bin ganz lange ein Ostkind gewesen. So kam das „Muschelessen" in Gang. Ich habe es im August 1989 geschrieben, als ich mir klarmachte, dass all diese Leute, die vom Osten in den Westen kommen, „Ostmenschen" sein werden (das Wort „Ossi" gab es noch nicht). Das ist eine tiefgehende Erfahrung, die inzwischen der ganze Osten macht. Das Fremdsein ist mit Sicherheit häufig ein Schreibanlass, denn auch im Vertrautsein liegt eine große Fremdheit, die katastrophal werden oder die gemeistert werden kann. Über diese Dinge erzähle ich.

Gibt es in Ihrem Leben so etwas wie ein Motto?
Es gibt ein schriftstellerisches Motto: Ich glaube, dass man als Autor nicht das Recht hat, Erfahrungen aus dem Weg zu gehen. Man muss sie alle machen.

Aus: Nießen, Irene (o. J.): Im Gespräch mit Birgit Vanderbeke. „Ich glaube, dass man als Autor nicht das Recht hat, Erfahrungen aus dem Weg zu gehen."
URL: www.medienbuero-niessen.de/91-0-Birgit-Vanderbeke-1998.html
(Stand: 2010-06-28)

1. *Untersuchen Sie auf der Grundlage des vorliegenden Gesprächs das Verhältnis zwischen Dichtung und Wahrheit in der Erzählung „Das Muschelessen", indem Sie Gemeinsamkeiten und Unterschiede zwischen Birgit Vanderbeke und der Figur der Tochter herausstellen. Ergänzen Sie die vorliegenden Daten mithilfe anderer Ihnen zugänglicher Quellen (Schulbibliothek, Internet usw.).*

2. *Erläutern Sie zudem die Funktion autobiografischer Bezüge aus Sicht der Autorin.*

Eigene Rezeption der Erzählung (Rezension)

Gero von Wilpert versteht eine Rezension (lat. *recensio* = Musterung) als „kritische Beurteilung und Besprechung einer Schrift [...] durch einen Rezensenten in einer Zeitung oder Zeitschrift".[1] Sie dient im Wesentlichen dazu, den Leser über eine Neuveröffentlichung auf dem Buchmarkt zu informieren (**Informationsfunktion**) und die Qualität des Werkes zu beurteilen. Anz ist der Auffassung, dass der Rezensent dem Leser auf diese Weise einen Überblick über „eine zunehmend unüberschaubare Zahl von Neuerscheinungen" verschaffe und somit eine „Entscheidungshilfe zum Kauf und zur Lektüre"[2] liefere (**Selektionsfunktion**). Die zu den journalistischen Textsorten zählende Rezension hat als solche zudem eine **Unterhaltungsfunktion**[3], weshalb sich der Rezensent der im Journalismus gängigen Stilmittel bedient, um auch die Literaturkritik selbst für die Literaturinteressierten zu einem Leseerlebnis zu machen.
Gerade Letzteres setzt bei dem Rezensenten ein hohes Maß an Schreibkompetenz voraus, weshalb im Folgenden einige Tipps zum Verfassen einer Rezension[4] gegeben werden sollen, um die Leserschaft zu begeistern.

[1] Gero von Wilpert (1989): Sachwörterbuch der Literatur. 7., verbesserte und erweiterte Auflage. Alfred Kröner Verlag. Stuttgart, S. 769.
[2] Thomas Anz (2004): Theorien und Analysen zur Literaturkritik und zur Wertung. In: Anz, Thomas/Baasner, Rainer (Hrsg.), Literaturkritik. Geschichte – Theorie – Praxis. München (2004), S. 195.
[3] Vgl. ebenda, S. 196.
[4] Vgl. Thomas Anz (2004): Literaturkritik als (Neben-) Beruf: Informationen und Anleitungen zur Praxis. In: Anz, Thomas/Baasner, Rainer (Hrsg.), Literaturkritik. Geschichte – Theorie – Praxis. München (2004), S. 226–228.

Tipps zum Verfassen einer Rezension

1. Überlegen Sie sich einen originellen und sinnstiftenden *Titel* für Ihre Rezension, der zum Lesen einlädt.
2. Informieren Sie den Leser kurz über den *Autor* bzw. seine vorangegangen Werke sowie über die Entstehungsbedingungen des von Ihnen besprochenen Werkes, sofern der Verfasser noch relativ unbekannt ist.
3. Fassen Sie den Inhalt des Werkes kurz und prägnant zusammen, um dem Leser eine Orientierung zu geben. Achten Sie darauf, dass Ihre *Inhaltsangabe* aber keinesfalls den Ausgang der Handlung vorwegnimmt.
4. Benennen und beschreiben Sie das *Besondere* und/oder *Neue* des Werkes (Thema, Handlungsführung, Figurenkonstellation, Erzähl- bzw. Dramentechnik, Sprache, Schreibstil, Aufmachung des Buches o. Ä.).
5. *Bewerten* Sie das Werk in Bezug auf einzelne, von Ihnen ausgewählte Aspekte (vgl. Punkt 4) und begründen Sie Ihr Urteil mit nachvollziehbaren Argumenten. Führen Sie prägnante, gut gewählte Zitate aus dem Werk als Kostprobe an.
6. Verwenden Sie einen *Schreibstil*, der über eine rein sachliche Sprache hinausgeht. Arbeiten Sie z. B. mit bildhaftem Vokabular, wertenden Adjektiven bzw. Attributen, rhetorischen Figuren. Verwenden Sie zudem die notwendigen literaturwissenschaftlichen Fachbegriffe in korrekter Form.
7. Bewerten Sie abschließend das von Ihnen besprochene Werk insgesamt und sprechen Sie ggf. eine begründete *Lektüreempfehlung* aus. (Geben Sie in diesem Zusammenhang einen Hinweis auf die vollständige Quelle.)

■ *Verfassen Sie eine Rezension zu Birgit Vanderbekes Erzählung „Das Muschelessen".* BS 5

Eigene Rezeption der Erzählung (Poetry Slam)

Ein Poetry Slam[1] ist ein Dichterwettbewerb zwischen meist unbekannten Künstlern und Laien, der auf einer offenen Bühne (Theater, Kneipe o. Ä.) ausgetragen wird. Jeder Teilnehmer („Slammer") erhält die Möglichkeit, seinen selbst verfassten, in der Regel unveröffentlichten Text innerhalb des vorgegebenen Zeitlimits (ca. 5–10 Minuten) mittels Mikrofon auf der Bühne vorzutragen. Dabei ist alles erlaubt, was mit Stimme und Körper möglich ist.
Das Publikum hat die Aufgabe, die jeweilige Performance, d. h. den Inhalt, die sprachliche Gestaltung sowie die Darbietung insgesamt, zu bewerten und den Gewinner des Poetry Slams zu bestimmen. Dies kann auf unterschiedliche Weise erfolgen: Entweder wird nach dem Zufallsprinzip aus dem Publikum eine zuvor festgelegte Anzahl von Personen in die Jury gewählt oder es werten alle Zuschauer (Stimmzettel am Ende des Slams, Lautstärke des Applauses o. Ä.).
Der sogenannte „Master of Ceremony" (MC) führt während des Wettstreites durch die Veranstaltung.

[1] slam (engl.) = (Tür) zuschlagen; Schlag, Knall

Tipps zur Vorbereitung auf den Poetry Slam

1. Führen Sie während der Unterrichtseinheit zu Birgit Vanderbekes Erzählung „Das Muschelessen" ein Notizbuch, in welchem Sie alles aufschreiben, was Sie gerade bewegt:
   DDR ++ Flucht ++ Mutter ++ Vater ++ Familie ++ Gefühlswelt ++ Wünsche ++ interessante Wörter ++ Verhaltensweisen der Figuren ++ Kunst ++ Literatur ++ Gesellschaftskritik ++ Mauerfall ++ …
2. Tragen Sie das Notizbuch immer bei sich, um „frische" Ideen, Eindrücke, Themen und Texte sammeln zu können.
3. Überlegen Sie, welche Slam-Texte Ihrem Schreibstil entsprechen könnten, indem Sie folgende Fragen für sich beantworten:
   Bevorzugen Sie eher lyrische (Gedicht, Rap usw.), epische (Kurzgeschichte, Märchen, Witz usw.) oder dramatische Texte (Sketch usw.)?
   Welche Stilrichtung mögen Sie (komisch, ernst, gruselig, aggressiv, verträumt usw.)?
4. Nutzen Sie Ihr Notizbuch als Inspirationsquelle und legen Sie das Thema fest, zu dem Sie Ihren Slam-Text schreiben möchten.
5. Schreiben Sie aufrichtig und versuchen Sie nicht, andere mit dem zu beeindrucken, was Sie für Poesie halten. Schreiben Sie zügig und überarbeiten Sie nicht zu viel. Auf diese Weise bleibt Ihr Slam-Text authentisch.
6. Überlegen Sie, wie Sie Ihren Slam-Text sprachlich (Artikulation, Rhythmus, Lautstärke, Betonung, Sprechpausen usw.) und körpersprachlich (Mimik, Gestik, Körperhaltung) performen wollen, um beim Publikum die von Ihnen beabsichtigte Wirkung zu erzielen.
7. Üben Sie Ihre Performance möglichst mehrmals für sich. Stoppen Sie in jedem Fall die Zeit, um sicherzustellen, dass Sie das vorgegebene Zeitlimit während des Poetry Slams einhalten.

■ *Verfassen Sie Ihren Slam-Text zu Birgit Vanderbekes Erzählung „Das Muschelessen" und lernen Sie diesen möglichst auswendig. Planen Sie zudem Ihre Live-Performance einschließlich der Begrüßung des Publikums und des Bühnenabganges.*

BS 5

Als Anregung finden Sie hier ein Beispiel für einen Slam-Text, mit welchem die Schweizerin Lara Stoll beim „Slam2006" in München den Titel als beste U20-Slammerin im deutschsprachigen Raum gewann:

Weshalb ich manchmal gerne ein John Deere Traktor 7810 Powershift mit Gewicht in der Fronthydraulik wäre

Wenn ich ein John Deere Traktor 7810 Powershift mit Gewicht in der Fronthydraulik wäre, dann hätte ich bestimmt kein Frauenproblem mehr …
Wenn ich nämlich ein John Deere Traktor 7810 Powershift mit Gewicht in der Fronthydraulik wäre, müsste ich mir morgens nie wieder Gedanken machen, was ich anziehen soll. Denn ein John Deere Traktor 7810 Powershift mit Gewicht in der Fronthydraulik ist grün … immer.
Wenn ich ein John Deere Traktor 7810 Powershift mit Gewicht in der Fronthydraulik wäre, dann bräuchte ich mir auch ein Leben lang keinen Hut mehr zu kaufen, denn ein John Deere Traktor 7810 Powershift mit Gewicht in der Fronthydraulik hat bereits 6 Zylinder.
Da jetzt bestimmt schon alle recht genervt sind von dem langen Satzfragment „John Deere Traktor 7810 Powershift mit Gewicht in der Fronthydraulik", kürze ich das an dieser Stelle mit John Deere Traktor 7810 Powershift ab.
Mit meinem heißen allradbetriebenen John Deere 7810 Fahrwerk müsste ich mich auch nie wieder der Figur wegen sportlich betätigen, ein John Deere Traktor 7810 Powershift braucht keine engen Dieseljeans, er trägt Diesel pur in seinem 344-Liter-Tank.
Apropos Allrad, all die Radfahrerinnen, die sich im Sommer deswegen abschwitzen, würde ich mit meinem John Deere Powershift 6081TRW02 Motor absichtlich immer wieder und wieder überholen, während ich sie mit dem laut hörbaren Geräusch meiner eingebauten Klimaanlage auslache.
Und als John Deere Traktor 7810 Powershift hätt ich auch keine Menstruationsbeschwerden mehr, denn alles, was dann bei mir noch einen Zyklus hätte, wäre die Luft des John Deere effizienzgeprüften Lüftungssystems.
Wenn ich also ein John Deere Traktor 7810 Powershift wäre, dann hätte ich bestimmt auch keine Männerprobleme mehr … Männer … Männer! Ja, z. B. Mario … Mario, ich würde dir einfach mit meiner John-Deere-nassen Lamellen-Kupplung im 4. Gang nachfahren, bis ich dich überwalzen könnte, ja Mario. Und dann rase ich mit 40 km/h durch die Straßen von Wagenhausen und posaune auch herum, dass du ganz schön billig warst, Mario, wer lacht jetzt, häh?!
Und Muhamed, ach ja Muhamed, wenn ich ein John Deere Traktor 7810 Powershift wäre, dann warte ich solange oben auf dem Hügel, bis ich sehe, dass du ganz unten einen Zebrastreifen überquerst, dann würde ich meine 14.9R30 Vorder- und meine 18.4R42 Hinterreifen einfach rollen lassen und glaub ja nicht, dass ich kurz vorher meine nassen Vollbremsenscheiben in der Hinterachse hydraulisch betätige, ja Muhamed, wer ist jetzt prüde, häh?!
Und Philipp … Philipp, der krasse Philipp-ich-kriegjede-rum-und-melde-mich-dann-nie-mehr, ja Philipp … als John Deere Traktor 7810 Powershift würde ich in einer Toilette versteckt auf dich warten, bis du dem Drang der Natur nachgeben müsstest und mit dem Gesicht zur Wand stündest, ja und dann würde ich dich mal mit meiner Fronthydraulik und meiner 3,012 m Breite von hinten nehmen!!
Apropos Arsch, da fällt mir Rüdiger ein, aber diesmal würdest du abgeschleppt, und zwar mit meiner 106.2 kW Zugleistung und nicht ins nächste Bett, nein, wir würden durch Feuer und Eis über Stock und Stein und dicke und dünne Stacheldrähte gehen …
Wär ich ein John Deere Traktor 7810 Powershift, dann würd ich mich auch an Thomas rächen, ja Thomas …, ach, am besten, ich überfahr einfach alle Männer, außer die Dicken … die sind allgemein netter.
Damit ich jetzt nicht total männerfeindlich rüber komme, würde ich als John Deere Traktor 7810 Powershift auch noch ein paar Frauen überfahren, der Emanzipation wegen.
Und wenn ich schon dabei bin, überfahre ich auch gleich noch 'n paar nervige nicht-zuordnungsbare Geschlechter, z. B. Wolfgang Petri, Bill von Tokio Hotel und Angela Merkel, ach und wenn wir schon bei den Politikern sind, überwalze ich als John Deere Traktor 7810 Powershift mit meinen 7 t und 60 kg auch noch George Bush und auf dem Weg dahin besuch ich Tony Blair, die beiden kommen immer gut an, und ich hab die Minuspunkte, die ich vorhin bei den Teeniegirls wgen des „killed" Bill von Tokio Hotel kassiert hab, auch wieder rausgeholt.
Ja, manchmal wär ich wirklich gerne ein John Deere Traktor 7810 Powershift mit Gewicht in der Fronthydraulik, aber man kann halt nicht alles haben, deshalb geh ich nachher nach Hause und tue das, was alle Frauen tun.
Ich setze mich mit einem Riesenbecher Schokoeis vor die Glotze und veranstalte ein „Desperate Housewives"-Marathon.

Klausurvorschläge

Vorschlag 1

Franz Kafka (1883–1924) wurde als Sohn eines jüdischen Kaufmanns in Prag geboren. Nach seinem Studium der Rechtswissenschaften und anschließender Promotion arbeitete er mit großem persönlichen Engagement in der Prager Arbeiter-Unfall-Versicherungs-Anstalt bis zu seiner frühzeitigen Pensionierung. Parallel hierzu schrieb der Dichter immer wieder Werke, von denen ein Großteil erst nach seinem Tod und gegen seinen ausdrücklichen Willen von seinem Schriftstellerkollegen und engsten Vertrauten, Max Brod, veröffentlicht wurde und welche die Weltliteratur des 20. Jh. nachhaltig beeinflussten.

Obwohl Kafka sein Leben weitestgehend nach den Wünschen seines Vaters gestaltete, gelang es ihm nicht, ein gutes Verhältnis zu ihm aufzubauen, sondern er litt selbst noch zu Studienzeiten unter dem tyrannischen Familienoberhaupt, welches ihn grob behandelte und unterdrückte. Die Erfahrungen aus seiner Jugendzeit spiegeln sich auch in vielen seiner Werke wider, in welchen die Figur des Vaters häufig als äußerst mächtig, stark und zum Teil auch tyrannisch dargestellt wird. Dies ist auch in seinem „Brief an den Vater" der Fall, den der Dichter fünf Jahre vor seinem Tod im Alter von 36 Jahren schrieb, um die problematische Vater-Sohn-Beziehung und somit letztlich den unbewältigten Generationenkonflikt zu verarbeiten.

Brief an den Vater (Auszug)

Du hast mir aber schon früh das Wort verboten, Deine Drohung: „Kein Wort der Widerrede!" und die dazu erhobene Hand begleiten mich schon seit jeher. Ich bekam vor dir – du bist, sobald es um deine Dinge geht, ein ausgezeichneter Redner – eine stockende, stotternde Art des Sprechens, auch das war dir noch zu viel, schließlich schwieg ich, zuerst vielleicht aus Trotz, dann, weil ich vor dir weder denken noch reden konnte. Und weil du mein eigentlicher Erzieher warst, wirkte das überall in meinem Leben nach. [...]

Deine äußerst wirkungsvollen, wenigstens mir gegenüber niemals versagenden rednerischen Mittel bei der Erziehung waren: Schimpfen, Drohen, Ironie, böses Lachen und – merkwürdigerweise – Selbstbeklagung. [...]

Das Schimpfen verstärktest du mit Drohen [...]. Schrecklich war mir zum Beispiel dieses: „Ich zerreiße dich wie einen Fisch", trotzdem ich ja wusste, dass dem nichts Schlimmeres nachfolgte (als kleines Kind wusste ich das allerdings nicht), aber es entsprach fast meinen Vorstellungen von deiner Macht, dass du auch das imstande gewesen wärest. [...]

Ein besonderes Vertrauen hattest du zur Erziehung durch Ironie, sie entsprach auch am besten deiner Überlegenheit über mich. Eine Ermahnung hatte bei dir gewöhnlich diese Form: „Kannst du das nicht so und so machen? Das ist dir wohl schon zu viel? Dazu hast du natürlich keine Zeit?" und ähnlich. Dabei jede solche Frage begleitet von bösem Lachen und bösem Gesicht. Man wurde gewissermaßen schon bestraft, ehe man noch wusste, dass man etwas Schlechtes getan hatte. Aufreizend waren auch jene Zurechtweisungen, wo man als dritte Person behandelt, also nicht einmal des bösen Ansprechens gewürdigt wurde; wo du also etwa formell zur Mutter sprachst, aber eigentlich zu mir, der dabeisaß, zum Beispiel: „Das kann man vom Herrn Sohn natürlich nicht haben" und dergleichen. (Das bekam dann sein Gegenspiel darin, dass ich zum Beispiel nicht wagte und später aus Gewohnheit nicht mehr daran dachte, dich direkt zu fragen, wenn die Mutter dabei war. Es war dem Kind viel ungefährlicher, die neben dir sitzende Mutter nach dir auszufragen, man fragte dann die Mutter: „Wie geht es dem Vater?" und sicherte sich so vor Überraschungen.) [...]

Ganz unverträglich mit dieser Stellung zu deinen Kindern schien es zu sein, wenn du, was ja sehr oft geschah, öffentlich dich beklagtest. Ich gestehe, dass ich als Kind (später wohl) dafür gar kein Gefühl hatte und nicht verstand, wie du überhaupt erwarten konntest, Mitgefühl zu finden. Du warst so riesenhaft in jeder Hinsicht; was konnte dir an unserem Mitleid liegen oder gar an unserer Hilfe? Die musstest du doch eigentlich verachten, wie uns selbst so oft. Ich glaubte daher den Klagen nicht und suchte irgendeine geheime Absicht hinter ihnen. Erst später begriff ich, dass du wirklich durch die Kinder sehr littest, damals aber, wo die Klagen noch unter anderen Umständen einen kindlichen, offenen, bedenkenlosen, zu jeder Hilfe bereiten Sinn hätten antreffen können, mussten sie mir wieder nur überdeutliche Erziehungs- und Demütigungsmittel sein, als solche an sich nicht sehr stark, aber mit der schädlichen Nebenwirkung, dass das Kind sich gewöhnte, gerade Dinge nicht sehr ernst zu nehmen, die es ernst hätte nehmen sollen.

Aus: Franz Kafka: Brief an den Vater. In: Diekhans, Johannes (Hrsg.), Die Verwandlung/Brief an den Vater. Textausgabe der Reihe EinFach Deutsch. Paderborn: Schöningh Verlag 2009, S. 77–81

1. *Vergleichen Sie das Bild, welches Kafka hier zeichnet, mit der Figur des Vaters in Vanderbekes Erzählung „Das Muschelessen". Belegen Sie Ihre Ausführungen mithilfe geeigneter Textbeispiele.*

2. *Die überregionale Wochenzeitung DIE ZEIT plant eine Reihe von Beiträgen zu dem Thema „Unsere Gesellschaft heute". Entwerfen Sie einen geeigneten Artikel, in welchem Sie sich mit der Frage auseinandersetzen, ob und inwiefern sich die Familienstrukturen seit den 70er-Jahren (weiter) gewandelt haben.*

Bewertung der Schülerleistung: Interpretation des Textauszuges aus dem „Brief an den Vater" von Franz Kafka

a) inhaltliche Leistung – Anforderungen

Teilaufgabe 1

Der Schüler/die Schülerin	
1	nennt einleitend die bibliografischen Informationen (Autor, Titel, Erscheinungsjahr und -ort), die literarische Gattung (Brief) und das Thema (Verarbeitung der konfliktbeladenen Vater-Sohn-Beziehung).
2	fasst die charakterlichen Merkmale des dominanten bzw. tyrannischen Vaters bei Kafka zusammen, z. B.: • Gebrauch der Sprache als Erziehungsmittel bzw. zur Bestrafung – „Schimpfen, Drohen, Ironie" (Z. 14) – Selbstmitleid (vgl. Z. 15 f.) – Rede in der dritten Person (vgl. Z. 36 ff.) • Vater leidet unter der Existenz der Kinder (vgl. Z. 57 ff.)
3	legt die Gemeinsamkeiten und Unterschiede beider Texte umfassend und differenziert dar, z. B.: *Gemeinsamkeiten* • patriarchalische Familienstruktur – Vater legt Normen für eine „richtige Familie" fest, die von den Familienmitgliedern zu erfüllen sind (vgl. S. 20, S. 27, S. 32, S. 59 usw.) – Ausübung von Gewalt durch Sprache in Sprechakten wie z. B. Drohungen (vgl. S. 102), Verwünschungen (vgl. S. 68), Selbstmitleid (vgl. S. 68, S. 70, S. 76) usw. • Sohn (bzw. Familie insgesamt) als Enttäuschung (vgl. S. 36 ff., S. 68) • Auseinandersetzung mit dem Vater und dessen sukzessive Demontage als Erinnerungsvorgang *Unterschiede* • Mutter fungiert hier nicht vornehmlich als Vermittlungsinstanz bzw. Medium, sondern als Sündenbock bzw. Schuldige (vgl. S. 68 f., S. 86) • Familie verspürt Angst vor dem nicht nur dominanten, sondern insbesondere auch körperlich gewalttätigen Vater (vgl. S. 9, S. 72, S. 81, S. 83 usw.)
4	fasst abschließend das Generationenproblem zusammen.
5	belegt seine/ihre Ausführungen mithilfe geeigneter Textbeispiele.

Teilaufgabe 2

Der Schüler/die Schülerin	
1	entwirft einen in sprachlich-stilistischer Hinsicht adressatenbezogenen Zeitungsartikel für die überregionale Wochenzeitung *DIE ZEIT*.
2	stellt die Familienstrukturen in der heutigen Gesellschaft umfassend und differenziert dar, z. B.: • zunehmend multikulturell geprägte Gesellschaft, etwa durch Migration, Mischehen usw. • Folge: Vielfalt verschiedenster Familienkonzepte – Patriarchat in vornehmlich muslimischen Familien (vgl. Ehrenmorde) – gleichberechtigte Partnerschaft mit a) traditioneller Rollenverteilung zwischen Mann (Arbeit) und Frau (Haushalt, Kinder) b) moderner Rollenverteilung, bei der Mann und Frau z. B. beide arbeiten, die Kinder erziehen und/oder die Elternzeit untereinander aufteilen – „Patchworkfamilie" – Alleinerziehende (vgl. vaterlose Gesellschaft)

	• Trend zu zeitlich befristeten Beziehungen erkennbar (vgl. Statistisches Bundesamt) – rückläufige Eheschließungen – zunehmende Ehescheidungen • mögliche Gründe: weit fortgeschrittener Emanzipationsprozess, geringerer Einfluss der Kirche, hoher Lebensstandard insgesamt, mehr Toleranz bzw. Akzeptanz in der Gesellschaft für individuelle Lebensformen („anything goes") usw.
3	belegt seine Ausführungen mithilfe geeigneter Beispiele.

b) Schreib- und Darstellungsleistung – Anforderungen

Der Schüler/die Schülerin[1]	
1	schreibt sprachlich richtig und syntaktisch sicher.
2	gibt die Meinung Dritter korrekt im Konjunktiv I bzw. in der Ersatzform wieder.
3	formuliert sprachlich und stilistisch sicher und abwechslungsreich.
4	strukturiert seinen/ihren Text schlüssig, stringent und gedanklich klar.
5	verwendet das erforderliche Fachvokabular der Textanalyse.
6	wendet die Zitiertechniken korrekt an.

Vorschlag 2

Peter Weiss (1916–1982) war ein deutscher Dichter, Maler, Grafiker und Experimentalfilmer. Er erwarb sich in der Nachkriegsliteratur unter anderem als Verfasser autobiografischer Prosa sowie als politisch engagierter Dramatiker einen Namen.
Die 1961 erschienene, autobiografische Erzählung „Abschied von den Eltern" gilt als eines der Hauptwerke von Peter Weiss. Nach dem Tod seiner Eltern versucht der Dichter hier, sich von deren Einfluss zu befreien und den bis dahin unbewältigten Generationenkonflikt zu verarbeiten.

Abschied von den Eltern (Auszug)

Ich habe oft versucht, mich mit der Gestalt meiner Mutter und der Gestalt meines Vaters auseinanderzusetzen, peilend zwischen Aufruhr und Unterwerfung. Nie habe ich das Wesen dieser beiden Portalfiguren[1] meines Lebens fassen und deuten können. Bei ihrem fast gleichzeitigen Tod sah ich, wie tief entfremdet ich ihnen war. Die Trauer, die mich überkam, galt nicht ihnen, denn sie kannte ich kaum, die Trauer galt dem Versäumten, das meine Kindheit und Jugend mit gähnender Leere umgeben hatte. Die Trauer galt der Erkenntnis eines gänzlich missglückten Versuchs von Zusammenleben, in dem die Mitglieder einer Familie ein paar Jahrzehnte lang beieinander ausgeharrt hatten. Die Trauer galt dem Zuspät, das uns Geschwister am Grab überlagerte und das uns dann wieder auseinandertrieb, ein jedes in sein eigenes Dasein. Nach dem Tod meiner Mutter versuchte mein Vater, dessen ganzes Leben unter dem Zeichen unermüdlicher Arbeit gestanden hatte, noch einmal den Anschein eines Neubeginnens zu wecken. Er begab sich auf eine Reise nach Belgien, um dort, wie er sagte, Geschäftsbeziehungen anzuknüpfen, im Grunde aber, um wie ein verwundetes Tier im Versteck zu sterben. Er reiste als Gebrochener, konnte sich nur mithilfe zweier Stöcke mühsam bewegen. Als ich, nach der Mitteilung von seinem Tod in Gent, auf dem Brüsseler Flugplatz gelandet war, durchlebte ich beklommen den langen Weg, den mein Vater, mit seinen von Blutstockungen erschlafften Beinen, treppauf, treppab, durch Hallen und Korridore, hatte zurücklegen müssen. Es war Anfang März, ein klarer Himmel, ein scharfes Sonnenlicht, ein kalter Wind über Gent. Ich ging die Straße am Bahndamm entlang, auf das Hospital zu, in dessen Kapelle mein Vater aufgebahrt lag. [...]

Darinnen lag, neben einem mit Blumen und Kränzen bedeckten Sarg, mein Vater auf einem tuchverhangenen Gestell, gekleidet in seinen schwarzen Anzug, der ihm zu weit geworden war, in schwarzen Socken, die Hände auf der Brust gefaltet, und im Arm das eingerahmte Foto meiner Mutter. Sein gemagertes Gesicht war entspannt, das kaum ergraute, dünne Haar lag in einer weichen Locke um seine Stirn, etwas Stolzes, Kühnes, das ich früher nie an ihm wahrgenommen hatte, prägte seine Züge. [...] Ich erinnerte mich an meinen Vater, so wie ich ihn zuletzt gesehen hatte, unter einer Decke auf dem Sofa im Wohnzimmer liegend, nach der Beerdigung meiner Mutter, sein Gesicht grau und undeutlich, von Tränen verwischt, sein Mund den Namen der Verstorbenen stammelnd und flüsternd. Ich stand gefroren, spürte den kalten Wind, hörte Pfiffe und Dampfstöße vom Bahndamm her, und vor mir war ein Leben völlig abgeschlossen, ein ungeheurer Aufwand von Energien zu Nichts zerflossen, vor mir lag der Leichnam eines Mannes in der Fremde, nicht mehr erreichbar, in einem Schuppen am Eisenbahndamm und im Leben dieses Mannes hat es Kontorräume[2] und Fabriken, viele Reisen und Hotelzimmer gegeben, im Leben dieses Mannes hatte es immer große Wohnungen, große Häuser gegeben, mit vielen Zimmern voller Möbel, es hat im Leben dieses Mannes immer die Frau gegeben, die ihn erwartete im gemeinsamen Heim, und es hat die Kinder im Leben dieses Mannes gegeben, die Kinder, denen er immer auswich, und mit denen er nie sprechen konnte, aber wenn er außer Hauses war, konnte er vielleicht Zärtlichkeit für seine Kinder spüren, und Verlangen nach ihnen, und immer trug er ihre Bilder bei sich, und sicher betrachtete er diese abgegriffenen, zerknitterten Bilder abends im Hotelzimmer, wenn er auf Reisen war, und sicher glaubte er, dass er bei sei-

[1] Portalfigur = Bezeichnung für eine Person, welche in bestimmten Lebensbereichen eine entscheidende Rolle spielt

[2] Kontorraum = Büroraum

ner Rückkehr Vertrauen finden würde, doch wenn er zurückkam, gab es immer nur Enttäuschung und die Unmöglichkeit gegenseitigen Verstehens. Es hat im Leben dieses Mannes ein unablässiges Mühen um die Erhaltung von Heim und Familie gegeben, unter Sorgen und Krankheiten hat er, gemeinsam mit seiner Frau, sich am Besitz des Heims festgeklammert, ohne je ein Glück unter diesem Besitz zu erfahren. Dieser Mann, der jetzt verloren vor mir lag, hatte nie davon abgelassen, an das Ideal des bestehenden Heims zu glauben [...].

Aus: Peter Weiss, Abschied von den Eltern. S. 9f.

1. *Erläutern Sie das Bild, welches Weiss hier von seiner Familie zeichnet.*

2. *Der Vater in der Erzählung „Das Muschelessen“ kehrt spät am Abend schließlich doch noch von seiner Dienstreise zurück. Entgegen den guten Vorsätzen geht das Leben wie gewohnt weiter, weshalb die Tochter nach wenigen Tagen beschließt, von zu Hause auszuziehen. Entwerfen Sie einen (Abschieds-) Brief der Ich-Erzählerin an ihren Vater, in welchem sie die problematische Vater-Tochter-Beziehung aufarbeitet.*

1. siehe S. 125

1

2

Stelle das Verhältnis der Kinder zu ihrem Vater in „H“ dar

Bewertung der Schülerleistung:
Interpretation des Textauszuges aus der Erzählung „Abschied von den Eltern"
von Peter Weiss

a) inhaltliche Leistung – Anforderungen

Teilaufgabe 1

Der Schüler/die Schülerin	
1	nennt einleitend die bibliografischen Informationen (Autor, Titel, Erscheinungsjahr und -ort), die literarische Gattung (Erzählung) und das Thema (Verarbeitung des Generationenkonfliktes bzw. der problematischen Vater-Sohn-Beziehung).
2	fasst die charakterlichen Merkmale des Vaters zusammen, z. B.: • hat sein „ganzes Leben unter dem Zeichen unermüdlicher Arbeit" (Z. 19 f.) gestanden • hat „nie davon abgelassen, an das Ideal des bestehenden Heims zu glauben" (Z. 82 ff.) – trug immer Fotos von Frau und Kindern bei sich (vgl. Z. 70) – war nach dem Tod seiner Frau ein gebrochener Mann (vgl. Z. 17 ff. und Z. 46 ff.) – genoss neben vielen Reisen und großen Wohnungen bzw. Häusern insbesondere den Umstand, eine eigene Familie zu haben, die ihn erwartete (vgl. Z. 60 ff.) – hoffte stets auf Vertrauen und Verständnis bei seiner Rückkehr (vgl. Z. 73 ff.) – war unablässig um die „Erhaltung von Heim und Familie" (Z. 78) bemüht • wich seinen Kindern jedoch immer aus, konnte nicht mit ihnen reden (vgl. Z. 66 f.)
3	legt die ambivalente Haltung des Autors seinem Vater gegenüber umfassend und differenziert dar, z. B.: • befindet sich seit jeher „zwischen Aufruhr und Unterwerfung" (Z. 3 f.) • ist von seinen Eltern „tief entfremdet" (Z. 6 f.) • trauert wegen der „gähnende[n] Leere" (Z. 10 f.) während der Kindheit und Jugend sowie der „Erkenntnis eines gänzlich missglückten Versuchs von Zusammenleben" (Z. 11 f.) innerhalb der Familie • nimmt erst nach dessen Tod „etwas Stolzes, Kühnes" (Z. 45) in den Zügen seines Vaters wahr
4	fasst abschließend das Generationenproblem zusammen.
5	belegt seine/ihre Ausführungen mithilfe geeigneter Textbeispiele.

Teilaufgabe 2

Der Schüler/die Schülerin	
1	entwirft aus der Perspektive der Ich-Erzählerin einen in sprachlich-stilistischer Hinsicht adressatenbezogenen (Abschieds-)Brief an den Vater.
2	legt die problematische Vater-Tochter-Beziehung in der Erzählung umfassend und differenziert dar, z. B.: • patriarchalische Familienstruktur – Vater legt Normen für eine „richtige Familie" fest, die von den Familienmitgliedern zu erfüllen sind (vgl. S. 20, S. 27, S. 32, S. 59 usw.) – Ausübung von Gewalt durch Sprache in Sprechakten wie z. B. Drohungen (vgl. S. 102), Verwünschungen (vgl. S. 68), Selbstmitleid (vgl. S. 68, S. 70, S. 76) usw. • Tochter (bzw. Familie insgesamt) als Enttäuschung (vgl. S. 36 ff., S. 68) • Auseinandersetzung mit dem Vater und dessen sukzessive Demontage als Erinnerungsvorgang • Missbrauch der Mutter als Sündenbock bzw. alleinige Schuldige (vgl. S. 68 f., S. 86) • Angst der Tochter (bzw. der Familie) vor dem nicht nur dominanten, sondern insbesondere auch körperlich gewalttätigen Vater (vgl. S. 9, S. 72, S. 81, S. 83 usw.)
3	belegt seine/ihre Ausführungen mithilfe geeigneter Textbeispiele.

b) Schreib- und Darstellungsleistung – Anforderungen

Der Schüler/die Schülerin	
1	schreibt sprachlich richtig und syntaktisch sicher.
2	gibt die Meinung Dritter korrekt im Konjunktiv I bzw. in der Ersatzform wieder.
3	formuliert sprachlich und stilistisch sicher und abwechslungsreich.
4	strukturiert seinen/ihren Text schlüssig, stringent und gedanklich klar.
5	verwendet das erforderliche Fachvokabular der Textanalyse.
6	wendet die Zitiertechniken korrekt an.

Vorschlag 3

Ulrich Plenzdorf (1934–2007) wurde im Berliner Stadtteil Kreuzberg geboren. Seine Eltern wurden wegen ihrer Mitgliedschaft in der KPD während der Zeit des Nationalsozialismus mehrmals inhaftiert. In Leipzig studierte er Marxismus-Leninismus und Philosophie, verließ die Universität jedoch ohne Abschluss, um die Deutsche Hochschule für Filmkunst in Potsdam-Babelsberg zu absolvieren.
Ab 1963 arbeitete er in den DEFA-Studios Babelsberg als Szenarist und Dramaturg. Bekannt wurde der DDR-Schriftsteller in der Bundesrepublik insbesondere durch seinen gesellschaftskritischen Roman „Die neuen Leiden des jungen W."
Erzählt wird die tragische Geschichte von Edgar Wibeau. Der jugendliche Held versucht, aus seinem kleinbürgerlichen Umfeld auszubrechen, indem er seine Lehre aufgibt und von zu Hause fortläuft, um sich auf einem Abrissgelände Ost-Berlins in einer Wohnlaube zu verstecken, wo er sich frei von allen Pflichten und Zwängen fühlt. Beim Lesen von Goethes Briefroman „Die Leiden des jungen Werthers" (1774) stellt Edgar immer wieder Parallelen zu seinem eigenen Leben fest.

Die neuen Leiden des jungen W. (Auszug)

„[...] Wir hatten in Berlin eine Laube. [...] ich hatte für alle Fälle den Schlüssel. Diese Bude war noch ganz gut in Schuss. Wir nahmen sie also in Augenschein und ich redete die ganze Zeit dagegen. Dass das Dach hin ist. Dass einer die ollen Decken vom Sofa geklaut hätte. Unsere alten Möbel waren da drin, wie das so ist. Und dass die Laube eben auf Abriss steht, wegen dieser Neubauten. Ed biss sich denn auch immer mehr fest. Er packte seine Sachen aus. Was heißt Sachen? Mehr als die Bilder hatte er eigentlich nicht, nur, was er auf dem Leib hatte. Seine Rupfenjacke[1], die hatte er sich selber genäht, mit Kupferdraht, und seine alten Jeans."
Natürlich Jeans! Oder kann sich einer ein Leben ohne Jeans vorstellen? Jeans sind die edelsten Hosen der Welt. Dafür verzichte ich doch auf die ganzen synthetischen Lappen aus der Jumo,[2] die ewig tiffig[3] aussehen. Für Jeans konnte ich überhaupt auf alles verzichten, außer der schönsten Sache vielleicht. Und außer Musik. Ich meine jetzt nicht irgendeinen Händelsohn Bacholdy[4], sondern echte Musik, Leute. Ich hatte nichts gegen Bacholdy oder einen [sic!], aber sie rissen mich nicht gerade vom Hocker. Ich meine natürlich echte Jeans. Es gibt ja auch einen Haufen Plunder, der bloß so tut wie echte Jeans. Dafür lieber gar keine Hosen. Echte Jeans dürfen zum Beispiel keinen Reißverschluss haben vorn. Es gibt ja überhaupt nur eine Sorte echter Jeans. Wer echter Jeansträger ist, weiß, welche ich meine. Was nicht heißt, dass jeder, der echte Jeans trägt, auch echter Jeansträger ist. Die meisten wissen gar nicht, was sie da auf dem Leib haben. Es tötete mich immer fast gar nicht, wenn ich so einen fünfundzwanzigjährigen Knacker mit Jeans sah, die er sich über seine verfetteten Hüften gezwängt hatte und in der Taille zugeschnürt. Dabei sind Jeans Hüfthosen, das heißt Hosen, die einem von der Hüfte rutschen, wenn sie nicht eng genug sind und einfach durch Reibungswiderstand obenbleiben. Dazu darf man natürlich keine fetten Hüften haben und einen fetten Arsch schon gar nicht, weil sie sonst nicht zugehen im Bund. Das kapiert einer mit fünfundzwanzig schon nicht mehr. Das ist, wie wenn einer dem Abzeichen nach Kommunist ist und zu Hause seine Frau prügelt. Ich meine, Jeans sind eine Einstellung und keine Hosen. Ich hab überhaupt manchmal gedacht, man dürfte nicht älter werden als siebzehn – achtzehn. Danach fängt es mit dem Beruf an oder mit irgendeinem Studium oder mit der Armee, und dann ist mit keinem mehr zu reden. Ich hab jedenfalls keinen gekannt. Vielleicht versteht mich keiner. Dann zieht man eben Jeans an, die einem nicht mehr zustehen. Edel ist wieder, wenn einer auf Rente ist und trägt dann Jeans, mit Bauch und Hosenträgern. Das ist wieder edel. Ich hab aber keinen gekannt, außer Zaremba. Zaremba war edel. Der hätte welche tragen können, wenn er gewollt hätte, und es hätte keinen angestunken.

Aus: Ulrich Plenzdorf, Die neuen Leiden des jungen W., S. 25–28. © Suhrkamp Verlag Frankfurt am Main 1976

[1] Rupfen = grobes Jutegewebe, welches hauptsächlich für Säcke oder Wandbespannungen verwendet wird
[2] Jumo = Abkürzung für Jugendmode
[3] tiffig = ostdeutsche, umgangssprachliche Bezeichnung für billig, erbärmlich, schlecht
[4] Anspielung auf Felix Mendelssohn-Bartholdy (1809–1847), deutscher Komponist der Romantik; Neologismus aus den Komponisten Händel, Bach und Mendelssohn-Bartholdy

1. *Erläutern Sie Edgar Wibeaus Einstellung zur Welt der Erwachsenen.*

2. *Vergleichen Sie Plenzdorfs Protagonisten mit Vanderbekes Figur der Tochter im Hinblick auf die Probleme, die sich bei der Sozialisation der Teenager ergeben. Belegen Sie Ihre Ausführungen mithilfe geeigneter Textbeispiele.*

Bewertung der Schülerleistung: Interpretation des Textauszuges aus dem Roman „Die neuen Leiden des jungen W.“ von Ulrich Plenzdorf

a) inhaltliche Leistung – Anforderungen

Teilaufgabe 1

Der Schüler/die Schülerin	
1	nennt einleitend die bibliografischen Informationen (Autor, Titel, Erscheinungsjahr und -ort), die literarische Gattung (Roman) und das Thema (Jugendkultur in der DDR zu Beginn der 70er-Jahre).
2	unterscheidet zwischen „echter“ und „unechter Jeans“, z. B.: • echte Jeans – „die edelsten Hosen der Welt“ (Z. 14 f.) – hierfür kann er – bis auf Liebe und Musik (vgl. Z. 18 f.) – „überhaupt auf alles verzichten“ (Z. 17 f.) – „dürfen zum Beispiel keinen Reißverschluss [...] vorn“ (Z. 25 f.) haben – ein „fünfundzwanzigjährige[r] Knacker“ (Z. 32) darf keine Jeans mehr tragen, sondern erst wieder als Rentner (vgl. Z. 50 ff.) – „Jeans sind [folglich] eine Einstellung“ (Z. 43 f.) und kein Kleidungsstück • unechte Jeans – sind lediglich „synthetische Lappen“ (Z. 15 f.) – sehen „ewig tiffig“ (Z. 16) aus – sind ein „Haufen Plunder, der bloß so tut wie echte Jeans“ (Z. 23 f.) – unechte Jeans sind lediglich ein Kleidungsstück (vgl. Z. 43 f.)
3	erläutert Edgar Wibeaus Einstellung zur Welt der Erwachsenen umfassend und differenziert, z. B.: • „Jeans sind eine Einstellung und keine Hosen“ (Z. 43 f.) – 25-Jährige sind Erwachsene und somit keine „echte[n] Jeansträger“ (Z. 27) mehr, denn sie arbeiten, studieren oder dienen in der Armee (vgl. Z. 46 ff.) – dann „ist mit keinem mehr zu reden“ (Z. 48), da sie dann lediglich von ihrer Arbeit und der Familie sprechen • Jugendliche und Rentner stehen außerhalb dieser Berufswelt – „echte Jeans“ sind ein Symbol der Freiheit und des Nicht-Angepasst-Seins (vgl. Z. 43 ff.) und aus Sicht des Jungen zudem Ausdruck seines Misstrauens gegenüber der Welt der Erwachsenen – Jeans wirkt bei Erwachsenen, die unfrei und in den (Berufs-) Alltag gebunden sind, „unecht“ und falsch (vgl. Z. 31 ff.)
4	fasst abschließend Edgar Wibeaus Identifikationsproblem zusammen.
5	belegt seine/ihre Ausführungen mithilfe geeigneter Textbeispiele.

Teilaufgabe 2

Der Schüler/die Schülerin	
1	erläutert kurz den Untersuchungsgegenstand (vergleichende Textanalyse: Probleme der Sozialisation beider Teenager) im Sinne einer Überleitung.
2	legt die Gemeinsamkeiten und Unterschiede beider Texte umfassend und differenziert dar, z. B.: *Gemeinsamkeiten* • gleiche Situation der Teenager – Bedürfnis nach Freiheit und Abenteuer: Ausbruch aus der gegebenen Lage und Flucht in die Welt der Literatur (vgl. S. 63 und S. 85) – Leben nach eigenen Vorstellungen im Geheimen (vgl. S. 38 f.) – Isolation und Distanzierung von der Welt der Erwachsenen (vgl. S. 29 und S. 95)

	• hoher symbolischer Gehalt beider Texte („echte Jeans" bzw. „Ergebenheit" der Muscheln) • Gebrauch der Jugendsprache (unpathetisch, ironisch-distanziert, locker, fantasievoll, kompromisslos usw.) zur Abgrenzung von der Welt der Erwachsenen *Unterschiede* • anders als Edgar Wibeau macht die Tochter in Vanderbekes Erzählung einen Reifeprozess durch: – keine Identitätskrise: sie ist sich ihrer selbst und ihrer Stellung in der Gesellschaft bewusst (vgl. S. 84 und S. 103) – Betrachtung der Welt ihrer Eltern mit Verachtung („Ich finde Ergebenheit widerlich", S. 29) – realistische Betrachtung ihrer Situation: „Ich habe gedacht, sie kippt um" (S. 108)
3	belegt seine/ihre Ausführungen mithilfe geeigneter Textbeispiele.

b) Schreib- und Darstellungsleistung – Anforderungen

Der Schüler/die Schülerin	
1	schreibt sprachlich richtig und syntaktisch sicher.
2	gibt die Meinung Dritter korrekt im Konjunktiv I bzw. in der Ersatzform wieder.
3	formuliert sprachlich und stilistisch sicher und abwechslungsreich.
4	strukturiert seinen/ihren Text schlüssig, stringent und gedanklich klar.
5	verwendet das erforderliche Fachvokabular der Textanalyse.
6	wendet die Zitiertechniken korrekt an.

Vorschlag 4

Der deutsche Schriftsteller Franz Wiedemann (1821 –1882) war hauptberuflich Lehrer und unterrichtete vornehmlich Kinder im Alter von 6 bis 8 Jahren an der Bürgerschule in Dresden. Für seinen Religionsunterricht textete er Lieder nach bekannten, leichten Melodien, welche 1877 erstmals als Anhang zu seinem Werk „Samenkörner für Kinderherzen" veröffentlicht wurden.
Zu den bekanntesten Liedtexten zählt noch heute sein Volks- und Kinderlied „Hänschen klein", welches in Deutschland häufig das erste Lied ist, das Kindern überhaupt beigebracht wird.

Hänschen klein

Hänschen klein
Ging allein
In die weite Welt hinein.
Stock und Hut
Steht ihm gut,
Ist gar wohlgemut.
Doch die Mutter weinet sehr,
Hat ja nun kein Hänschen mehr!
„Wünsch dir Glück!"
Sagt ihr Blick,
„Kehr' nur bald zurück!"

Sieben Jahr
Trüb und klar
Hänschen in der Fremde war.
Da besinnt
Sich das Kind,
Eilt nach Haus geschwind.
Doch nun ist's kein Hänschen mehr.
Nein, ein großer Hans ist er.
Braun gebrannt
Stirn und Hand.
Wird er wohl erkannt?

Eins, zwei, drei
Geh'n vorbei,
Wissen nicht, wer das wohl sei.
Schwester spricht:
„Welch Gesicht?"
Kennt den Bruder nicht.
Kommt daher sein Mütterlein,
Schaut ihm kaum ins Aug hinein,
Ruft sie schon:
„Hans, mein Sohn!
Grüß dich Gott, mein Sohn!"

Aus: Franz Wiedemann: Samenkörner für Kinderherzen. Als Grundlage für den ersten Religionsunterricht, nach den zehn Geboten und den christlichen Festtagen geordnet, nebst einem Anhange kleiner Lieder nach bekannten leichten Melodien für Kinder von 6 bis 8 Jahren. 12. Auflage. Dresden: Gustav Dietze Verlag 1889

1. *Interpretieren Sie Franz Wiedemanns Volks- und Kinderlied „Hänschen klein" unter Berücksichtigung seiner sprachlich-stilistischen Gestaltung.*

2. *Überprüfen Sie, ob und inwiefern den Kindern aus Vanderbekes Erzählung „Das Muschelessen" der Ablösungsprozess von ihren Eltern als Teil des Erwachsenwerdens gelingt. Belegen Sie Ihre Ausführungen mithilfe geeigneter Textstellen.*

Bewertung der Schülerleistung: Interpretation des Volks- und Kinderliedes „Hänschen klein" von Franz Wiedemann

a) inhaltliche Leistung – Anforderungen

Teilaufgabe 1

Der Schüler/die Schülerin	
1	nennt einleitend die bibliografischen Informationen (Autor, Titel, Erscheinungsjahr und -ort), die literarische Gattung (Volks- und Kinderlied) und das Thema (Ablösungsprozess von der Mutter als Teil des Erwachsenwerdens bzw. Adoleszenzprozesses).
2	beschreibt Form und Inhalt des Liedes umfassend und differenziert, z. B.: • Das Lied besteht aus 3 Strophen zu je 11 Versen (Reimschema: a-a-a-b-b-b- c-c-d-d-d) und erinnert aufgrund seines epischen Charakters sowie des sozialkritischen Hintergrundes an eine Ballade. • Strophe 1: Abschied von der Mutter und Aufbruch – doppeltes Diminutiv „Hänschen klein" (V. 1) verdeutlicht das zarte Alter des Knaben, in welchem er ohne elterliche Begleitung in die weite Welt auszieht (vgl. V. 1 ff.) – Adjektiv „wohlgemut" (V. 6) betont dabei das starke Urvertrauen bzw. die seelischen Kräfte (Mut, Neugier, Zuversicht usw.) und die starke Sehnsucht nach Unabhängigkeit bzw. Freiheit des Knaben – „Stock und Hut" (V. 4): Symbol der fahrenden Handwerker; zugleich Verweis auf den (häufig abwesenden?) Vater, dem die Kleidungsstücke gehören und mit dem sich der Knabe offenbar identifiziert – „Doch die Mutter weinet sehr" (V. 7): Knabe: etwaige Gefühle der Trauer und der Angst vor Einsamkeit, Isolation usw. in der Fremde werden unterdrückt und auf die Mutter projiziert Mutter: unterbewusst sollen die Tränen beim Fortgehenden Schuldgefühle wecken ➡ entspricht dem stereotypen Frauenbild um 1800: Weiblichkeit, Emotionalität, Fürsorge, Daheimbleiben, Passivität, Warten auf den Mann • Strophe 2: Erfolgreicher Prozess der Selbstwerdung (Individuation) – „Sieben Jahr" (V. 12): in Märchen und Mythen eine magische Zahl; hier symbolisch für das fluchtartige Sich-Losreißen von alten (hier: familiären) Bindungen – „trüb und klar" (V. 13) veranschaulicht den wechselhaften Gemütszustand des in der Ferne zum jungen Mann Heranwachsenden (Zweifel, Trübsinn, Heimweh usw.) – „Da besinnt/Sich das Kind/Eilt nach Haus geschwind" (V. 15 ff.): verdeutlicht das Bedürfnis und den Mut des nunmehr Erwachsenen, festzustellen, ob seine mühsam erworbene Individualität bzw. Identität (= Autonomie von der Mutter) einer Begegnung mit der Mutter standhält (Bewährungsprobe) – „Hans": sprechender Name, der unterschiedliche Konnotationen aufweist und somit auf den ungewissen Ausgang der entscheidenden Bewährungsprobe verweist; Respekt/Hochachtung (Johannes der Täufer) vs. Lächerlichkeit (Prahlhans, Schmalhans, Hanswurst usw.) – Adjektiv „Braun gebrannt" (V. 20): Metapher dafür, dass dem Wiederkehrenden trotz aller Unwägbarkeiten insgesamt viel Glück widerfahren ist – Verb „erkannt" (V. 22): offenbart seinen Wunsch nach Anerkennung bzw. Liebe durch die Mutter • Strophe 3: Rückkehr in die Heimat seiner Kindheit – Ausruf „Welch Gesicht?" (V. 27 f.): deutet die Ambivalenz der Schwester gegenüber dem (attraktiven?) vermeintlich Fremden an (Erschrecken vs. Faszination) – Diminutiv „Mütterlein" (V. 29): verdeutlicht ebenfalls, dass sich der Sohn zu einer Persönlichkeit entwickelt hat, welche der Mutter mindestens ebenbürtig ist – „schaut ihm kaum ins Aug hinein" (V. 30): Augen-Motiv als Spiegel der Seele; anders als die Tochter lässt sich die Mutter nicht von Äußerlichkeiten irreführen – „Hans, mein Sohn!/Grüß dich Gott, mein Sohn!" (V. 32 f.): verdeutlicht, dass die Mutter den Zurückgekehrten, der ihr zwar noch fremd und doch vertraut ist, akzeptiert und in der Familie willkommen heißt

3	erläutert mindestens eine weitere Besonderheit des Liedes, z. B.: • Thema und Sprache knüpfen an die Liebes-, Handwerker- und Wanderlieder der Romantik an: – Jüngling bzw. Handwerksbursche, der sich von seiner Geliebten verabschiedet, um in die Welt zu ziehen und sein Glück zu versuchen – Hinwendung zur Einfachheit, Direktheit und Gefühlsstärke der Volks- und Kindersprache als sprachliche Ausdrucksform • allerdings hier Umarbeitung zum „Familiendrama“: Knabe zieht mit „Stock und Hut“ in die Welt hinaus und lässt weinende Mutter zurück (vgl. V. 1 ff.) ➡ vgl. Sprichwort „Was Hänschen nicht lernt, lernt Hans nimmermehr.“
4	fasst abschließend die Intention des Dichters zusammen.
5	belegt seine/ihre Ausführungen mithilfe geeigneter Textbeispiele.

Teilaufgabe 2

Der Schüler/die Schülerin	
1	erläutert kurz den Untersuchungsgegenstand (Gelingen des Ablösungsprozesses von den Eltern überprüfen) im Sinne einer Überleitung.
2	erläutert grundlegende Zusammenhänge in der Entwicklung während der Adoleszenz dar, z. B.: • Ablösung von den Eltern als Voraussetzung für die Identitätsfindung des Jugendlichen • patriarchalische Strukturen erschweren diesen Prozess und begünstigen das Entstehen von Vaterkomplexen
3	legt den Entwicklungsstand der Tochter und des Sohnes umfassend und differenziert dar, z. B.: *Tochter* • reflektiert die eigene Situation innerhalb des Familiengefüges ironisch-distanziert (vgl. S. 84) • ist sich ihrer Stärken und Schwächen längst bewusst (vgl. S. 38 und S. 84 f.) • trägt ihre vermeintlichen Schwächen (Hässlichkeit, Unehrlichkeit, Verstocktheit usw.) geradezu mit Stolz zur Schau (vgl. S. 85 f.) • hat ihren Vaterkomplex, unter welchem sie früher gelitten haben mag, spätestens mit Erlangen der Volljährigkeit überwunden (vgl. S. 20 f., S. 84 und S. 103) *Sohn* • seine Bemühungen, dem Vater zu gefallen (Volleyball, Mutproben usw.), bringen ihm nicht die erhoffte Anerkennung (vgl. S. 40) • ist den Aggressionen des Vaters ausgeliefert und hat diesem kaum etwas entgegenzusetzen (vgl. S. 83 f.) • leidet erkennbar unter einem Vaterkomplex, denn Resignation und Frustration haben sich bereits in ernst zu nehmende Depressionen ausgeweitet (vgl. S. 85 f.)
4	belegt seine/ihre Ausführungen mithilfe geeigneter Textbeispiele.

b) Schreib- und Darstellungsleistung – Anforderungen

Der Schüler/die Schülerin	
1	schreibt sprachlich richtig und syntaktisch sicher.
2	gibt die Meinung Dritter korrekt im Konjunktiv I bzw. in der Ersatzform wieder.
3	formuliert sprachlich und stilistisch sicher und abwechslungsreich.
4	strukturiert seinen/ihren Text schlüssig, stringent und gedanklich klar.
5	verwendet das erforderliche Fachvokabular der Textanalyse.
6	wendet die Zitiertechniken korrekt an.

Vorschlag 5

Hans Magnus Enzensberger (* 11.11.1929 in Kaufbeuren) lebt in München und arbeitet als Dichter, Journalist, Redakteur und Übersetzer. Wie seine Geschwister, war auch Enzensberger zur Teilnahme bei der Hitlerjugend verpflichtet, wurde aber wegen Trotz und Querulantentums wieder ausgeschlossen. Diese Begebenheit zeigt, dass Enzensberger Auseinandersetzungen nicht scheut. Aus diesem Grund ist er auch heute für seine kritischen Stellungnahmen zum aktuellen (gesellschafts-)politischen Geschehen bekannt.

Der Angestellte

Nie hat er jemanden umgebracht. Nein,
er wirft aus Versehen Flaschen um.
Er möchte gern, schwitz, verliert
seinen liebsten Schlüssel. Immerzu
erkältet er sich. Er weiß, daß er muß.
Er mutet sich Mut zu, er gähnt,
er tupft seinen Gram auf den Putz.
Er denkt, lieber nicht. Eingezwängt
in zwei Schuhe, beteuert er bleich
das Gegenteil. Ja, er meldet sich an
und ab. Das Gegenteil sagt er von dem,
was er sagen wollte. Eigentlich, sagt er,
eigentlich nicht. Der Anzug ist ihm zu eng,
zu weit. Seine Stelle schmerzt. Nein,
seine eigene Handschrift kann er schon längst
nicht mehr lesen. Er hat sich scheiden lassen,
vergebens. Kein Mensch ruft ihn an. Überall
juckt es ihn. Sein Kugelschreiber läuft aus,
beim besten Willen. Er ist öfters vorhanden,
in jedem Zimmer einmal, immer allein.
Er schneidet sich beim Rasieren. Ja,
er paßt nämlich immer auf, sonst
kann er nicht schlafen. Er schläft.
Alles meckert, alles was recht ist,
alles lacht über ihn. Er merkt nicht,
was los ist. Das merkt er. Sein Kopfweh
ist unpolitisch. Er stellt sich an,
er stottert schon wieder, verschluckt sich.
Was er vorhin hat sagen wollen, das hat er
vorhin vergessen. Er hat vergessen,
sich umzubringen. Beim besten Willen.
Heimlich lebt er. Nein, er darf nicht,
aber er müßte. Er hat keinen Krebs,
aber das weiß er nicht. Sein Hut schwitzt.
Es ist ihm noch nie so gut gegangen
wie jetzt. Eigentlich möchte er nicht,
aber er muß. Er weint beim Friseur. Ja,
er ist anstellig, er entschuldigt sich.
Ja, er schreibt, ja, er kratzt sich,
ja, er müßte, aber er darf nicht, nein,
seinen Jammer hat niemand bemerkt.

Aus: Hans Magnus Enzensberger, Die Furie des Verschwindens. © Suhrkamp Verlag Frankfurt am Main 1980
Aus lizenzrechtlichen Gründen wird dieser Teil nicht in reformierter Schreibung abgedruckt.

- *Interpretieren Sie Hans Magnus Enzensbergers Gedicht „Der Angestellte" unter Berücksichtigung der hier geäußerten Gesellschaftskritik.*
- *Vergleichen Sie den hier gezeichneten Angestellten mit Vanderbekes Figur des Vaters im Hinblick auf dessen Weltsicht. Belegen Sie Ihre Ausführungen mithilfe geeigneter Textbeispiele.*

Bewertung der Schülerleistung: Interpretation des Gedichts „Der Angestellte" von Hans Magnus Enzensberger

a) inhaltliche Leistung – Anforderungen

Teilaufgabe 1

Der Schüler/die Schülerin	
1	nennt einleitend die bibliografischen Informationen (Autor, Titel, Erscheinungsjahr und -ort), die literarische Gattung (Gedicht) und das Thema (Verdrängung von Versagensängsten des Angestellten in einer modernen Leistungsgesellschaft).
2	beschreibt Form und Inhalt des Gedichtes umfassend und differenziert, z. B.: • keine Stropheneinteilung und kein lyrisches Ich • Formulierung in der 3. Person (erlebte Rede) spiegelt das geringe Selbstwertgefühl bzw. die Nicht-Identifikation des Angestellten wider • Enjambements dienen der Veranschaulichung des Gehetzt-Seins bzw. der Panik des Angestellten • zahlreiche Negationen wie „nie", „nicht", „nein", „niemand" usw. deuten die Abwehrhaltung des Angestellten sowie seine innere Unsicherheit an: – Zurückweisung von Behauptungen („Nie hat er jemanden umgebracht", V. 1) – Rechtfertigung des eigenen Handelns („Heimlich lebt er. Nein, er darf nicht, aber er müßte", V. 32 f.) • Erklärungen des Angestellten offenbaren jedoch zunehmend das Eingeständnis des eigenen Fehlverhaltens („er entschuldigt sich", V. 38) • Gegensätze wie „Ja, er meldet sich an/und ab", V. 10 f.; „er müßte, aber er darf nicht", V. 40) zeigen die Diskrepanz zwischen dem Wunschbild des Angestellten und der Realität auf
3	erläutert mindestens eine weitere Besonderheit des Gedichtes, z. B.: • Korrespondenz von Form und Inhalt: fehlendes Reimschema und Metrum versinnbildlichen die aus den Fugen geratene Welt des Angestellten • Gedicht mit epischem Charakter: stream-of-consciousness in Form einer Er-Erzählung
4	fasst abschließend die Intention des Dichters (Anspruch und Wirklichkeit des Angestellten) zusammen.
5	belegt seine/ihre Ausführungen mithilfe geeigneter Textbeispiele.

Teilaufgabe 2

Der Schüler/die Schülerin	
1	erläutert kurz den Untersuchungsgegenstand (vergleichende Textanalyse im Hinblick auf die Weltsicht des Angestellten und des Vaters) im Sinne einer Überleitung.
2	legt die Gemeinsamkeiten und Unterschiede beider Figuren umfassend und differenziert dar, z. B.: *Gemeinsamkeiten* • Vater steht ebenfalls unter großem Leistungsdruck und leidet dementsprechend an Versagensängsten – muss „einen Motor zum Laufen bringen" (S. 51 und S. 28) – Beförderung hängt vom Erfolg der Dienstreise ab (vgl. S. 8 und S. 95) – Rückversicherung bei der Familie, dass die Präsentationsfolien für seine Vorträge gut sind (vgl. S. 8) – Durchhalten der Abonnementkonzerte trotz Abneigung (vgl. S. 94) • auch der Vater stellt hohe Anforderungen an sich selbst, welchen er nicht gerecht wird – Moral und Verantwortung (vgl. S. 30 f.) – Ernährer der Familie (vgl. S. 30 f. und S. 87) – Logiker und Vernunftmensch (vgl. S. 43, S. 45 ff., S. 87 und S. 89) – geschmackssicher und weltgewandt (vgl. S. 43, S. 54 f. und S. 88)

	Unterschiede • andere Kompensation der Ängste: Alkoholkonsum und Aggression gegenüber (körperlich) schwächeren Familienmitgliedern (vgl. S. 42f.) statt psychosomatischer Symptome (Kopfschmerz, Verschlucken, Stottern usw.) • im Gegensatz zum Angestellten gesteht sich der Vater eigenes Fehlverhalten nicht ein, sondern weist generell jegliche Schuld von sich und macht seine Frau für alles verantwortlich (vgl. S. 84)
3	belegt seine/ihre Ausführungen mithilfe geeigneter Textbeispiele.

b) Schreib- und Darstellungsleistung – Anforderungen

Der Schüler/die Schülerin	
1	schreibt sprachlich richtig und syntaktisch sicher.
2	gibt die Meinung Dritter korrekt im Konjunktiv I bzw. in der Ersatzform wieder.
3	formuliert sprachlich und stilistisch sicher und abwechslungsreich.
4	strukturiert seinen/ihren Text schlüssig, stringent und gedanklich klar.
5	verwendet das erforderliche Fachvokabular der Textanalyse.
6	wendet die Zitiertechniken korrekt an.

Vorschläge 6–8

6. „Es ist im Grunde ganz erstaunlich, dachte ich, wie schlecht die Menschen für eine so ernste Sache ausgestattet werden, die doch jedem irgendwann einmal passiert oder beinahe jedem, und manchen sogar öfter. Es gibt Lehrgänge und Kurse für und gegen jeden Quatsch auf der Welt, ich kann Paläografie, Crêpes Suzette und Buchhaltung lernen, Fahrstunden nehmen und mir alle mögliche Software vorwärts und rückwärts beibringen, ich kann Halogenschweißgeräte bedienen und flexen und faxen, Rosen pflanzen, nur mit der Liebe kenne ich mich nicht aus. Mit der Liebe kennt sich in Wirklichkeit keiner aus, obwohl es jeder behauptet und mindestens drei oder vier Theorien dazu hersagen kann. Aber wenn es ernst wird, merkt man sofort, dass die Theorien nichts taugen, weil ausgerechnet der eigene Fall nicht darin vorkommt, sondern immer nur schlichte Modelle, und die eigenen Fälle sind nicht schlicht, sondern einmalig und kompliziert; einmalig besonders auch in ihrer Unergründlichkeit, Undurchsichtigkeit, ihrer einmaligen Unverständlichkeit, Unübersetzbarkeit und der besonderen Grausamkeit, mit der sich diese einmalige Sache unausweichlich erst ernst und bedrohlich entwickelt, um einen dann mit galoppierender Geschwindigkeit aus der Kurve und in die grässlichsten Gruben und Abgründe zu tragen. Es müsste, dachte ich, Selbstverteidigungskurse dagegen geben."

Aus: Birgit Vanderbeke, Alberta empfängt einen Liebhaber. S. Fischer Verlag GmbH, Frankfurt am Main

- *Beurteilen Sie Albertas Sichtweise zum Thema „Liebe" dahingehend, ob diese auf einzelne Figuren in der Erzählung „Das Muschelessen" übertragen werden kann.*

7. Schreiben Sie die Erzählung fort, indem Sie aus der Perspektive der Tochter die weiteren Ereignisse schildern, nachdem der Vater gegen 22.30 Uhr in den Kreis seiner Familie zurückgekehrt ist.

8. Der Sohn verfasst zwanzig Jahre nach diesem besonderen Abend einen Brief an den Vater, in welchem er die Zeit seiner Kindheit und Jugend aufarbeitet.

Tipps zum Stellen einer Familienskulptur

1. Ausgangspunkt Ihrer Familienskulptur sollte immer ein Konflikt bzw. eine Störung innerhalb Ihrer Familie sein. Formulieren Sie daher zunächst Ihr Ziel, indem Sie überlegen, was sich in Ihrem Leben konkret ändern soll.

2. Wählen Sie für jedes Familienmitglied einen möglichst unbeteiligten Rollenspieler – auch für Sie selbst, denn die stellende und analysierende Person (Steller) wird ebenfalls durch ein Double vertreten.

3. Stellen Sie Ihre Familienskulptur, indem Sie alle Rollenspieler einschließlich Ihres Doubles in eine für sie typische Position bringen, in welcher sie anschließend bewegungslos verharren sollen. Teilen Sie ihnen jeweils einen Satz zu, welcher für dieses Familienmitglied bzw. dessen Verhalten innerhalb der Familie aus Ihrer Sicht typisch ist.

4. Betrachten Sie die entstandene „Skulptur" in Ruhe von allen Seiten und korrigieren Sie diese gegebenenfalls.

5. Nehmen Sie als Steller probeweise den Platz Ihres Doubles ein und verharren Sie mindestens eine Minute lang in dieser Position, um Ihre Empfindungen genau zu registrieren.

6. Bitten Sie die einzelnen Rollenspieler zu beschreiben, wie sie ihre jeweilige Position empfinden und erleben. Hören Sie zu und stellen Sie bei Bedarf Nachfragen, kommentieren Sie die Aussagen der Rollenspieler jedoch nicht.

7. Übergeben Sie die Leitung anschließend einem Trainer (Therapeuten), welcher Ihre Familienskulptur aus seiner neutralen Perspektive heraus erläutern bzw. kommentieren und Verbesserungsvorschläge unterbreiten soll.

8. Experimentieren Sie nun mit neuen Positionen, Rollen und Handlungen. Fordern Sie zu diesem Zweck alle Rollenspieler auf, einen Schritt in eine selbst gewählte Richtung zu gehen und dort eine Haltung einzunehmen, die ihnen angenehmer ist. Wiederholen Sie hierfür gegebenenfalls die Schritte 4 bis 7.

9. Bitten Sie zudem auch die Rollenspieler, neue Positionen bzw. Verbesserungen vorzuschlagen, mit denen Sie ebenfalls experimentieren können.

10. Reflektieren Sie abschließend die Ergebnisse Ihrer Familienskulptur und versuchen Sie, diese in die Praxis zu übertragen.

Nach: Olzog Verlag: Birgit Vanderbeke – Das Muschelessen. Texte und Materialien.

Wichtiger Hinweis
Die beschriebene Vorgehensweise beim Stellen einer Familienskulptur ist ausdrücklich nur auf die Situation der fiktiven Familie in der Erzählung „Das Muschelessen" anzuwenden.

Grundlagen der Erzähltheorie

Die Literaturwissenschaft bedient sich verschiedenster Kriterien, um die Struktur epischer Texte zu analysieren und auf diese Weise vergleichbar zu machen. Im Folgenden werden die in diesem Zusammenhang bedeutsamen Grundbegriffe der Erzähltheorie kurz erläutert.

1 Zeitstruktur

Im Hinblick auf die Zeitstruktur epischer Texte wird in der Erzähltheorie zwischen **Erzählzeit** und **erzählter Zeit** unterschieden.

- Erzählzeit = Dauer des Lesens, Lesezeit
  (Diese ist von der Anzahl der Druckseiten, der Lesekompetenz usw. abhängig und somit individuell verschieden.)
- Erzählte Zeit = Zeitraum der erzählten Handlung

Diese setzt der Autor eines epischen Textes zueinander in Beziehung – je nachdem, welche Wirkung er beabsichtigt:

- zeit**deckendes** Erzählen = Erzählzeit = erzählte Zeit
  Die zur Lektüre verwendete Zeit entspricht der Zeit des erzählten Vorgangs. Dies gewährleistet ein hohes Maß an Authentizität, da der Leser das Geschehen unmittelbar miterleben bzw. nachempfinden kann.
- zeit**dehnendes** Erzählen = Erzählzeit > erzählte Zeit
  Die Erzählzeit ist länger als die erzählte Zeit. Hierdurch wird die Aufmerksamkeit des Lesers auf das aktuelle Ereignis gelenkt, dem eine besondere Bedeutung im Hinblick auf den gesamten Handlungsverlauf beizumessen ist.
- zeit**raffendes** Erzählen = Erzählzeit < erzählte Zeit
  Die Erzählzeit ist (meist deutlich) kürzer als die erzählte Zeit. Die für das Verständnis der weiteren Handlung erforderlichen Eckdaten werden kurz zusammengefasst, Unwesentliches wird ausgelassen. Der Gang der Handlung wird auf diese Weise bewusst vorangetrieben, um möglichst schnell zu einem bedeutsamen Ereignis zu gelangen.

2 Erzähltechnik

Epische Texte zeichnen sich dadurch aus, dass in der Regel eine in der Zeit fortschreitende Handlung dargestellt wird. Diese wird von einem **Erzähler** geschildert, der für den Leser mehr oder weniger erkennbar ist. Er ist vom Autor des Werkes zu trennen, auch wenn z. B. autobiografische Erfahrungen verarbeitet werden oder der Erzähler Ähnlichkeiten mit dem Autor aufweist.

2.1 Erzählform

Der Erzähler kann zwei Erzählformen benutzen, nämlich die **Ich-Erzählung** oder die **Er-** bzw. **Sie-Erzählung**.

- Ich-Erzählung = Der Erzähler tritt hierbei selbst in Erscheinung, spricht von sich und verwendet das Personalpronomen 1. Person Singular.
- Er-/Sie-Erzählung = Der Erzähler berichtet über andere in der 3. Person Singular und tritt selbst in den Hintergrund.

2.2 Erzählperspektive und Erzählerstandort

Wie der Leser das Erzählte wahrnimmt, hängt ganz wesentlich von der **Erzählperspektive** und dem **Erzählerstandort** ab, die innerhalb eines Textes durchaus wechseln können.

In Bezug auf die Erzählperspektive wird zwischen der *Außen-* und der *Innensicht* unterschieden:

- Außensicht = Der Erzähler kann sich auf das beschränken, was er als Betrachter von außen wahrnehmen kann.
- Innensicht = Der Erzähler kann in die Figuren hineinsehen und ihre Wahrnehmungen, Gedanken und Gefühle mitteilen. Auf diese Weise vermittelt er dem Leser das Gefühl, unmittelbarer am Geschehen teilzuhaben.

Darüber hinaus ist es wichtig, welchen *Standort* der Erzähler zum erzählten Geschehen einnimmt:

- Distanz = Der Erzähler steht außerhalb der von ihm erzählten Welt und berichtet von der Handlung als Unbeteiligter. Er hat zumeist den Überblick über die gesamte Handlung und kennt deren Vorgeschichte und Fortgang (olympischer bzw. allwissender Erzähler).
- Nähe = Der Erzähler ist nah am Geschehen und hat in der Regel eine eingeschränkte Perspektive auf die Figuren und die Handlung.

2.3 Erzählverhalten

Es werden folgende Verhaltensweisen des Erzählers unterschieden, die innerhalb eines Textes auch wechseln können:

Auktoriales Erzählverhalten (lat. *auctor* = Urheber, Verfasser):
Der Erzähler tritt deutlich hervor, indem er das erzählte Geschehen arrangiert und kommentiert und sich dabei auch direkt an den Leser wendet. Der auktoriale Erzähler weiß in der Regel mehr als die handelnden Figuren, überblickt das Geschehen und gibt dem Leser Hinweise auf Geschehnisse, die vor der erzählten Handlung liegen oder erst später ausgeführt werden. Der Erzählerstandort ist meistens der des allwissenden Erzählers.

Personales Erzählverhalten:
Der Erzähler beschränkt sich auf die Sicht einer oder mehrerer Figuren. Der Leser erlebt das Geschehen sowie die Wahrnehmungen, Gedanken und Gefühle der handelnden Figur(en) scheinbar unmittelbar aus deren Sicht und tritt hinter die Figur(en) zurück.

Neutrales Erzählverhalten:
Der Erzähler stellt das Geschehen als unbeteiligter Beobachter dar. Er wird vom Leser in der Regel nicht bemerkt und konzentriert sich auf die äußerlich wahrnehmbaren Vorgänge.

2.4 Erzählhaltung

Der Erzähler kann dem von ihm erzählten Geschehen und den von ihm dargestellten Figuren **neutral** gegenüberstehen, er kann aber auch eine **wertende Einstellung** einnehmen. Diese kann zustimmend oder ablehnend, ironisierend, satirisch, kritisch oder humorvoll sein.

2.5 Darbietungsformen

Der Erzähler kann das Geschehen auf verschiedene Weise darbieten. Grundlegend ist hier zwischen **Erzählerbericht** und **Personenrede** zu unterscheiden:

- Erzählerbericht = Diese Textpassagen sind für den Leser als Äußerungen des Erzählers erkennbar, denn der Erzähler berichtet, beschreibt, kommentiert und/oder erörtert die Handlung.
- Personenrede = Die Äußerungen (einschließlich der unausgesprochenen Gedanken und Empfindungen) erfolgen direkt von der jeweiligen Figur der Handlung bzw. werden unmittelbar von ihr wiedergegeben.

Bei beiden Darbietungsformen gibt es wiederum mehrere Ausprägungen, die im Folgenden skizziert werden.

Erzählerbericht

- *episches Präteritum* = Der Erzähler berichtet rückblickend über ein für die Figur gegenwärtiges oder zukünftiges Geschehen.
  Beispiel: Morgen wurde die Hochzeit gefeiert. Sabine war plötzlich unsicher.
- *historisches Präsens* = Der Erzähler holt ein für ihn vergangenes, für die Figur hingegen gegenwärtiges oder zukünftiges Geschehen in die Gegenwart, wodurch Spannung erzeugt wird.
  Beispiel: Es schlug zwölf Uhr, als Sabine in ihr Brautkleid schlüpft.
- *indirekter Erzählerbericht* = Der Erzähler gibt das Geschehen, welches ihm von einem anderen berichtet wurde, indirekt, d. h. im Konjunktiv, wieder. Dadurch wird ein Höchstmaß an Distanz zum Erzählten erreicht.
  Beispiel: Nur ihrer Trauzeugin habe die Braut anvertraut, dass ihr eine ganz intime Feier eigentlich viel besser gefalle.

Personenrede

- *direkte Rede* = Die Aussage einer Figur wird mit unverändertem Wortlaut wiedergegeben und in der Regel mit Anführungszeichen gekennzeichnet.
  Beispiel: „Das gefällt mir", meinte Sabine.
- *indirekte Personenrede* = Der Erzähler gibt die Aussage einer Figur indirekt, d. h. im Konjunktiv, wieder, um Distanz zum Geschehen zu schaffen.
  Beispiel: Sabine meinte, es werde ihr gefallen.
- *innerer Monolog* = Die Figur führt ein Selbstgespräch, d. h. die Gedanken und Gefühle werden in der 1. Person Singular und ohne Vermittlung durch den Erzähler wiedergegeben.
  Beispiel: Das wird mir gefallen, dachte sie.
- *Bewusstseinsstrom (stream of consciousness)* = Bei dieser Sonderform des inneren Monologes werden nicht nur die bewussten Gedanken der Figur wiedergegeben, sondern auch deren unbewusste innere Vorgänge (z. B. Erinnerungen, Assoziationen, Gedankenbruchstücke, Träume usw.), weshalb der Bewusstseinsstrom frei von grammatischen und syntaktischen Regeln ist.
- *erlebte Rede* = Die Gedanken der Figur werden im Präteritum in der 3. Person Singular wiedergegeben. Erzählerbericht und Personenrede werden auf diese Weise miteinander vermischt, wodurch dem Leser das unmittelbare Miterleben des Geschehens ermöglicht wird.
  Beispiel: Ob es ihr wohl gefallen wird? Das wusste sie nicht genau. Wie sollte sie es bloß herausfinden?

Sandro Botticelli: Geburt der Venus (Folie)

Sandro Botticelli (*um 1485): Geburt der Venus

Leitmotiv, Dingsymbol und Chiffre als Strukturelemente

Als Motiv wird die kleinste strukturbildende Einheit in einem literarischen Werk bezeichnet. Eine spezielle Form ist dabei das **Leitmotiv**, ein aus der Musik entlehnter Begriff, der ein Thema oder Schlüsselwort bezeichnet, das im Verlauf der Handlung immer wieder aufgegriffen und gegebenenfalls variiert wird. Ein Leitmotiv ist häufig einer bestimmten Figur, einer Situation, einem Ort, einem Konflikt o. Ä. zugeordnet, durch die häufige Wiederaufnahme sehr einprägsam und weckt beim Leser durch seine besondere emotionale Ausdruckskraft die vom Dichter beabsichtigten Assoziationen (z. B. Gefahr durch häufige Nennung von Signalwörtern wie „rot", „Feuer", „Glut", „höllenheiß" usw.).

In der Literatur wird unter einem Symbol ein anschauliches, bildhaftes Zeichen verstanden, das über sich selbst hinaus auf eine allgemeine, abstrakte Bedeutung verweist. Handelt es sich bei diesem Zeichen um einen Gegenstand, der wegen seines symbolischen Gehalts an Schlüsselstellen leitmotivisch gebraucht wird, wird von einem **Dingsymbol** gesprochen (z. B. Anker für Hoffnung, Schiff für Lebensreise, Kreuz für Tod).

Unter einer **Chiffre** (frz. chiffre = Ziffer, Zahl) wiederum wird ein symbolisches, jedoch rätselhaftes Zeichen vor allem in moderner Literatur verstanden, dessen verschlüsselte und meist komplexe Bedeutung nicht immer eindeutig interpretiert bzw. aus dem Kontext erschlossen werden kann. Eine Chiffre verweist häufig auf den Dichter selbst (z. B. Gegenstände, Gebäude oder Landschaften, denen von den Figuren in Abhängigkeit von ihrer inneren Verfassung jeweils ganz unterschiedliche Bedeutung beigemessen wird, wie etwa das große, blaue Meer, welches einmal als Brücke zur Freiheit und ein anderes Mal als eisig, leer und tot empfunden wird).

Autorentext

- *Erläutern Sie die Begriffe des Leitmotivs, Dingsymbols und der Chiffre sowie deren Funktion in eigenen Worten.*
- *Überprüfen Sie, ob und inwiefern Dingsymbole und/oder Chiffren in der Erzählung erkennbar sind und leitmotivisch gebraucht werden.*

Rhetorische Figuren (Stilmittel) im Überblick

Rhetorische Figuren sind sprachliche Schemata, die von der natürlichen Sprache abweichen und vornehmlich in der Rhetorik (lat. Redekunst) gebraucht werden, da sie der Beeinflussung des Zuhörers dienen. Aber auch Dichter verwenden rhetorische Figuren als Stilmittel, um bei ihren Lesern die jeweils beabsichtigte Wirkung hervorzurufen.

Die folgende Übersicht stellt lediglich eine kleine Auswahl der zahlreichen rhetorischen Figuren dar. Diese sind nach ihrer jeweiligen Wirkungsabsicht gegliedert, wobei diese Zuordnung nicht starr und trennscharf zu verstehen ist. So kann auch dieselbe rhetorische Figur in unterschiedlichen Kontexten eine andere Wirkung erzielen.

1. Eindringlichkeit

rhetorische Figur	Erläuterung	Beispiel(e)
Accumulatio	Worthäufung; Aneinanderreihung von Begriffen derselben Kategorie	Nenn's Glück! Herz! Liebe! Gott! (Goethe)
Anapher	Wiederaufnahme einer Wort- oder Satzfolge am Vers- oder Satzanfang (vgl. Repetitio)	Es zu kämmen gegen den Strich Es zu paaren widernatürlich Es nackt zu scheren (Kaschnitz)
Apostrophe	Form der Anrede, Abwendung vom Publikum und Hinwendung zu anderen Ansprechpartnern	Ihr Götter, steht mir bei!
Ellipse	grammatisch unvollständiger Satz, oft in Form eines Ausrufes	Friede den Hütten! Krieg den Palästen! (Büchner)
Parataxe	einfache Reihung von Hauptsätzen, Nebenordnung	Gegen Abend lahmte das Pferd. Baptiste stieg ab, massierte das Bein. Der Marquis stieg auf. Er ritt zweimal im Kreis, dann jagte er in den eigenen Spuren zurück. (Edschmid)
Polysyndeton	Wort- oder Satzfolge, deren Glieder mit der gleichen Konjunktion verbunden sind	Und es wallet und siedet und brauset und zischt (Schiller)
Repetitio	Wiederholung einer Wort- oder Satzfolge zur Steigerung der Eindringlichkeit (Sonderform: Anapher)	Keiner, aber auch keiner hat widersprochen.

2. Anschaulichkeit

rhetorische Figur	Erläuterung	Beispiel(e)
Hyperbel	starke Übertreibung im Ausdruck, die nicht wörtlich genommen werden kann	Ich bin ganz Ohr. ein Meer von Tränen Blitzschnell verschwand er.
Ironie	versteckter Spott, Äußerung des Gegenteils von dem, was gemeint ist	Du bist mir ein schöner Freund.
Metapher	bildhafter Vergleich, Übertragung einer Bildvorstellung auf eine andere, um diese zu verdeutlichen und lebendiger zu machen	Der Mensch ist ein Seil, geknüpft zwischen Tier und Übermensch, ein Seil über einem Abgrunde. (Nietzsche)
Personifikation	Vermenschlichung von Gegenständen	Die Sonne lachte.
Symbol	Sinnbild (meist konkreter Gegenstand), das auf etwas Allgemeines, Übergeordnetes verweist	Herz für Liebe Kreuz für christlichen Glauben Ring für Treue

3. Ästhetik

rhetorische Figur	Erläuterung	Beispiel(e)
Anakoluth	grammatisch fehlerhafte Satzkonstruktion	Es schlug mein Herz, geschwind zu Pferde! (Goethe) Nur manchmal schiebt der Vorhang der Pupille sich lautlos auf – (Rilke)
Euphemismus	beschönigender Ausdruck, Untertreibung	Heimkehr (statt Tod) vollschlank (statt dick)
Hypotaxe	kunstvolle Verknüpfung von Haupt- und Nebensätzen durch Unterordnung	Es traf sich, dass der Kurfürst von Sachsen auf die Einladung des Landdrosts, Grafen Aloysius von Kallheim, der damals an der Grenze von Sachsen beträchtliche Besitzungen hatte, in Gesellschaft des […]. (Kleist)
Litotes	Untertreibung, durch die ein Ausdruck in verstohlener Weise betont wird; Sonderform: Bejahung durch doppelte Verneinung	meine Wenigkeit nicht hässlich (statt schön) nicht übel (statt gut)
Neologismus	Wortneuschöpfung	schwerschwarz (Grass)
Oxymoron	innerer Widerspruch, der durch die Verbindung sich gegenseitig ausschließender Begriffe entsteht	bittersüß, traurigfroh, Hassliebe, Flüssiggas
Paradoxon	Scheinwiderspruch	Das Leben ist der Tod, der Tod ist das Leben. Diese Fülle hat mich arm gemacht. (Ovid) Unwissenheit ist Stärke. (Orwell)
Paraphrase	Umschreibung eines Sachverhalts	Land der Pharaonen (statt Ägypten)
Paronomasie	Wortspiel mit klangähnlichen Wörtern	Die Armee kümmert sich mehr um den Krug als um den Krieg! (Kleist)
Synekdoche	Ersetzung eines Ausdrucks durch einen zu seinem Bedeutungsfeld gehörenden engeren (Teil für Ganzes) oder weiteren (Ganzes für Teil)	Klinge für Schwert Dach für Haus Kopf für Person Sterblicher für Mensch

4. Spannung

rhetorische Figur	Erläuterung	Beispiel(e)
Antithese	Gegensatz	Der Geist ist willig, aber das Fleisch ist schwach.
Aposiopese	unvermittelter Satzabbruch vor der entscheidenden Aussage, bewusstes Verstummen	Ich glaube –
Klimax	Wort- oder Satzfolge mit kunstvoller Steigerung vom schwächeren zum stärkeren Ausdruck	Ich kam, sah und siegte! (Cäsar)

5. Kommunikation

rhetorische Figur	Erläuterung	Beispiel(e)
Parenthese	Einschub einer selbstständigen und durch Gedankenstriche, Klammern oder Kommata begrenzten Satzfolge in eine abgerundete Satzkonstruktion	So bitt ich – ein Versehen war's, weiter nichts – für diese rasche Tat dich um Verzeihung. (Kleist)
Prokatalepsis	vorwegnehmende Widerlegung eines möglichen Einwandes	Meine Kritiker behaupten natürlich das Gegenteil, aber…
rhetorische Frage	(Schein-)Frage, bei der die Antwort bereits vorweggenommen wird	Machen wir nicht alle Fehler? Sollte ich da etwa schweigen?

Inhaltsangaben zu ausgewählten Werken

Theodor Storm: Pole Poppenspäler (1874)

Der [...] intendierte Zusammenhang zwischen Kindheits- und Erwachsenenwelt bestimmt in doppelter Hinsicht die Erzählstruktur von Storms Novelle. Der Ich-Erzähler des novellistischen Rahmens gedenkt eines Mannes, der ihm als Knaben handwerkliche Fähigkeiten und „Einsicht in die künftige Entwicklung der Gewerke überhaupt" vermittelte. Dieser „Kunstdrechsler und Mechanikus" namens Paul Paulsen erzählt seinerseits dem Rahmenerzähler, der ihn einst nach der Herkunft seines Spitznamens „Pole Poppenspäler" fragte, Erlebnisse aus seiner Kindheit und Jugend.

Eines Nachmittags, berichtet Paulsen, seien Puppenspieler aus München – ein Ehepaar Tendler mit seiner kleinen Tochter Lisei – in seine norddeutsche Heimatstadt gekommen. Die fremde und geheimnisvolle Welt des „fahrendes Volkes" übt auf den Sohn biederer Handwerker eine eigentümliche Anziehungskraft aus. Bald ist er ständiger Gast in den allabendlichen Vorstellungen und gewinnt durch Anteilnahme und Hilfsbereitschaft Liseis Freundschaft. Sie vertieft sich, als er durch sein ungeschicktes Hantieren die kunstvolle Mechanik des Kasperl beschädigt. Mit einigen improvisierten Dialogen und einem Ersatz-Kasper rettet Tendler die gefährdete Vorstellung von „Doktor Faust". Als die erwartete Strafe ausbleibt und Pauls Vater die Figur repariert, beginnt für Paul und Lisei „eine Zeit des schönsten Kinderglücks". – „Aber alles im Leben ist nur für eine Spanne Zeit." Das Gastspiel der Puppenspieler geht zu Ende, und für die Kinder kommt die schmerzliche Stunde des Abschieds. Doch eine unerwartete Begegnung führt sie zwölf Jahre später für immer zusammen. An einem Winternachmittag sieht Paul, der inzwischen auf Wanderschaft gegangen ist, wie eine junge Frau am Gefängnistor Einlass begehrt, aber von dem hartherzigen Gefängnisinspektor abgewiesen wird und in der klirrenden Kälte umherirrt. Als er ihr nachgeht, erkennt er sie: Es ist Lisei, deren Vater fälschlicherweise des Diebstahls verdächtigt und verhaftet wurde. Dank Pauls Hilfe wird der alte Mann bald entlassen, aber er „verwind't" die „Schand" nicht und erkrankt. Glücklich über das unverhoffte Wiedersehen und nicht zuletzt, um Vater und Tochter das unstete Leben auf den Landstraßen zu ersparen, heiratet Paul Lisei – allen Vorurteilen seiner Umwelt gegenüber den „Herumtreibern" zum Trotz. Gelassen findet sich Paulsen auch mit dem Spitznamen „Pole Poppenspäler" ab, und nur vorübergehend fällt ein Schatten auf das bürgerliche Eheglück, als Tendlers Abschiedsvorstellung brutal gestört wird. Wenig später stirbt der alte Puppenspieler, und mit seinem Meister wird Kasperl begraben, den eine anonyme Hand ins offene Grab geworfen hat. Paulsen und „Puppenspieler-Lisei" aber, denen ein Sohn geboren wird, haben bald „alles, was zu einem vollen Menschenglück gehört". [...]

Die Erzählung verläuft so nicht als Flucht zurück in eine unwiederbringliche Zeit, sondern führt [...] von der idyllischen Vergangenheit über Konflikte und Rückschläge zu einer durchaus bejahten Gegenwart. [...] Während hier [im ersten Teil der Novelle] der Akzent auf dem Abenteuerlichen und Fremden der Künstlerwelt liegt [...], bietet die zweite Hälfte der Erzählung eine Auseinandersetzung zwischen Bürgertum und Künstlertum, wobei Storm das Scheitern des Puppenspielers allerdings eher in der Unzeitgemäßheit dieser Kunstform denn in einer generellen Absage an die Kunst schlechthin verstanden wissen will. Das glückliche Ende stellt sich nicht als reale Aussöhnung beider Bereiche dar, sondern entsteht um den Preis jener „Beschränkung und Isolierung" des Weltblicks [...]. Der durch die Versuchungen des Künstlerischen gegangene Paul Paulsen – von daher ist ihm der Spottname „Pole Poppenspäler" geblieben – kehrt zurück in die Solidarität der bürgerlichen Existenz. Storms von pädagogischer Verantwortung getragene Parteiname für das bürgerliche Leben ist mitbestimmt von seinem Wissen um die Gefährdungen des künstlerischen Menschen, der heimatlos zwischen zwei Welten steht [...].

Dr. Hiltrud Häntzschel, Prof. Dr. Rüdiger Frommholz, Artikel zu Theodor Storm: Pole Poppenspäler in: Kindlers Neues Literaturlexikon in 20 Bänden. Herausgegeben von Walter Jens, Copyright © 1988 by Kindler Verlag GmbH, München

Thomas Mann: Buddenbrooks. Verfall einer Familie (1901)

Das im Untertitel genannte Thema des Romans wird an vier Generationen einer Lübecker Kaufmannsfamilie dargestellt. Die Handlung erstreckt sich jedoch nur über rund vierzig Jahre (1835 bis 1877). Der zu Beginn des Werks ungefähr siebzigjährige Urgroßvater Johann Buddenbrook repräsentiert das noch unerschütterte Lebensgefühl eines Bürgertums, das, selbstsicher und tatkräftig, seinen Besitz klugem Unternehmungsgeist verdankt und dessen „Wille zum Leben" ungebrochen ist. Für seinen Sohn, Konsul Johann Buddenbrook, gelten die überkommenen Prinzipien bürgerlicher Lebensführung unverändert, doch ist für ihn bereits nicht mehr unbekümmerte Lebensbejahung, sondern ein pietistisch[1]-strenges Ethos charakteristisch. Im Gegensatz zu seinem humanistisch gebildeten Vater tritt er für „praktische Ideale" ein, ist aber als Kaufmann nicht besonders erfolgreich und erleidet durch einen betrügerischen Schwiegersohn einen erheblichen geschäftlichen Verlust. Mancherlei Anzeichen verraten überdies eine innere Problematik, in der sich die spätere Auflösung der Familie ankündigt. In den Charakteren und Schicksalen seiner vier Kinder treten verschiedene Formen des unaufhaltsamen Verfalls zutage, am sinnfälligsten in der eindrucksvollen Gestalt seines ältesten Sohnes Thomas, den der Autor [...] einen „späten und komplizierten Bürger" nennt, „dessen Nerven in einer Sphäre nicht mehr heimisch sind – welcher, modern und fragwürdig geworden, unherkömmlichen Geschmacks und von entwickelt europäisierenden Bedürfnissen, die gesunder, enger und echter gebliebene Umgebung zu befremden und – zu belächeln begonnen hat". Sein Bruder Christian, schon als Kind neurotisch,[2] führt in Bohemekreisen das Leben eines exzentrischen[3] Clowns und verschuldeten Lebemanns. Seine Schwester Tony, naiv und töricht, anmutig und liebenswert, ist auch nach zwei gescheiterten Ehen von kindhafter Unreife. Die viel jüngere Clara stirbt kurz nach ihrer Heirat an Gehirntuberkulose. Allein Thomas ist – wenn auch nur mit äußerster Anspannung und Selbstbeherrschung – noch in der Lage, das Erbe zu übernehmen. Er wird Senator, und äußerlich erreicht das Ansehen der Familie erst jetzt seinen Höhepunkt. Seine Frau, eine reiche, musikalisch hochbegabte Holländerin von „nervöser Kälte", bringt ein exotisches Element und künstlerische Begabung in die Familie. Der Sohn aus dieser Ehe, Hanno, repräsentiert das letzte Stadium eines Prozesses, in dessen Verlauf die Buddenbrooks den Gewinn an Sensibilität und Bewusstsein mit dem Verlust ihrer Vitalität und zuletzt auch ihrer gesellschaftlichen Stellung bezahlen. Die naive Unbekümmertheit der vorangegangenen Generation – „die Situation ohne Schamgefühl auszunutzen, sagte er sich, das ist Lebenstüchtigkeit" – wurde abgelöst durch ein bestimmtes Rollenverhalten, durch eine Charaktermaske: „Thomas Buddenbrooks Dasein [...] war kein anderes mehr als das eines Schauspielers, eines solchen aber, dessen ganzes Leben bis auf die geringste und alltäglichste Kleinigkeit zu einer einzigen Produktion geworden ist, einer Produktion, die mit Ausnahme einiger weniger und kurzer Stunden des Alleinseins und der Abspannung beständig alle Kräfte in Anspruch nimmt und verzehrt". Er stirbt, nach einer Zahnoperation, einen banalen Tod, sein Sohn Hanno – Inbegriff lebensfremder Zartheit und sensiblen Künstlertums, in dessen musikalischen Neigungen der Prozess der Entbürgerlichung sich vollendet – erliegt dem Typhus.

Eginhard Hora: Artikel zu Thomas Mann, Buddenbrooks. Verfall einer Familie. Kindlers Neues Literaturlexikon in 20 Bänden. Herausgegeben von Walter Jens.

1 Pietismus = bedeutendste Reformbewegung des Protestantismus nach der Reformation infolge der traumatischen Erlebnisse des Dreißigjährigen Krieges; Hinwendung zu mehr Frömmigkeit und christlicher Lebensführung

2 Neurose = Nervenerkrankung; Neigung, seelische Erlebnisse abnorm und krankhaft zu verarbeiten

3 exzentrisch = überspannt, verschroben, zu merkwürdigen Einfällen neigend

Theodor Fontane: Effi Briest (1895)

Im Hause des Ritterschaftsrats von Briest auf Hohen-Cremmen hält ein Jugendfreund Frau von Briests, Baron von Innstetten, um die Hand der Tochter des Hauses an. Die Stellung Innstettens – er ist Landrat des Kreises Kessin in Hinterpommern –, seine vielversprechende berufliche Zukunft, sein Ruf als „Mann von Charakter [...] und guten Sitten“ machen eine Verbindung wünschenswert, und so folgt die siebzehnjährige und noch kindliche Effi dem mehr als zwanzig Jahre Älteren in sein Kessiner Haus, ohne eine rechte Vorstellung von der Ehe zu haben, ja ohne den zeremoniell-steifen Innstetten eigentlich zu lieben. Nachdem das Ungewohnte der neuen Umgebung zunächst anregend auf Effi gewirkt hat, beginnt sie bald, von ihrem Mann oft allein gelassen, sich in dem gesellschaftlich unergiebigen Kessin zu langweilen. Ihr wird schmerzlich bewusst, was ihr in der Ehe fehlt: „Huldigungen, Anregungen, kleine Aufmerksamkeiten“, denn „Innstetten war lieb und gut, aber ein Liebhaber war er nicht“. Zudem wird sie durch merkwürdige Spukgeräusche und -erscheinungen verängstigt, ohne bei ihrem Mann Verständnis und Trost zu finden. Die Geburt einer Tochter lässt Effi reifer und fraulicher werden; aber auch das Kind kann sie aus ihrer inneren Vereinsamung nicht befreien. Allmählich und fast gegen ihren Willen entwickelt sich eine Liebesbeziehung zwischen ihr und dem neuen Bezirkskommandanten Crampas, einem erfahrenen, leichtsinnigen „Damenmann“, dem „alle Gesetzmäßigkeiten [...] langweilig“ sind. Das Verhältnis bleibt jedoch ohne Leidenschaft, das Verbotene und Heimliche ihres Tuns ist Effis offener Natur zuwider. So begrüßt sie es als Erlösung, dass Innstetten nach Berlin versetzt wird und die Beziehung zu Crampas damit ein unauffälliges Ende findet. Das Ehepaar verlebt ruhige und harmonische Jahre in Berlin, da findet Innstetten eines Tages während der Abwesenheit seiner Frau die Briefe, die Crampas in Kessin an Effi geschrieben hat. Er fühlt sich tief in seiner Ehre verletzt, und wenn auch keinerlei Gefühl von Hass oder Rachsucht in ihm aufkommt, sieht er doch keinen anderen Weg zur Wiederherstellung seines Ansehens vor sich selbst und der Welt, als Crampas zum Duell zu fordern. Crampas fällt. Obwohl Innstetten sich der Fragwürdigkeit des geltenden Ehrbegriffs bewusst ist, obwohl er erkennt, dass „alles einer Vorstellung, einem Begriff zuliebe“ geschehen ist, „eine gemachte Geschichte, halbe Komödie“ war, kann er sich doch über die Gebote der Gesellschaft nicht hinwegsetzen: „Und diese Komödie muss ich nun fortsetzen und muss Effi wegschicken und sie ruinieren, und mich mit“. Er lässt sich von seiner Frau scheiden; das Kind bleibt bei ihm. Da Effis Eltern ihr aus gesellschaftlichen Rücksichten die Zuflucht in Hohen-Cremmen verweigern, lebt sie fortan zusammen mit dem Kindermädchen ihrer Tochter Annie in einer bescheidenen Berliner Wohnung. Dort findet auf ihr wiederholtes Bitten ein Wiedersehen mit der nun zehnjährigen Annie statt. Aber die Begegnung ist schmerzlich und bitter: Das Kind ist der Mutter entfremdet und verhält sich, offensichtlich vom Vater dazu angehalten, abweisend. Nach diesem Besuch bricht Effi, die schon lange kränkelt, zusammen. Auf Vermittlung ihres Arztes holen die Eltern die Todkranke endlich heim. Dort klingt ihr Leben in ruhigem Frieden aus: Sie versöhnt sich innerlich mit ihrem Mann und gesteht ihm zu, „dass er in allem recht gehandelt [...]. Denn er hatte viel Gutes in seiner Natur und war so edel, wie jemand sein kann, der ohne rechte Liebe ist.“ Dem vereinsamten, freudlos dahinlebenden Innstetten aber bleibt nur das Bewusstsein, „dass es ein Glück gebe, dass er es gehabt, aber dass er es nicht mehr habe und nicht mehr haben könne“. [...] Sowenig sich Effi in ihrer seelischen Isolierung dem Verhängnis entziehen kann, so wenig ist es dem korrekten Innstetten möglich, anders als nach den Normen der Gesellschaft zu handeln. Und schließlich mündet alles Suchen nach einer Schuld in die Frage Frau von Briests: „ob sie nicht doch vielleicht zu jung war?“

Euripides: Medea (431 v. Chr.)

Euripides' Drama basiert auf dem Märchenmotiv der furchtlosen Königstochter, die sich in einen schönen Fremden verliebt, mit ihm ihre Heimat verlässt, ihm hilft, Abenteuer und Gefahren zu bestehen, ihn zu dem macht, was er ist, und sich schließlich grausam an ihrem Geliebten rächt, nachdem sie Jahre später wegen einer Jüngeren verstoßen wird. Dies ist der erstaunlich moderne Kern von Euripides' antiker Tragödie, deren Stoff wie so viele dem griechischen Mythos, nämlich der Sage von der Fahrt der Argonauten, entstammt:

Medea war die Tochter des Königs Aietes von Kolchis, einem Barbarenland irgendwo an der Nordküste des Schwarzen Meers. Die mächtige Zauberin Circe war eine Schwester ihres Vaters, und auch sie selbst wusste von manchem wirkungsvollen Zauber. Der wertvollste Besitz, den ihr Vater hatte, war das Goldene Vlies, das Fell eines wunderbaren Widders, der den Königssohn Phrixos durch die Lüfte nach Kolchis entführt hatte und anschließend von ihm geopfert worden war. Aietes hatte den Phrixos zunächst freundlich aufgenommen und mit einer Schwester der Medea verheiratet. Als ihm jedoch von einem Orakel bedeutet wurde, dass er von der Hand eines Fremden den Tod finden werde, tötete er Phrixos. Es war der Falsche.

Denn seine wahren Feinde sollten die Argonauten unter ihrem Anführer Jason werden. Jason war der Sohn des Aison, eines Königs von Iolkos, den Pelias vom Thron verdrängt hatte. Um den rechtmäßigen Thronerben loszuwerden, regte Pelias an, Jason solle, bevor er König werde, eine Heldentat vollbringen, nämlich das berühmte Goldene Vlies in seine Heimat zu bringen – wohl wissend, dass er kaum eine Chance hatte, lebend zurückzukehren. Voller jugendlichem Tatendrang ließ Jason ein gewaltiges Schiff bauen, die Argo, und brachte die größten Helden Griechenlands zusammen, die an der Expedition ins ferne Kolchis teilnahmen [...]. Unter vielen Abenteuern gelangte die Argo an die Küste von Kolchis.

Aietes nahm die Argonauten gastfreundlich auf, zeigte ihnen aber die kalte Schulter, als Jason von ihm das Goldene Vlies forderte. Um ihn und seine Gefährten loszuwerden, gab er vor, er wolle ihm das Vlies überlassen, wenn er eine Aufgabe erfüllte: Er solle die beiden Stiere, die er vom Schmiedegott Hephaistos zum Geschenk erhalten hatte, ins Joch spannen und mit ihnen vier Tagwerk Acker pflügen. Anschließend solle er auf dem Acker die Drachenzähne aussäen, die ihm Athene geschenkt hatte. Eine kaum zu bewältigende Aufgabe, denn die Stiere waren Ungeheuer mit bronzenen Hufen, die Feuer spieen, und die Drachenzähne hatten die Eigenschaft, dass sie, einmal ausgesät, zu waffenstarrenden Riesen wurden, die sich auf den Sämann stürzten.

In dieser schier ausweglosen Situation kam Jason Medea zu Hilfe, welche in Liebe zu Jason entbrannt war. Sie bot Jason ihre Hilfe an, und der Grieche ging gern auf ihre Bedingung ein, sie mit in seine Heimat zu nehmen und zu seiner Frau zu machen. Er schwor ihr ewige Treue. Medea gab Jason nun eine wunderbare Medizin, die ihn vor dem feurigen Atem der Stiere schützte, und verriet ihm, was es mit den Drachenzähnen auf sich hatte. [...]

Als Jason nach getaner Tat von Aietes das Goldene Vlies forderte, hielt der ihn hin. Er plante [...], die Argo zu verbrennen, die Argonauten zu überfallen und zu töten. Medea erfuhr davon und führte Jason zu dem Hain des Ares, wo das Vlies an einem Baum hing, bewacht von einem furchterregenden Drachen, der niemals schlief. Medea schläferte das Ungeheuer mit einem Zaubertrank ein, Jason nahm das Vlies an sich und beide eilten mit ihrer Beute zum Strand, verfolgt von den inzwischen alarmierten Kolchern. In den Kämpfen bei den Schiffen verloren nicht nur manche Argonauten ihr Leben, sondern auch der Kolcherkönig Aietes – so, wie es ihm vorhergesagt war.

Um mit der Argo von Kolchis zu entkommen, tat Medea [...] etwas Abscheuliches: Sie tötete ihren Halbbruder Absyrtos, der noch ein Kind war, zerstückelte ihn und warf die Stücke ins Wasser. Die Kolcher mussten sie einsammeln, um dem Königssohn ein würdiges Begräbnis geben zu können, und verloren die Flüchtenden aus den Augen. [...]

Jason kehrte heim nach Iolkos, mit dem Goldenen Vlies im Gepäck und einer ebenso zauberhaften wie zaubermächtigen Gemahlin an seiner Seite. Der König Pelias, der ihn auf die Fahrt nach Kolchis geschickt hatte, dachte jedoch nicht daran, den Thron für ihn zu räumen oder ihn überhaupt nur in die Stadt zu lassen. Und die Argonauten waren es müde, für Jason zu kämpfen und ihm mit Gewalt zu seinem rechtmäßigen Erbe zu verhelfen. Medea aber wusste Rat. [...]

Nach dem [grausamen] Tod des Pelias war es für die verbliebenen Argonauten ein Leichtes, die Stadt einzunehmen. Doch Jason verzichtete auf die Königswürde in Iolkos. An der Seite seiner ehrgeizigen Frau strebte er nach Höherem [...] und zog mit Medea nach Korinth. [...] Und da der Thron des mächtigen Korinth, einer weit wichtigeren Stadt als Iolkos, gerade nicht besetzt war, machten die Korinther den berühmten Anführer der Argonauten zum Herrscher über ihre Stadt. Zahn Jahre lang regierte er glücklich, mit der klugen Medea an seiner Seite. Doch dann verließ er Medea, um die schöne junge Glauke zu heiraten, die Tochter König Kreons von Theben.

Medea willigte zum Schein in die Trennung ein und

sandte der Glauke ein herrliches Hochzeitskleid als Geschenk. Als die Prinzessin es aber anlegte, loderten wilde Flammen auf, in denen Glauke, ihr Vater und viele Hochzeitsgäste verbrannten. Nur Jason entkam. Doch in ihrer rasenden Eifersucht ging Medea bis zum Äußersten: Obwohl sie ihr geplantes Vorhaben verdammte, tötete sie die Kinder, die sie selbst ihrem geliebten Mann geboren hatte, und floh anschließend auf einem von geflügelten Schlangen gezogenen Wagen nach Athen, wo sie an der Seite des Aigeus ein neues Leben begann.

Jason erholte sich nicht wieder von der Rache der Medea; er sei einige Jahre später von einem Balken der verrottenden Argo erschlagen worden, heißt es, als er bei dem Schiff traurig den Erinnerungen an die Taten seiner Jugend nachhing.

Nach: Gerold Dommermuth-Gudrich: 50 Klassiker: Mythen. © 2000 Gerstenberg Verlag, Hildesheim

Ablauf der Methode des Gruppenpuzzles (Folie)

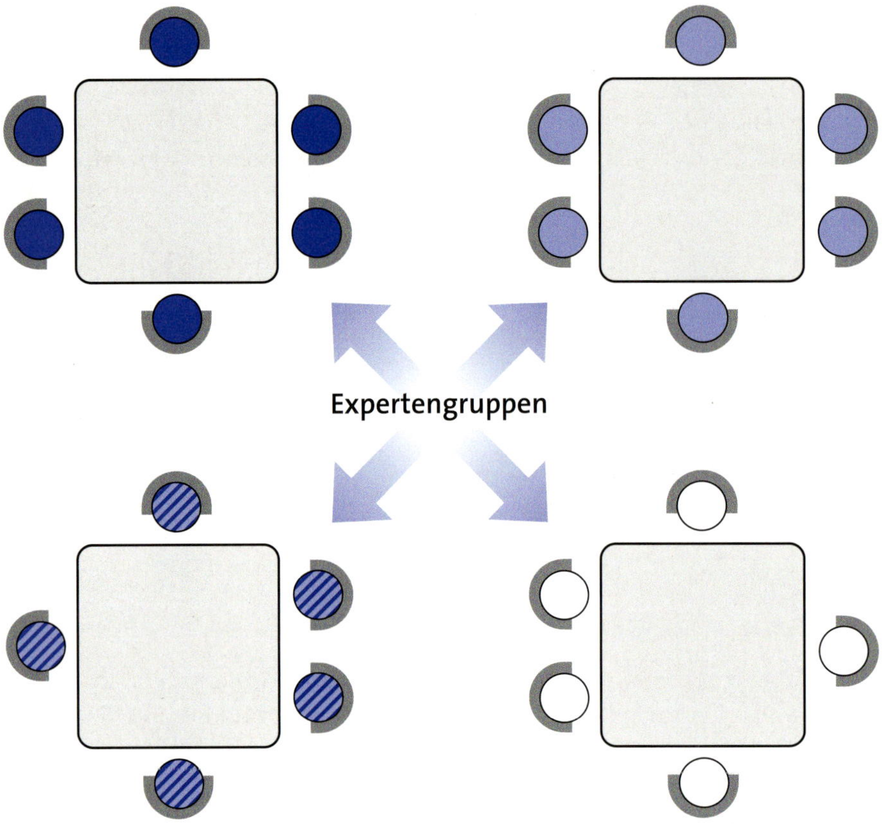

Phase 1:

- ✔ Jede Expertengruppe bearbeitet ihren jeweiligen Arbeitsauftrag.
- ✔ Anschließend muss jedes Gruppenmitglied mit den Arbeitsergebnissen vertraut sein.

Wechsel

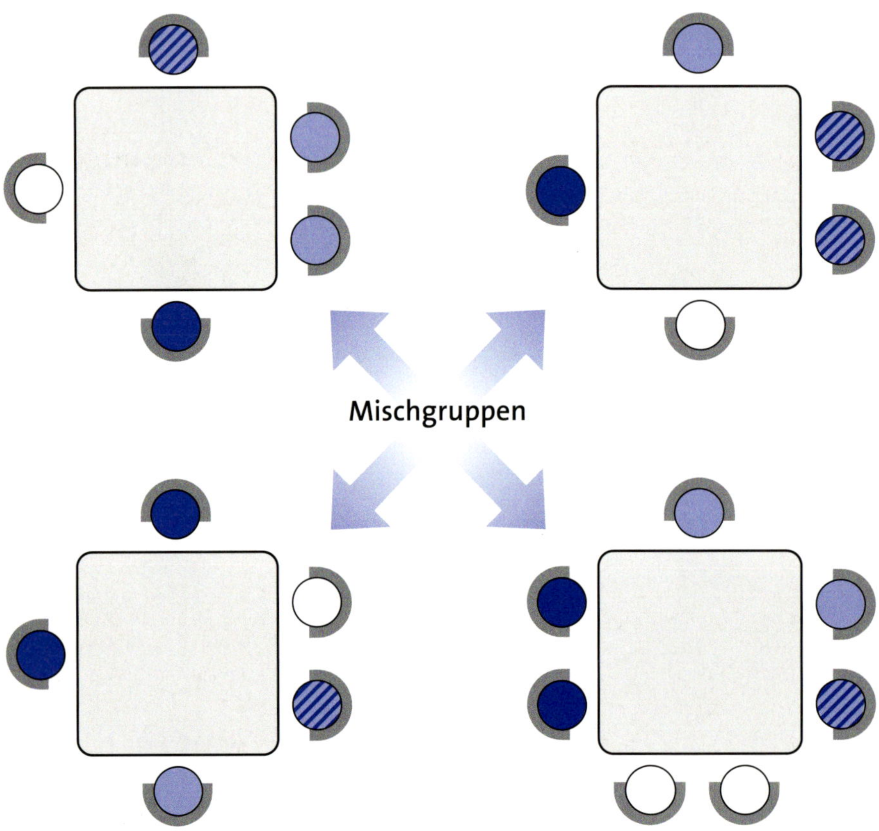

Phase 2:

- ✔ In den Mischgruppen muss immer mindestens ein Vertreter jeder Expertengruppe sein.
- ✔ Die in den Expertengruppen erarbeiteten Ergebnisse werden ausgetauscht, erläutert und in die eigenen Unterlagen übernommen.

Birgit Vanderbeke: Zeittafel zu Leben und Werk

1956	Birgit Vanderbeke wird in Dahme (Brandenburg, ehemals DDR) geboren.
1961	Die Familie geht kurz vor dem Mauerbau in den Westen und lebt in der ersten Zeit in einem Flüchtlingslager.
ab 1963	Birgit Vanderbeke verbringt ihre Jugend und Schulzeit in Frankfurt am Main, studiert später Jura und Romanistik und arbeitet zeitweilig als Sekretärin am Frankfurter Institut für Sozialforschung.
1985	Geburt ihres Sohnes
1989	Niederschrift der Erzählung *Das Muschelessen*
1990	*Fresse schon meine Fingerspitzen wie Spargelköpfe* Vanderbeke liest in Klagenfurt Auszüge aus ihrer Erzählung *Das Muschelessen* und gewinnt hierfür den Ingeborg-Bachmann-Preis. Der vollständige Text erscheint als Buch, welches ein Bestseller wird.
1992	Birgit Vanderbeke zieht für kurze Zeit nach Berlin und arbeitet dort als Journalistin. *Fehlende Teile*: Anlehnung an Max Frischs „Mein Name sei Gantenbein" am Beispiel seiner Frau Lila; Rolle der Ehefrau in der Gesellschaft
1993	Als freie Autorin übersiedelt Birgit Vanderbeke in den Süden Frankreichs und lebt seither wahlweise in einem kleinen Dorf namens St. Quentin la Poterie im Languedoc oder in Frankfurt am Main. *Gut genug*: teilweise boshafte Auseinandersetzung mit Schwangerschaft und Geburt
1995	*Ich will meinen Mord*: Begegnung einer Schriftstellerin mit ihrer literarischen Figur
1996	*Friedliche Zeiten*: Gegenstück zur Erzählung *Das Muschelessen*, denn eine Familie steht unter der Fuchtel einer tyrannisch-fürsorglichen Mutter; erneut aus scheinbar naiver Kinderperspektive erzählt
1997	*Alberta empfängt einen Liebhaber* (Bestseller): handelt von den Schwierigkeiten gelingender Liebe und Nähe Kranichsteiner Literaturpreis für ihr Gesamtwerk
1999	*Ich sehe was, was du nicht siehst*: autobiografisch gefärbte Erzählung einer Auswanderung von Mutter und Tochter nach Südfrankreich Roswitha-Preis für *Alberta empfängt einen Liebhaber* Solothurner Literaturpreis für ihr Gesamtwerk; dieser Schweizer Preis wird alljährlich für hervorragende literarische Leistungen an deutschsprachige Autorinnen und Autoren vergeben.
2001	*abgehängt*
2002	*Gebrauchsanweisung für Südfrankreich* Hans-Fallada-Preis
2003	*Geld oder Leben*: thematisiert werden hier weibliche Jugend bzw. Lebensentwürfe im Allgemeinen
2004	*Schmeckt's? Kochen ohne Tabu*
2005	*Sweet Sixteen*
2006	*Ich bin ganz, ganz tot in vier Wochen. Bettel- und Brandbriefe berühmter Schriftsteller*
2007	*Die sonderbare Karriere der Frau Choi*: mysteriöse Tode ereignen sich im Umfeld der nach Südfrankreich ausgewanderten und tüchtigen Koreanerin Die Literaturverfilmung ihrer Erzählung *Friedliche Zeiten* läuft in deutschen Kinos. Brüder-Grimm-Professur an der Kasseler Universität

Nach: Gerhard C. Krischker, Ansgar Leonis: Birgit Vanderbeke – Zeittafel zu Leben und Werk. In: dies.: Birgit Vanderbeke. Das Muschelessen. Text u. Kommentar. Buchners Schulbibliothek der Moderne, hrg. von Karl Hotz. © C.C. Buchners Verlag, Bamberg 2000, S. 101

Checkliste für den „Master of Ceremony" zur Organisation des Poetry Slams[1]

Ablauf

- Zeitplan (Beginn, Ende, Pausen) aufstellen
- Anzahl der Runden (Qualifikation in Gruppen, Finalrunde) festlegen
- Startliste der Live-Poeten („Slammer") erstellen

Räumlichkeiten

- technische Voraussetzungen (Mikrofon, Lautsprecher, Musikanlage) überprüfen bzw. schaffen
- Bühne (Lampe, Bilder, Stuhl/Hocker) gestalten

Musik/DJ

- Musikauswahl für die Pausen treffen und Play-List zusammenstellen
- akustisches Signal zum Ende der Redezeit vereinbaren

Unterhaltungsprogramm

- Vorprogramm zur Einstimmung des Publikums planen
- evtl. Special-Guests einladen
- Witze bzw. Sprüche für die Moderation überlegen

Bewertung/Siegerehrung

- Regeln (Zeitlimit, Regelverstoß, Bewertung) zusammenstellen[2]
- ggf. Stimmzettel vorbereiten
- witzige „Preise" (mit symbolischem Wert) besorgen

---

[1] Nähere Informationen zum Poetry Slam sind im Internet unter www.arte.tv/de/Kultur-entdecken/Poetry-Slam/Poetry-Slam-von--A-Z-/1773528,CmC=1763232.html (Stand: 23.08.2010) zu finden.

[2] Entsprechende Anregungen sind auf den Internet-Seiten der verschiedenen Veranstalter von Poetry Slams zu finden, wie z. B. das Regelwerk des Vereins Dichterschlacht e. V., das unter www.dichterschlacht.de hinterlegt ist.

Bewertungsbogen für die Performance der Live-Poeten („Slammer")

Inhalt

(Thema und dessen Umsetzung, Bezug zum Drama, inhaltliche Höhepunkte, Stimmung dem Inhalt angemessen usw.)

sehr schlecht ❑ 0 ❑ 1 ❑ 2 ❑ 3 ❑ 4 ❑ 5 ❑ 6 ❑ 7 ❑ 8 ❑ 9 ❑ 10 sehr gut

Bemerkungen: ______________________________

____

Sprache

(Artikulation, Rhythmus, Klang, Lautstärke, Betonung, wirkungsvolle Sprechpausen, Aufbau von Spannung usw.)

sehr schlecht ❑ 0 ❑ 1 ❑ 2 ❑ 3 ❑ 4 ❑ 5 ❑ 6 ❑ 7 ❑ 8 ❑ 9 ❑ 10 sehr gut

Bemerkungen: ______________________________

____

Körpersprache

(Mimik, Gestik und Körperhaltung angemessen, Blickkontakt, sicheres Bewegen auf der Bühne usw.)

sehr schlecht ❑ 0 ❑ 1 ❑ 2 ❑ 3 ❑ 4 ❑ 5 ❑ 6 ❑ 7 ❑ 8 ❑ 9 ❑ 10 sehr gut

Bemerkungen: ______________________________

____

Performance insgesamt

(frei und ohne Fehler, Originalität, Einbeziehen des Publikums, Einhaltung der Slam-Regeln usw.)

sehr schlecht ❑ 0 ❑ 1 ❑ 2 ❑ 3 ❑ 4 ❑ 5 ❑ 6 ❑ 7 ❑ 8 ❑ 9 ❑ 10 sehr gut

Bemerkungen: ______________________________

____

Gesamtpunktzahl: ______ Punkte von max. 40

Platzierung: ______

Literaturverzeichnis

Das Quellenverzeichnis enthält zunächst eine Auswahl an Werken, die einen generellen Überblick über die Erzählung „Das Muschelessen“ verschaffen (Abschnitt 7.1) und somit Hilfestellungen für das Gesamtverständnis dieses audiovisuellen Textes geben. Im Folgenden sind die jeweiligen Quellen aufgeführt, die der Einführung in die jeweiligen Untersuchungsaspekte dienen (Abschnitt 7.2) und letztlich für die Erarbeitung der Bausteine verwendet wurden.

Allgemeine Quellen

Groß, Monika (2002): „Diese ewige Ergebenheit ist doch widerlich!“ Streit thematisieren anhand Birgit Vanderbekes Erzählung „Das Muschelessen“. In: Erhard Friedrich Verlag (Hrsg.), Praxis Deutsch. Zeitschrift für den Deutschunterricht. 29. Jg. Heft 174. Seelze (2002), S. 42–45.

Heizmann, Bertold (2008): Birgit Vanderbeke: Das Muschelessen. In: STARK Verlag (Hrsg.), Interpretationshilfe Deutsch. Freising.

Krischker, Gerhard C./Leonis, Ansgar (2000): Birgit Vanderbeke: Das Muschelessen. Text & Kommentar. In: Hotz, Karl (Hrsg.), Buchners Schulbibliothek der Moderne. Heft 10. C. C. Buchners Verlag. Bamberg.

Niedersächsisches Kultusministerium (2009): Deutsch. Kerncurriculum für das Gymnasium – gymnasiale Oberstufe, die Gesamtschule – gymnasiale Oberstufe, das Fachgymnasium, das Abendgymnasium, das Kolleg. Hannover.

Noll, Brigitte (2004): Birgit Vanderbeke: Das Muschelessen. In: Flad, Helmut (Hrsg.), LiteraNova. Unterrichtsmodelle mit Kopiervorlagen. Cornelsen Verlag. Berlin.

Olzog Verlag (o. J.): Birgit Vanderbeke – Das Muschelessen. Texte und Materialien. URL: www.olzog.de/olzog/edidact (Stand: 23.06.2010)

Quellen zu den einzelnen Bausteinen

zu Baustein 1 (Einstieg in die Erzählung)

Haas, Gerhard (1997): Handlungs- und produktionsorientierter Literaturunterricht. Theorie und Praxis eines „anderen“ Literaturunterrichts für die Primar- und Sekundarstufe. Sonderband Praxis Deutsch. Kallmeyer'sche Verlagsbuchhandlung. Seelze.

zu Baustein 2 (Handlung und Figuren)

Gordon, Thomas (1989): Familienkonferenz. Die Lösung von Konflikten zwischen Eltern und Kind. Heyne Sachbuch Nr. 15. Heyne Verlag. München.

Kast, Verena (2005): Vater – Töchter. Mutter – Söhne. Wege zur eigenen Identität aus Vater- und Mutterkomplexen. Verlag Kreuz. Stuttgart.

Mitterauer, Michael/Sieder, Reinhard (1991): Vom Patriarchat zur Partnerschaft. Zum Strukturwandel der Familie. 4. Auflage. Verlag C. H. Beck. München.

Scheller, Ingo (1993): Wir machen unsere Inszenierungen selber (I). Szenische Interpretation von Dramentexten. Theorie und Verfahren zum erfahrungsbezogenen Umgang mit Literatur und Alltagsgeschichte(n). Zentrum für pädagogische Berufspraxis der Carl-von-Ossietzky-Universität Oldenburg. Oldenburg.

Scheller, Ingo (1998): Szenisches Spiel. Handbuch für die pädagogische Praxis. Cornelsen Verlag Scriptor. Berlin.

Schwarz, Gerhard (2003): Konfliktmanagement. Konflikte erkennen, analysieren, lösen. 6. Auflage. Gabler Verlag. Wiesbaden.

Tillmetz, Eva (2000): Familienaufstellungen. Sich selbst verstehen, die eigenen Wurzeln entdecken. Verlag Kreuz. Stuttgart.

zu Baustein 3 (Zeiten des Wandels: Deutschland in den 50er- und 60er-Jahren)

Auerbach, Thomas/Braun, Matthias u. a. (2008): Hauptabteilung XX: Staatsapparat, Blockparteien, Kirchen, Kultur, „politischer Untergrund". In: BStU (Hrsg.), Anatomie der Staatssicherheit. Geschichte, Struktur und Methoden. MfS-Handbuch. Berlin. Zitiert nach: www.bstu.bund.de/cln_028/nn_712566/DE/Publikationen/Anatomie-der-Staatssicherheit/anatomie-der-staatssicherheit__node.html__nnn=true
(Stand: 12.01.2010).

Borowsky, Peter (1998): Die DDR in den Sechzigerjahren. In: Bundeszentrale für politische Bildung (Hrsg.), Informationen zur politischen Bildung. Heft 258. Bonn (1998), S. 22–31.

Engelmann, Roger/Joestel, Frank (2004): Grundsatzdokumente des MfS. In: BStU (Hrsg.), Anatomie der Staatssicherheit. Geschichte, Struktur und Methoden. MfS-Handbuch. Teil V/5. Berlin. Zitiert nach URL:
www.bstu.bund.de/cln_028/nn_712566/DE/Publikationen/Anatomie-der-Staatssicherheit/anatomie-der-staatssicherheit__node.html__nnn=true
(Stand: 12.01.2010).

Gieseke, Jens (2001): Die DDR-Staatssicherheit, Schild und Schwert der Partei. Bonn. Zitiert nach URL: http://bildungsserver.berlinbrandenburg.de/fileadmin/bbs/bildung_und_gesellschaft/subportale/hist-pol._Bil dung/BStU-Material/Kurzinfo_Stasi_01.pdf
(Stand: 30.01.2010).

Heydemann, Günther (2001): Entwicklung der DDR bis Ende der 80er-Jahre. In: Bundeszentrale für politische Bildung (Hrsg.), Informationen zur politischen Bildung. Heft 270. Bonn (2001), S. 19–32.

Labrenz-Weiß, Hanna (2005): Abteilung M. Postkontrolle. In: BStU (Hrsg.), Anatomie der Staatssicherheit. Geschichte, Struktur und Methoden. MfS-Handbuch. Teil III/19. Berlin. Zitiert nach URL:
www.bstu.bund.de/cln_028/nn_712566/DE/Publikationen/Anatomie-der-Staatssicherheit/anatomie-der-staatssicherheit__node.html__nnn=true
(Stand: 12.01.2010).

o. V. (1957): Flüchtlingslager 1957. In: Handelsblatt vom 8./9. März 1957. Zitiert nach: Bundeszentrale für politische Bildung (Hrsg.), Informationen zur politischen Bildung. Heft 256. Bonn (1997), S. 5.

Schildt, Axel (1997): Gesellschaftliche Entwicklung. In: Bundeszentrale für politische Bildung (Hrsg.), Informationen zur politischen Bildung. Heft 256. Bonn 1997, S. 3 – 10.

Schmole, Angela (2006): Abteilung 26: Telefonkontrolle, Abhörmaßnahmen und Videoüberwachung In: BStU (Hrsg.), Anatomie der Staatssicherheit. Geschichte, Struktur und Methoden. MfS-Handbuch. Teil III/19. Berlin. Zitiert nach URL:
www.bstu.bund.de/cln_028/nn_712566/DE/Publikationen/Anatomie-der-Staatssicherheit/anatomie-der-staatssicherheit__node.html__nnn=true
(Stand: 12.01.2010).

Staritz, Dietrich (1985): Geschichte der DDR. 1949–1985. In: Wehler, Hans-Ulrich (Hrsg.), Neue Historische Bibliothek. Band 260. edition suhrkamp. Frankfurt am Main.

Wolle, Stefan (1999): Die heile Welt der Diktatur. Alltag und Herrschaft in der DDR 1971–1989. In: Bundeszentrale für politische Bildung (Hrsg.), Schriftenreihe. Band 349. 2., durchgesehene Auflage. Bonn.

zu Baustein 4 (Erzähltheoretische Besonderheiten)

Arnold, Heinz Ludwig (2006): Birgit Vanderbekes Erzählen. In: Wagner, Richard (Hrsg.): „Ich hatte ein bißchen Kraft drüber". Zum Werk von Birgit Vanderbeke. 3. Auflage. Fischer Taschenbuch Verlag. Frankfurt am Main (2006), S. 81–95.

Best, Otto F. (2004): Handbuch literarischer Fachbegriffe. 7. Auflage. Fischer Taschenbuch Verlag. Frankfurt am Main.

Biedermann, Hans (2008): Lexikon der Symbole. Mit über 600 Abbildungen. Palast Verlag. Euskirchen.

Dommermuth-Gudrich (2005): Mythen. Die bekanntesten Mythen der griechischen Antike. 8. überarbeitete Auflage. Gerstenberg Verlag. Hildesheim.

Migner, Karl (1970): Zur Theorie des modernen Romans. Kröner Verlag. Stuttgart.

Polheim, Karl Konrad (1981): Handbuch der deutschen Erzählung. August Bagel Verlag. Düsseldorf.

Raab, Alexander/Oswald, Ellen (1999): Postmodernes Erzählen. In: Mentor Verlag (Hrsg.), Das Parfum – Inhalt, Hintergrund, Interpretationen. 3. Auflage. München (1991), S. 30–33.

Redaktion Schule und Lernen (2008): Schülerduden Literatur. Das Fachlexikon von A – Z. 5., völlig neu bearbeitete Auflage. Dudenverlag. Mannheim/Leipzig/Wien/Zürich.

zu Baustein 5 (Rezeption und Wirkung)

Cramer, Sybille (1990): Der Schatten des Umrisses einer Erzählung. Birgit Vanderbekes Prosadebüt „Das Muschelessen". In: Görtz, Franz Josef u. a. (Hrsg.), Deutsche Literatur 1990. Jahresüberblick. Philipp Reclam Verlag. Universal-Bibliothek Nr. 8407. Stuttgart (1991), S. 217–219.

Felsbach, Heinz/Metelko, Siegbert (1990): Klagenfurter Texte. Ingeborg-Bachmann-Wettbewerb 1990. Mit Texten der Preisträger Birgit Vanderbeke, Franz Hodjak, Ludwig Roman Fleischer. R. Piper GmbH. München/Zürich.

Köhler, Andrea (1990): Gruppenbild mit Ungeheuer. In: Wagner, Richard (Hrsg.): „Ich hatte ein bißchen Kraft drüber". Zum Werk von Birgit Vanderbeke. 3. Auflage. Fischer Taschenbuch Verlag. Frankfurt am Main (2006), S. 205–206.

Michaelis, Rolf (1990): Altneudeutsche Wörtersuppe. In: Wagner, Richard (Hrsg.): „Ich hatte ein bißchen Kraft drüber". Zum Werk von Birgit Vanderbeke. 3. Auflage. Fischer Taschenbuch Verlag. Frankfurt am Main (2006), S. 207–210.

Nießen, Irene (1998): Im Gespräch mit Birgit Vanderbeke. „Ich glaube, dass man als Autor nicht das Recht hat, Erfahrungen aus dem Weg zu gehen."
URL: www.medienbuero-niessen.de/91-0-Birgit-Vanderbeke-1998.html (Stand: 28.06.2010)

Röhr, Esther (1991): Sätze kreisen ins Nirgends. In: Wagner, Richard (Hrsg.): „Ich hatte ein bißchen Kraft drüber". Zum Werk von Birgit Vanderbeke. 3. Auflage. Fischer Taschenbuch Verlag. Frankfurt am Main (2006), S. 197–199.

Wagner, Richard (2006): „Ich hatte ein bißchen Kraft drüber". Zum Werk von Birgit Vanderbeke. 3. Auflage. Fischer Taschenbuch Verlag. Frankfurt am Main.